韓国立正佼成会の布教と受容

渡辺雅子

東信堂

はしがき

本書では、韓国立正佼成会（以下、韓国佼成会）を事例として取り上げ、異文化布教の実態を明らかにするとともに、どのように韓国佼成会が各時期の布教課題を解決しながら、歩んでいったのかについて、展開過程を縦糸に、そして、それを担った個々人のライフヒストリーを横糸にして、布教の内実について質的な側面から迫るものである。

以下では、本書でとりあげる立正佼成会（以下、佼成会）についての説明とその海外布教の様相について概観し、なぜ韓国佼成会をとりあげたのかを筆者の研究全体の中で位置づける。さらに、韓国の宗教状況および韓国における日系新宗教の布教実態について述べ、佼成会の立ち位置についてみる。そして本書の構成を述べる。

佼成会は、一九三八年に庭野日敬（開祖）と長沼妙佼（脇祖）によって霊友会から分派して設立された法華系の新宗教教団である。久遠実成大恩教主釈迦牟尼世尊を本尊とする。佼成会は法華三部経を所依の経典とし、夫方妻方（父方母方）の双系の先祖供養と心の切り替えによる人格完成を目的として、菩薩道の実践を行う教団である。基本信行として、①経典読誦による供養、②導き（布教）・手どり（会員の育成）・法座、③法の習学がある。

現在の会長は庭野日敬の長男の庭野日鑛で、次代会長は日鑛の長女の庭野光祥となっている。教団の公称会員世帯数は一一四万世帯（二〇一八年一月一日現在）、会員数は約二七〇万人（『宗教年鑑』平成二九年版、二〇一六年一二月末）である。国内に二三八教会、海外は一七カ国に六九拠点がある。佼成会は日本の新宗教においては、信者数で創価学会に次ぐ第二位の位置を占める大規模教団である。

筆者は一九八八年からブラジルの日系新宗教を対象に、異文化布教の課題について接近すべく、個々の教団の事例研究を積み重ねてきた。ブラジルの場合は同じ「土壌」に日系新宗教の異なる種が蒔かれた場合、布教の成否に影響するのはどういう要因かという視点をもっていた。非日系人に布教を拡大した宗教として、世界救世教、創価学会、霊友会、崇教真光があり、日系人主体の宗教として、大本、金光教、佼成会がある。筆者はそこで、各教団の異文化布教についての綿密な事例研究を行うとともに、比較検討して異文化布教の課題をさぐった[渡辺二〇〇一、渡辺二〇〇二]。ついで、今度は逆に、同じ「種」を異なる国(土壌)に蒔いた時に、布教の成否に影響を与えるものは何か、という視点で、異文化布教の課題に取り組んでいる。この時に「種」として選んだのが佼成会で、これまで東アジアでは韓国、台湾、モンゴル、南アジアではバングラデシュ、インド、スリランカ、東南アジアではタイ、アメリカではハワイ、オクラホマ、サンアントニオ(テキサス州)、そしてブラジルで調査を重ねている。本書はこうした研究の中での韓国佼成会のモノグラフとして位置づけられる。

佼成会の海外拠点は、一七カ国・地域に六九カ所ある。国名でいうと、アメリカ、ブラジル、韓国、台湾、中国(香港、上海)、モンゴル、タイ、シンガポール、カンボジア、バングラデシュ、スリランカ、インド、ネパール、ロシア(サハリン)、イタリア、イギリス、フランスに拠点が存在する。二〇一八年末の海外会員の総数は一万六一七一人である。これらのうちアメリカ(五教会)、ブラジル、台湾(二教会)、韓国、タイ、バングラデシュ、スリランカに教会がある。各々の教会の布教開始年と教会設立年は、ハワイ(布教開始一九五九年、教会設立一九六九年)、ロサンゼルス(一九五九・一九六九)、サンフランシスコ(一九七〇・一九七九)、ニューヨーク(一九八二・一九八二)、オクラホマ(一九七四・二〇〇七)、ブラジル(一九六一・一九七二)、韓国(一九七九・一九八二)、台北(一九八五・二〇〇八)、台南(一九八二・二〇〇八)、バンコク(一九八二・二〇〇七)、バングラデシュ(一九九八・二〇〇七)、スリランカ(一九九八・二〇〇九)である。

初めは日本人・日系人の多いアメリカ、ブラジルで、日本で入会し移住した日本人による布教が始まり、次いで東アジアへ展開し、そして近年では南アジアでの布教拡大が顕著である。本書で取り上げる韓国佼成会（韓国教会）は、信者世帯数は三〇〇〇世帯を超え、近年教勢の進展が著しいバングラデシュ教会に二〇一〇年半ばに追い抜かれるまでは海外教会の中で信者数が一番多かった。

北南米は日本で入会し、アメリカやブラジルに移住した人々への「世話」を当初目的とするもので日本人・日系人を主な布教の対象とした。またバンコク教会もタイに移住した日系人から始まった。台湾は戦前に日本語教育を受けた親日的な台湾人が主体である。バングラデシュは日本に対する好感の背景のもと、イスラム教国の中のマイノリティ仏教徒の中に教勢を伸ばしている。アジア地域では日本に対して好感度は高く、それが布教の追い風になっている。他方、韓国の場合は、日本の植民地支配や日韓関係に起因する反日感情の存在があり、日本から来た宗教ということは、布教にとってマイナスの要因である。しかし、また反面、在日コリアンの存在は布教に際して資源としての役割も担った。

ところで、韓国における日系新宗教の中で、佼成会はどのような位置づけにあるのだろうか。そこで、次に韓国の宗教事情と日系新宗教の布教についてみておこう。

韓国の宗教状況については、韓国ギャラップの調査によると二〇〇四年時点の数値であるが、宗教人口は五三・四％で、宗教人口の内訳は、仏教二四・四％、プロテスタント二一・四％、カトリック六・七％、その他の宗教〇・九％で、非宗教人口は四六・六％となっている。一九八四年のデータでは宗教人口は四三・八％なので、宗教人口は二〇年間で一〇％増加している。宗教人口の中には分類されていないが、韓国はムーダン（巫堂）といわれるシャーマンの活動が多くみられる国であり、儒教の教条主義が宗教的なレベルまで強化された国であると指摘されている。[李元範二〇一一：五七―五八]

李元範・朴承吉・南椿模らのグループは韓国学術振興財団の助成を受けて、二〇〇三年から二〇〇五年にかけて韓国における日系新宗教に対する実態調査を実施した[李元範二〇一一、李元範二〇〇五、朴承吉二〇〇五]。それによると韓国では一八教団が活動しているという。神道系では天理教（布教開始年一八九三年）、金光教（一九〇二）、仏教系では本門仏立宗（一九〇五）、日蓮正宗（一九六二）、韓国ＳＧＩ（創価学会インタナショナル一九六二）、霊友会（一九五三）、立正佼成会（一九七九）、弁天宗（一九七九）、神仏習合系として、太陽会（一九七三）、世界メシア教（一九六四）、世界救世教（一九六四）、真如苑（一九八六）、善隣教（一九七二）、キリスト教系として、キリスト同信会（一八九六）、イエスの御霊教会（一九六八）、修養道徳系として、韓国光明思想普及会（＝生長の家一九七五）、モラロジー（一九六八）、ヤマギシ会（一九六六）をあげている。その公称信者数の合計は約一九〇万人（二〇〇四年時点）だという。これは韓国の総人口の四％を占める。そのうちわけをみると、韓国ＳＧＩ（創価学会）が約一四九万人、天理教が約二八万人、日蓮正宗が約三万人である［李元範二〇一一：六四―六七］。なお、李元範の二〇一一年の論考には、修養道徳系の教団の信者数は未記入だが、二〇〇五年の同グループの朴承吉論文には、生長の家を母体とする韓国光明思想普及会の信者数は一一万人と記されている［朴承吉二〇〇五：一八九］。この団体は印刷物を読み、教団が主管する集いに参加する人を賛同者とみなすというゆるいメンバーシップであるので、最終的に信者数を未記入としたものだと思われる。

大きな教勢をもつ韓国ＳＧＩ、天理教、日蓮正宗に次いで、世界救世教四一二一人、霊友会三五八五人、佼成会二七〇四世帯（人数ではなく世帯数なのでもっと多くなる）となっている。それに続いて真如苑一八二九人、太陽会一〇〇〇人で、それ以下は最小では二〇人から数百人規模となっている。修養道徳系を除く一五教団では、韓国ＳＧＩが突出し、次いで天理教、日蓮正宗の信者数が万単位である。これを第一グループとするならば、これに続く信者数三〇〇〇～四〇〇〇人の第二グループに佼成会が入っている。

筆者は二〇〇四年から二〇一八年まで、あしかけ一五年にわたって、八回の現地調査、インフォーマントの訪日の際の調査、電話、ファクス、電子メールなど、さまざまな手段をとおして継続的に韓国佼成会の調査を行ってきた。本書は綿密な聞き取り調査の積み重ねに基づく論考であることに特徴がある。これまで韓国佼成会に関する先行研究はなく、ここで用いるデータは筆者が聞き取り調査を行い、また、韓国佼成会の協力を得て探索することによって発掘した資料をもとにしている。

本書の構成は以下のとおりである。

第一章　韓国における立正佼成会の展開過程——日本宗教であることの困難と在日コリアンによる現地韓国人布教
第二章　韓国立正佼成会にみる日本的要素の持続と変容——現地化への取り組み
第三章　支部組織の転機と三支部制初代韓国人支部長の信仰受容の諸相——教会道場のリノベーションが与えた影響に着目して
第四章　韓国人幹部信者の信仰受容と自己形成
第五章　在日コリアン二世の女性教会長のライフヒストリー——李福順の人生の軌跡と布教者・信仰者としての自己形成
むすび

第一章は、一九七九年に韓国ソウルに在日コリアンルートで布教拠点が設置されて以降、日本人の派遣教会長による布教が行われるが、反日感情の強い中で日本の宗教であることによる困難やビザ取得の問題とかかわって日本人による布教を断念し、元在日コリアンの李福順と李幸子が中心になり、日本宗教であることに起因する多くの困難に試行錯誤しながら取り組み、さまざまな課題を乗り越えていく様相が叙述される。また、ソウル以外の地方布教は複数の在日コリアンルートによって試みられていることが示される。

第二章は、日本にルーツをもつ宗教の現地への適応にかかわる課題である。佼成会の基本にある佼成会式先祖供養と韓国の宗教文化との葛藤、ことに家の中に総戒名や仏壇を置くことへの抵抗に対して、総戒名の教会の戒名室への安置というやり方をとる。そして韓国人からみた文化的違和感、韓国の伝統仏教との違いに言及したうえで、文化的異質性を希釈し、現地化への取り組みがみられる。また、韓国人の気質を理解しての信者の育成や定着の試みについても考察する。

第三章は、李福順教会長のもとに三支部（龍山支部、城北支部、儀旺支部）がつくられたが、二〇〇六年から二〇〇七年にかけて行われた教会道場のリノベーション（大規模増改築）は、単に建物の改修にとどまらず、道場という集合する場がなくなったことで、三支部の実力差を明らかにした。結果として、三人の支部長のうち、近い親族の在日コリアンの導きで入会した二人の支部長が退任することになり、支部組織の転機をもたらした。そして、三人の支部長の信仰受容のあり方について、事件の顛末も含め、記述している。

第四章は、二〇〇九年に教会長の交代（李福順から娘の幸子へ）があり、現在では三支部の支部長、総務部長という教会組織の要の役割の人が入れ替わった。これらの人々は在日コリアンとは全く無関係な韓国人である。ここでは彼女たちの信仰受容と自己形成のあり方について、抱えていた問題状況とその乗り越え方も含め、詳細な事例研究を行っている。また、その中で、韓国社会において仕事をもつ女性が増加することによって、専業主婦が念頭にあった佼成会の活動が難しくなっている状況についても言及されている。

第五章は、日本人教会長が引き揚げた後、三代目教会長になり、韓国佼成会を担った在日コリアン二世の李福順のライフヒストリーである。家族そろって韓国に帰国したあと、韓国に適応できず、家族を韓国に残して日韓を往復し、家族を日本に呼び戻したいとの願いで大阪において佼成会に入会した。最終的に韓国に着地し、韓国佼成会にとって重要な役割を果たした李福順の波乱にみちたライフヒストリーの事例研究であり、個人史をとおして韓国佼成会の足跡も明らかになっている。

本書はこれまでに発表した論文四本（第一章、第二章、第三章、第五章）と今回書き下ろした論文（第四章、むすび）によって構成されている。本書では二〇〇四年から二〇一八年までの調査結果を扱っており、調査期間が約一五年という長期にわたるため、当然のことながら、時間の経過による状況の変化があった。既発表の論文は、基本的には元の論文を生かすことにし、必要に応じて加筆した。第一章では、元論文は二〇〇四年までを扱っているが、その後の展開は、第三章、ついで第四章へとつながっていく構成になっている。調査が長期にわたり、繰り返し調査を行っているため、むしろ時間的経過にともなうダイナミックな展開を個別事例をとおして明らかにできると考えたからである。

目次／韓国立正佼成会の布教と受容

はしがき　i

第一章　韓国における立正佼成会の展開過程……3
──日本宗教であることの困難と在日コリアンによる現地韓国人布教
はじめに　3
一　韓国立正佼成会の現況（二〇〇四年）　4
二　本部派遣教会長による初期布教の展開　13
三　韓国人による韓国布教の展開　30
四　李福順・幸子による布教の模索と取り組み　45
おわりに──二〇〇五年以降の展開　53

第二章　韓国立正佼成会にみる日本的要素の持続と変容……66
──現地化への取り組み
はじめに　66
一　文化的異質性の稀釈　68
二　佼成会式先祖供養と韓国の宗教文化との葛藤　76

三　韓国人信者からみた文化的違和感とその理解　90
おわりに　105

第三章　支部組織の転機と三支部制初代韓国人支部長の信仰受容の諸相……109
――教会道場のリノベーションが与えた影響に着目して
はじめに　109
一　教会道場のリノベーションと支部組織への影響　110
二　初代城北支部長朴鍾林の信仰受容のあり方　115
三　初代龍山支部長盧承元の信仰受容のあり方　123
四　初代儀旺支部長金美慶の信仰受容のあり方　130
おわりに　146

第四章　韓国人幹部信者の信仰受容と自己形成……154
はじめに　154
一　韓国立正佼成会の現況（二〇一八年）　155
二　呉丁淑（龍山支部長）の信仰受容と自己形成　161
三　成淑姫（教務部長・城北支部長）の信仰受容と自己形成　172
四　姜埰仁（儀旺支部長）の信仰受容と自己形成　191

五　黄慶子（総務部長）の信仰受容と自己形成　205
おわりに　217

第五章　在日コリアン二世の女性教会長のライフヒストリー……222
——李福順の人生の軌跡と布教者・信仰者としての自己形成

はじめに　222
一　生い立ちと結婚　223
二　韓国への帰国と苦難の始まり　230
三　立正佼成会大阪教会への入会と活動　243
四　韓国布教を担うようになる経緯　249
五　李福順の困難・葛藤・自己形成　259
おわりに　288

むすび……295

一　韓国における日本イメージと布教に際しての在日コリアンの役割　295
二　各章の要約　297
三　韓国立正佼成会にみる異文化布教の課題　300
四　社会の変化と今後の課題　304

あとがき 308
参考文献 314
韓国立正佼成会布教史年表 349
索引 352

凡例

(一)本書では、登場人物は実名で記載している。すでに故人の場合や行先不明である場合を除いて、実名での記載と内容の公表について、筆者が直接または韓国立正佼成会教会長の李幸子氏をとおしてその許諾を得ている。

(二)本書のデータの多くは聞きとり調査によるものである。それに加え、韓国立正佼成会が保存している資料、立正佼成会国際伝道部の資料、機関紙・機関誌に掲載の記事等を参考にしている。

(三)調査期間は約一五年に及ぶため、その間、調査対象者の役職名に変更があった。立正佼成会の場合、呼称については、役職名に「さん」をつけて呼ぶことが通常である。しかし、役職名は変化しており、聞き取りの中で、どのような呼称を用いるかについては、話者の個別の状況による。たとえば、李福順の場合、韓国での役職は、主任、支部長、教会長、顧問と変化した。李幸子の場合も、事務長、総務部長、教会長と変化した。話者が、その出来事が起きた当時の役職名で語る場合もあれば、語りの時点での役職名で呼ぶこともある。李福順と李幸子の場合は、教会長という役職は両者に共通している。こうした場合は、名前を入れ明確にし、役職を記載しないことがある。

(四)ご宝前、ご本尊、御守護尊神、ご命日等、立正佼成会の信者が使用している用語には尊称がつけられているが、学術論文の性質上、宝前、本尊、守護神、命日等とし、尊称は削除した。

韓国全図

注）韓国立正佼成会の拠点（ソウル・釜山・馬山・海際面・安東）及び本文中で言及されている主要地点

韓国立正佼成会の布教と受容

第一章　韓国における立正佼成会の展開過程

――日本宗教であることの困難と在日コリアンによる現地韓国人布教

はじめに

韓国立正佼成会は、一九七九年に韓国連絡所としてはじまり、一九八二年に教会に昇格したが、一九九七年に在家仏教韓国立正佼成会として韓国で任意団体登録して自主独立団体となり、一九九八年に日本の立正佼成会(以下、佼成会)と姉妹結縁した。このため、韓国佼成会は日本の佼成会の姉妹団体という位置づけである。これは、日韓関係の歴史的経緯の中で、日本の宗教が韓国で法人をとることができなかったことを背景としている。佼成会の韓国布教を考えるにあたって、日韓関係や日本の植民地支配に起因する反日感情の存在が、大きな規定要因として働いた。また反面、在日コリアンの存在は、布教に際しての資源の働きも担った。このように、韓国佼成会は他の海外拠点とは異なる布教上の特質をもっている。姉妹団体というものの、韓国佼成会は日本の本部と密接な関係のもとに布教を展開させているが、信者は一〇〇％現地韓国人であり、信者数も海外の佼成会の中では多く、異文化布教で一定程度の成果をあげている。

本章の論述の順序は以下のとおりである。なお、本章では、韓国布教の開始から二〇〇四年までを扱う。第一節では、二〇〇四年時点の韓国佼成会の現況について述べる。第二節では、本部派遣の日本人教会長による初期布教の様相を、日本宗教であることに由来する布教上の困難と、在日コリアンルートでの布教の展開という点から考察する。第三節では、日本人教会長引き揚げ後の、韓国人による韓国布教の展開について、新道場の建設から独立自主団体として本部と姉妹結縁し、李福順が教会長になり、三支部制を施行して体制を整えつつある二〇〇四年までを扱う。第四節では、教会長である李福順と総務部長として教学と運営面を担っている李幸子の母娘ペアが、いかに韓国布教に取り組んできたのかを、彼女たちの視点から述べることとしたい。そして、最後に、二〇〇五年以降二〇一八年までの展開の様相について、各時期の特徴の概略を述べ、第三章、第四章への導入とする。本章では、布教者として韓国佼成会を担った人々を中心に、その展開過程を論述していくことにする。

一　韓国立正佼成会の現況(二〇〇四年)

(一)　教勢と会員の属性

韓国佼成会の入会世帯数の推移と累計会員世帯数を特記事項と合わせて記載したのが、**表1**である。二〇〇三年一二月末現在の会員世帯数は表に示すように、二六三三世帯である。この数は新規入会世帯数の累計であるが、退会届はとっていないので、必ずしも現実の会員数を反映しておらず、実態とは乖離があると思われる[1]。

韓国佼成会の会員は、ソウル以外にも、慶尚南道の釜山と馬山、慶尚北道の安東、全羅南道の海際面に広がっている。各地域における布教の展開の諸相は二〜三節で後述するが、会員分布はソウルが中心で、次いで釜山となる。総務部長の李幸子(当時。現、教会長)によると、ソウルの実質的な会員数は、最も参拝者が多い釈尊降誕会(花まつり)の時のソウル

表 1　韓国立正佼成会世帯数の推移　(1979-2003 年)

	ソウル	釜山	その他	合計	ソウル	釜山	累計	特記事項
1979				67			67	ソウルに連絡所開所。滝口文男が所長に就任
1980				61			128	
1981				89			217	釜山・馬山に連絡所開設
1982				169			386	韓国連絡所が教会に昇格
1983				163			549	大韓仏教法華宗の末寺となる
1984				72			621	
1985				49			670	海際面法座所開所。滝口教会長，帰国
1986	116	22	3	141			811	庭野日敬・日鑛来韓，釜山法座所入仏式
1987	94	27	1	122			933	
1988	123	56		179			1112	ソウル道場入仏落慶式。現地本尊勧請者が出る
1989	152	100	29	281			1393	本部団参開始。本部講師による研修開始
1990	127	25		152	1032	513	1545	青年部発足
1991	131	22		153	1163	535	1698	
1992	80	34		114	1243	569	1812	教会発足 10 周年記念式典
1993	58	27		85	1301	596	1897	庭野日鑛巡教。中川教会長派遣
1994	82	16		98	1383	612	1995	中川教会長退任
1995	116			116	1499	—	1499	釜山布教停止 (～ 2000)
1996	126			126	1625	—	1625	龍山警察署による調査
1997	165			165	1790	—	1790	任意団体登録
1998	129			129	1919	—	1919	日本本部と姉妹結縁
1999	106			106	2025	—	2025	『韓国佼成』発刊 (月刊)
2000	92			92	2117	—	2117	李福順支部長，乳がんの手術
2001	129	49		178	2246	49	2295	釜山支部再発足
2002	131	80		211	2377	＊ 129	2506	20 周年記念式典。李福順，教会長に就任。三支部制を決定
2003	96	31		127	2473	160	2633	三支部制実施

【注】
(1)　各年末の数字。
(2)　合計とは，その年の新規入会世帯数の合計を示す。
(3)　累計とは，各年の新規入会世帯数の累計 (脱会届けはない) を示す。
(4)　1979 ～ 1985 年は，ソウル，釜山，その他 (馬山，海際面，安東) に分けた統計はない。
(5)　1990 年からは，ソウル (その他含む) と釜山の会員世帯数を分割した統計がある。
(6)　釜山については，1995-2000 年は，布教を一時停止し，これまでの会員を整理してゼロとし，2001 年に釜山に新道場ができたときに，釜山支部を再発足した。
(7)　2002 年の釜山の会員 129 名 (＊印) のうち，53 名は旧釜山支部に所属していた会員が復帰したもの。

道場への参拝者が三五〇名、その際奉納される提灯は一五〇〇個であるので、生きている会員数は七〇〇名、そのうち活動会員は二〇〇名程度とみている。釜山の場合は、二〇〇一年に布教一時停止後再発足したので、一六〇世帯という数は実状に近く、馬山には二〇〜三〇世帯、安東、海際面には現在ほとんど会員はいないとのことである。

組織としては、ソウルに在家仏教韓国立正佼成会(本部)があり、その下に龍山支部、城北支部、儀旺支部の三支部ある。地方には、釜山支部と馬山連絡所がある。

表1で新規入会世帯数の推移をみると、布教史上の有意な出来事の前後で若干の波があるが、ほぼコンスタントに地道な布教がなされている。

会員の階層については、中層と下層、とりわけ中層が多くを占めるという。性別では女性が圧倒的で活動会員は主婦層である[2]。

(二) 幹部の性別・年齢構成

二〇〇四年時点、韓国佼成会ソウル本部は、教会長の李福順(女、六八歳)と総務部長の李幸子(女、四六歳)が中心を担っている。この他、部長職の「お役」には文書部長の成淑姫(女、四九歳)、青年部長の朴顕哲(男、四一歳)、壮年部長の廉昌秀(男、六三歳)、壮年総務の李哲載(男、四六歳)がいる。また、ソウル本部は三つの支部に分かれているが、龍山支部長は盧承元(女、四七歳)、城北支部長は朴鍾林(女、五六歳)、儀旺支部長は金美慶(女、四八歳)である。この他、戒名室長の沈淑日(女、七四歳)がいる。

支部長のラインにつながる「お役」には、主任、組長、班長がある。各支部ごとにその数は異なっているが、全体の性別と年齢構成をみてみよう。性別については、主任に五〇代の男性(戒名担当)が一人いるのみで、あとはすべて女性である。

ソウル本部の三支部を合計すると、主任は二〇名、組長は三四名、班長は二六名いる。年齢構成は、全体では七〇代四名（五・〇％）、六〇代一〇名（一二・五％）、五〇代二三名（二八・八％）、四〇代二八名（三五・〇％）、三〇代一四名（一七・五％）、二〇代一名（一・二％）である。五〇代以下の年齢層が八〇％以上を占め、働き盛りの年代が「お役」についているといえる。

役割別に年齢構成をみると、主任では、七〇代一名（五・〇％）、六〇代六名（三〇・〇％）、五〇代八名（四〇・〇％）、四〇代五名（二五・〇％）である。組長の場合は、七〇代三名（八・八％）、六〇代一名（二・九％）、五〇代一〇名（二九・四％）、四〇代一四名（四一・二％）、三〇代六名（一七・六％）、班長の場合は、六〇代三名（一一・五％）、五〇代五名（一九・二％）、四〇代九名（三四・六％）、三〇代八名（三〇・八％）、二〇代一名（三・八％）である。役割上の地位の高いほうが相対的に年齢層が高いが、集中する年代は、主任では五〇代、組長では四〇代、班長では三〇〜四〇代となる。このように、ソウルの場合に限っていえば、二〇〇四年時点は活力のある年齢層が活動の中心を担っており、その分布からみても当分は高齢化による活力の低下の心配はなさそうである。

一方、釜山支部の場合（釜山の経緯は三節で後述）、事務長（男、六四歳）のほか、主任が一三人いるが、組長、班長はいない。主任は全員女性で、七〇代二名（一五・四％）、六〇代六名（四六・二％）、五〇代五名（三八・五％）と、ソウルに比べて高い年齢層にあり、今後幹部の新たな育成が必要になってくると予測できる。

（三）活動

韓国佼成会では、行事への参加、日頃の道場でのご供養（経典読誦）と法座修行、道場当番、というように道場に足を運ぶことは、重要な実践である。道場への参拝を中心に活動が組み立てられているので、ここでは年間行事、毎月の行事、毎日のスケジュール、当番の内容について、概観しよう。

写真 1-1　韓国佼成会の旧教会道場概観（2004 年 著者撮影）
看板には漢字で在家仏教韓国立正佼成会と書いてある。

写真 1-2　命日での供養の様子と道場の天井を埋めつくしている花まつりの提灯（2004 年 著者撮影）
天井全面に花まつりの提灯が飾られている。ピンク、オレンジ、黄、白といった色彩豊かなものである。提灯の下の短冊状の札には供えた人の名前が書かれている。

年間行事

旧暦で行う行事には、涅槃会（二月一五日）、釈尊降誕会（四月八日）、成道会（一二月八日）という仏教の三大行事と盂蘭盆会（七月一五日）がある。これらの行事は日本の佼成会でも行われている行事であるが、韓国佼成会では韓国の伝統仏教と合わせて旧暦で行い、また、伝統仏教の様式もとりいれている。釈尊降誕会は花まつりともいい、国民の祝日として伝統仏教では盛大に祝われ、韓国佼成会でも最大の行事である。花まつりには伝統仏教では提灯が奉納されるので[3]、佼成会でも信者からの発案で布教初期から花まつりの提灯を天井につるしている[4]。また、盂蘭盆会では、韓国の習慣に合わせてお盛りものは韓国の食べ物を供えている。

新暦で行う行事には、寒中読誦修行（一月、一〇日間）、お焚上げ供養[5]（二月、立春の前日）、創立記念日（三月）、青年部発足日（五月）、脇祖さま報恩会（九月）、開祖さま入寂会（一〇月）、世界平和の祈りの期間（一〇月、一週間）、開祖さま生誕会（一一月）、合同水子供養（一二月）があり、青年部発足日と合同水子供養以外は、日本の本部の行事に準じている。

この他、韓国の文化・習慣として実施する行事には、旧暦では七夕（七月七日）、新暦では立春（二月四日）、厄払い祈願供養（立春の日かその前日）、平和記念日（八月一五日、韓国では光復節といい、韓国が日本の支配から解放された日）、入試の祈願供養（一一月の試験当日）、冬至（一二月二二日頃）がある[6]。

仏教行事は韓国の伝統仏教と合わせて旧暦で、日本の本部に準じた行事は新暦で、韓国の文化・習慣としての行事は、現地に合わせて、旧暦または新暦で行っている。

毎月の行事

毎月の行事には、一日（初命日）、四日（開祖さま命日）、五日（虚空蔵菩薩命日）、一〇日（観世音菩薩命日）、一五日（釈迦牟尼仏命日)、一八日(薬王菩薩命日、韓国に大本尊が入った日)、二八日(教会命日)がある。命日には大体五〇名ほどの信者が集まる。なお、第二土曜日の夜六時は壮年部の命日、月の最後の日曜日は青年部の命日である。

一日の命日には、日本の佼成会の機関誌『佼成』に掲載されている「会長法話」を翻訳したプリントを、その日の当番の支部長が参拝している信者と一緒に読み、その内容を「かみしめる」[7]。五日の命日には、『韓国佼成』(月刊)を配布する[8]。文書部長が『韓国佼成』にのっている今月の「会長先生のご指導」を信者と一緒に読み、感じたことを述べ、「かみしめる」。一五日の命日には、信者の体験説法が行われる。四日、一〇日、一八日、二八日の命日には、李幸子による教学の講義が行われる。このように、各命日ごとに特徴を出している。

道場当番

道場当番は、三支部が交代で、一支部が五日間継続して受け持つ。午前八時三〇分から午後三時三〇分まで当番として道場につめる。当該支部長と、宝前のお役三人、戒名室当番一人、放送のお役一人の計六人が当番であるが、当該支部の会員も来て当番を応援する。宝前のお役とは、宝前を整えて飯水茶を給仕し[9]、花をいけ、そして朝一〇時の読経供養の際に導師(主任が担当)と脇導師(二人、組長または班長)をする役である。戒名室当番は戒名室で供養をする役である[10]。戒名室での供養は毎日一〜二件ある。総戒名の祀り込みと戒名室への安置[11]、総供養(三代までの先祖の供養)、追善供養(特定の故人の供養)、水子供養[12]といったものである。毎日一〜二件の供養がある。供養には四〇分から一時間かかるが、自分の所属する支部が当番の時には、当番以外の人も応援で供養に参加する。放送のお役とは、『開祖随感』の一部を読み、朝礼、アナウンス、音楽を担当する。

また、韓国の伝統仏教では、参拝者に昼食を出す習慣があるので、韓国佼成会でも六日、一六日、二六日の道場の休業

写真 1-3　命日のあとの支部法座（2004 年 著者撮影）
支部制施行後、命日には支部ごとの法座に分かれ、支部長が法座主をつとめる。

写真 1-4　戒名室での追善供養（2004 年 著者撮影）

日（家庭修養日）以外は、毎日参拝者に昼食を出すため、当番はその準備も行う。

毎日の読経供養と法座

当番以外にも道場に来る人は毎日二〇～三〇人いる。それはなぜかというと、七日間、二一日間、一〇〇日間といった祈願供養のために道場に通う人がいるからである。祈願供養の内容は読経供養と法座に座ることである。道場では月三日の休業日を除いて、毎日午前一〇時から読経供養が行われ、一〇時四〇分～一二時まで法座が開かれる。三支部制が施行されてから、命日には支部法座が行われ、支部長が法座主となるが、それ以外の日は教会長の李福順が法座主を務める。何か問題を解決したいと思う人や願いごとがある人は、日にちを区切って祈願供養に毎日訪れる。韓国佼成会の法座は活発で、かつて日本で言われたような「切れば血が出る法座」というように現証が出ているという。午後には教会長が、四柱推命や方位の鑑定を用いて、新入会員や問題を抱えている人に対して個人指導を行っている。

三人の支部長は自分の支部が当番にあたっていてもいなくても、休業日以外は毎日道場に来て、自分の支部の祈願供養に入っている人や新入会員の面倒を見ている。毎朝、教会長と支部長はミーティングを行い、その時々の問題を共有し、連携のもとに問題解決にあたっている。

このように韓国佼成会では生き生きとした活動が行われているが、韓国佼成会がここまでに至るまでには、さまざまな困難を乗り越えなければならなかった。そこで、以下の節で、韓国佼成会の展開過程を跡づけていきたい。なお、巻末に、**韓国立正佼成会布教史年表**を掲げたので、適宜参照していただきたい。

二　本部派遣教会長による初期布教の展開

（一）在日コリアンによる拠点設置の依頼と韓国連絡所の開所

韓国への佼成会の拠点設置のきっかけは、東京にある文京教会所属の在日コリアン、松山賀一（韓国名：姜信極、当時妻は組長）から、韓国に拠点をつくって祖国に佼成会を広めてほしいとの要請を受けてのことであった[13]。松山は貿易商で、渡韓を繰り返す中で、知人の孫震根（日本帰り）や朴柱植（会社関係）を導き、この三者が設立準備を行った。一九七八年に連絡所の設置を決定し、韓国語の経典（東国大学教授による翻訳）も準備され[14]、開所への準備が行われた[15]。

翌一九七九年二月二五日に韓国連絡所の開所式が挙行され、本部教育課員（豊田教会会員）である滝口文男（佼成会の選名：昌弘、一九三三年生）が布教師兼連絡所長として派遣された[16]。連絡所はビルの一部を賃借したもので、一階は中華料理店とガス店と佼成会の事務所（八～一〇坪）、二階は宝前の間（二七坪）になっていた。開所式には六三人が参集し、連絡所設立準備委員会の会長の松山賀一と代表役員の孫震根に対して感謝状が贈られた。

しかしながら、翌日に連絡所に来たのは滝口のほかには、李幸子、姜承熙（松山の親戚）と孫震根の三人しかいなかった[17]。開所式に集まった人々は朴柱植の会社の従業員であり、出てくるようにと言われて出てきたにすぎず、実際は会員としての自覚をもつ人ではなかった。松山は高麗人参の工場を経営している朴とともに、高麗人参の濃縮液を佼成会のルートを使って販売することを意図していたと滝口はみており、濃縮液の販売は断り、松山は設立準備までを担当し、手を引いた。

開所式のあと、滝口が布教師兼連絡所長、李幸子が事務員、そして、姜承熙が管理人という体制で布教が始まった。しかし、滝口のビザは一五日の観光ビザであり、ホテル住まいをしながら、日韓を往復していくのである。

写真 1-5　立正佼成会韓国連絡所開所式・入仏式（1979 年 立正佼成会提供）
当時の大本尊は曼荼羅形式の軸装本尊。日本式の三方がある。右側の男性が滝口文男（左の男性は未会員の通訳者）。本尊の左の額入りの写真は韓国の朴正熙大統領。ここには写っていないが右側には庭野日敬会長の写真がある。

写真 1-6　開所式での集合写真　（1979 年 韓国立正佼成会提供）
前二列目の右端から李幸子、次いで、孫震根、山下勝弘（布教本部長）、滝口文男、松山賀一、宮坂光次朗（国際課長）。最後列右端が朴柱植

写真 1-7　連絡所の「立正佼成會」と記された看板（1979 年 韓国立正佼成会提供）
この後、看板はいろいろと変化する。

写真 1-8　連絡所から「在家仏教　韓国立正佼成會」へと名称変更された看板
（1980 年 韓国立正佼成会提供）
一階が事務室で二階は宝前の間。右隣はガス店、その右は中華料理店。

（二）李一家と韓国佼成会

韓国佼成会の開始から今日までを考えるにあたって、李幸子（一九五八年生）の存在は大きい。また、前述したように、李一家は今日の韓国佼成会の中心を担っている。そこで、次に目を転じて、李一家が佼成会にかかわるようになった経緯について述べよう。

幸子の父の李奉雨（通名：石原弘道、一九三七年生、父母は全羅北道出身）と母の李福順（通名：古岡→石原福子、一九三六年生、父母は済州道出身）は、両者ともに在日二世である。大阪の生野区に住んでいた李一家は、ベビー洋品の衣類をつくる家内工業をしていた。ところが、韓国に住んでいた親戚が、これから韓国は注文服から既製服に切り替わる時期なので、韓国に来て既製服づくりをしたらどうかと誘った。日本から故郷の全羅北道に引き揚げていた奉雨の母の面倒をみるという理由もあった。一九六八年八月に奉雨（三一歳）、福順（三二歳）、幸子（一一歳）、英子（九歳）、史好（五歳）は韓国に帰国した。この時に、奉雨と子ども三人は日本の永住権を放棄した。奉雨はソウルで縫製工場をはじめたが、一年後には不渡りをつかまされて倒産、母のいる全羅北道の田舎に戻り、農業をやることになった。福順はこのようにだまされたため、韓国人に対して不信感があり、また韓国社会に適応できず[18]、借金返済と生活を支えるために、大阪に戻って、働いて仕送りをした[19]。

福順は、なんとかして家族をもう一度日本に呼び戻したいと念願し、家族を招請して日本に住みたいという申請書を日本大使館に何回も出した[20]。一九七三年、日本で苦労している頃、妹の大田俊子の導きで、入会したら家族を呼び戻したいという願いが叶うという「方便[21]」で、佼成会大阪教会に入会した。

幸子は一九七〇年に、学校の関係で妹の英子とともにソウルに出、一九七四年には父と弟も全羅北道からソウルに出てきた。一九七七年に高校を卒業した幸子は、一一月末に福順の招請により、韓国に戻ってから初めて日本を訪れ、二ヵ月間滞在した。その時、福順は大阪教会で熱心に佼成会の活動をしていた（翌一九七八年に組長になる）。幸子は大阪教会（大阪普門館）での行事で、不良から立ち直った高校生の体験説法に感動し、また説法会が終わったあとの法座で、福順の地区の法座に入ったところ、「祈願供養の満願に娘が来た」と紹介された。これを聞いて皆が泣いて喜んでくれた。この時に、「人のうれしい出来事の喜びを泣きながら分かちあう。なんだかすごく暖かい雰囲気が私にパーッと入ってきて、佼成会が韓国にあったらいいなあ」と幸子は思ったという。

一九七八年一月末に幸子は韓国に帰国したが、同年一〇月頃、友達の家に行った帰りにバスの窓から「立正佼成会」という看板を見かけた。一二月に福順が韓国に来た時にそこを一緒に尋ねたところ、松山と孫がおり、開所に向けて事務所の道具を揃えているところだった。そこで、福順は自分が大阪教会の所属であることを述べ、「娘です。日本語もできるし、韓国語もできます。何かお役にたてることがありましたら使って下さい」と紹介した。さっそく、翌日から事務所で手伝ってほしいということになり、それから幸子は毎日事務所に手伝いに行くようになった。このような経緯で、幸子は連絡所開所の準備段階からかかわるようになったのである。日本語と韓国語の両語ができる幸子の存在は、韓国佼成会の展開にとって重要な役割を占めることになる。

（三）　在日コリアンルートでの布教の展開

開所式は行われたものの、実質的には信者と呼べるような人々はおらず、また、滝口はビザの関係で短期間の滞在しかできず、日韓の往復を繰り返さざるをえなかった。

こうした状況の中で、ソウルにおいては、松山関係の人々は脱落したので、一から布教がはじまり、地方では、一九八〇年に馬山（慶尚南道、釜山から三〇キロ）、一九八一年に釜山（慶尚南道）、一九八二年に安東（慶尚北道）、一九八三年に海際面（全羅南道・務安郡）と、在日コリアンのルートを用いて布教が行われた。

『佼成新聞』の韓国連絡所設置の記事をはじめとして、折に触れて掲載された韓国布教に関する記事や支援への呼びかけを見て、自発的に布教支援を申し出る人もいた。韓国布教開始三周年にあたる一九八二年七月には、東京の本部で、韓国での布教支援や情報提供を呼びかける「韓国布教の集い」が開催され、在日コリアン会員ら、五〇名が参加した。また、翌一九八三年二月には北九州教区で福岡教会を会場として、「韓国布教の集い」が開かれ、在日コリアンなど六〇名が参加した[22]。

それでは、この時期どのような布教が展開したかを、地域別にみていこう。

馬山布教と安東布教

連絡所開所の翌年の一九八〇年に、ソウルから約三〇〇キロ離れた馬山（慶尚南道）の布教が始まった。馬山布教にかかわった在日コリアンは、呉（孫）栄子（東京の大田教会の主任、一九八〇年当時五六歳、韓国式では結婚しても名字がかわらないが、夫の名字が呉なので、「呉さん」と呼ばれた。以下、呼び名に即して「呉」と呼ぶ）、崔順基（茨城県の下館教会所属、同五七歳）である[23]。呉と崔は馬山で生まれ、昭和初期に日本に渡った。夫同士が兄弟で、二人は義理の姉妹の関係にある。馬山には崔の親戚が多く、呉と崔はコンビを組んで布教を行った。彼女たちは韓国連絡所開所前にも墓参りのため、折にふれ馬山を訪れており、韓国に佼成会の連絡所ができる前に、崔は妹の夫の金鍾申を導き、下館教会から総戒名をもらっていた。ソウルに連絡所ができたということを知り、呉と崔が本部の国際課を来訪し、布教の手助けを申し出た。呉と崔は、当時悩みをもっていた崔の弟の崔萬祚（日本帰りなので日本語はできる）を導いた。一九八一年一二月には崔萬祚宅に、馬山連絡所が開設された[24]。

呉と崔は大体年に二回、一回行くと二〇日間、導き、手どりに歩いた[25]。滝口は呉・崔の来韓に合わせて、または通訳の幸子とともに馬山を訪れた。滝口は一九八〇年に一回、一九八一年に四回、一九八二年に九回、一九八三年に五回、一九八四年に五回、一九八五年に四回、馬山を訪れている。滝口の話によると、四柱推命や方位、姓名鑑定（姓名鑑定は音を用いるので、同じ漢字でも日本語読みと韓国語読みでは異なるため当たらなかった）を「方便」として用いたが、行った時は村中の人がみてもらいに来たという。当時は都市と農村の格差は大きく、電灯も水道もないところもあった。

また、呉と崔の夫の故郷は安東（慶尚北道）なので、一九八二年からは両者による安東布教も始まった。

釜山布教

釜山布教については、在日コリアンの佐藤恭世（東京の葛飾教会主任、一九四二年生）と夫の幸男（日本人）の力が大きい。釜山（慶尚南道）に佼成会の信仰の種がまかれるようになったきっかけは、釜山在住の金根俊（一九八〇年当時五四歳、男。日本帰りで日本語ができる）が、姉の遺骨を受けとりに来日したことがきっかけである。佼成会の信者だった金の姉（品川教会所属）は一九八〇年に病気で亡くなったが、その時佼成会の信者が彼女の葬式の面倒をみた。金は佼成会が姉の葬式をやってくれたことに心をうたれたという。品川教会の信者は、金に姉の遺骨と残したお金をわたし、亡姉がいずれは韓国で布教をしたいという志をもっていたことを告げ、総戒名を自分で祀り込み、一生懸命信仰しなさいと伝えた。金はその時、佼成会の大聖堂を尋ねている[26]。

一九八一年の五月の連休に、佐藤夫妻は恭世の故郷の墓参りと観光をかねて韓国を訪れたが、その際、ソウルの連絡所に立ち寄った。佐藤がこれから釜山に墓参りに行くというのを聞いて、滝口は金根俊宅を尋ね、きちんと総戒名が祀ってあるかどうか様子を見てきてほしいと依頼した。佐藤恭世は霊感の強い人で、金の家で誰も知らないことをあてたという。

金の妻は伝統仏教の曹渓宗の熱心な信者だったが、顔が広く、こうしたことに関心がある人を自宅によび、佐藤にみてもらった。このようにして信者ができたので、一九八一年一二月に金宅に釜山法座所が開かれた。佐藤は韓国語ができないため、来韓の折は、金が通訳をした。しかしながら、佐藤が来ると自宅に大勢の人が来、また、通訳や諸々の世話をしなければならない。こうした状況に対する金の娘による反対があり、また商売(衣類の問屋)にさしさわるので佐藤の手伝いはできないということになった[27]。

ついで、佐藤がコンビを組んだのは、一九八一年に入会した呉愛鳳(一九二五年生)である。一九八二年一二月に、法座所は呉愛鳳宅(夫は姜泰日、一九二二年生)に移転した。佐藤は来韓のたびに呉宅で泊った。呉も日本帰りで、日本語ができたので、佐藤の通訳をした。また、市場で問屋をしていたので顔が広く、その関係の人々や親戚を導いた。

佐藤は、ガソリンスタンド経営の資産家で、布教員として本部から飛行機代と現地交通費が支出される布教助成の機会以外にも、自費も使用して一～二ヵ月に一度は釜山へ布教に訪れた[28]。また、連絡所開設四周年記念式典には釜山から貸し切りバス一台を出し、釜山の信者をソウルに連れていった。また佐藤は信者にものを買ってあげたり、商売が不振な人にはお金を出したり、衣類を購入し、孤児院、育児園、老人ホームなど福祉施設に寄付をした[29]。

一九八二年には、佐藤は母の供養のために道場の寄付を申し出た。しかし、佐藤は日本に帰化していたため、日本人の名前では土地を購入することができないので、弟の在日コリアン林鍾石が、韓国で貧しかった親の供養のためにということで土地を購入し、法座所の建設にとりかかった。一九八四年八月に釜山法座所の地鎮祭を行い、基礎工事もしていたが、地域住民の建築工事への反対デモによって、工事は中止せざるを得なくなった。住民の反対理由は、日本の宗教の施設であること、題目による騒音(地鎮祭で信者が大きな声で南無妙法蓮華経を唱えた)、人の出入りによる騒音、であった。林鍾石は別の場所に土地を購入し、一九八五年一〇月に地鎮祭を行った。そこは住民の反対もなく、一九八六年六月に釜山の新

写真 1-9　韓国立正佼成会四周年記念写真（1983 年 韓国立正佼成会提供）
前列右端は佼成会海外布教課の林總太郎課長、ついで申点廉、李福順、李幸子。福順の後ろは滝口文男。

写真 1-10　創立四周年にバスを借り切り釜山支部が団体参拝（1983 年 韓国立正佼成会提供）

しい法座所が完成した。

海際面布教

海際面（全羅南道務安郡）布教にかかわったのは、茨城県にある水戸教会所属の在日コリアン、洪鍾義（通名：加藤正一、当時五〇代）と妻の姜春子（同四〇代）である。滝口の話によると、滝口が執筆した佼成新聞の記事、「韓国布教三年を振り返って」（一九八二年五月一四日付）を読み、洪は故郷の海際面布教の支援を申し出たという。洪も金融業を営み資産家だった。一九八三年六月に海際面布教が始まり、一九八五年八月には洪の実家の一部を使用して、海際面法座所が設置された30。

ソウル布教

連絡所のある膝元のソウルでは、松山の導きの系統は実態のないもので、一から布教を始めなければならなかった。ソウル布教に功績があったのは、申点廉（通名：中村和代、一九一六―二〇〇二）である。馬山布教をした呉（孫）栄子とは姻戚関係（申の息子と呉の娘が結婚）にあった。申は、東京の品川教会所属の信者で、女社長としてソウルで電球工場を経営していた。申は東京で開催された「韓国布教の集い」には行っておらず、また、韓国で佼成会の布教をしようというつもりはなかった。しかし、呉が熱心に布教をしている姿を見、また呉から呼びかけられて、ソウルで布教の手伝いしようという気持が生まれた。申は親戚や工場の従業員を導いた。

また、一九八三年五月には朴鍾林（一九四八年生、のちの初代城北支部長）が、大阪在住で佼成会の主任である義父（夫の父）の導きで入会、同年一二月には沈淑日（一九三〇―二〇一四、のちの戒名室長）が小倉教会の主任である妹（沈恩淑）の導きで入会し、さらに沈の導きで娘の盧承元（一九五七年生、のちの初代龍山支部長）も入会した。また、札幌教会の在日コリアン信者の紹介で、その息子の妻が入会した。申と朴がとりわけ積極的に導きを行った。

(四)　日本宗教であることの困難

滝口は、一九七九年から一九八五年の六年間で、五六回日韓を往復している[31]。これにはビザの問題が当初からつきまとっている。滝口時代は、短期の観光ビザでの日韓往復の時代(一九七九〜一九八二年)と、大韓仏教法華宗の傘下に入り、長期の研修生ビザでの布教時代(一九八三〜一九八五年)という二つの時期に分けられる。布教の展開において在日コリアンの支援が不可欠だったのは、佼成会のもつ資源として在日コリアンルートがあるということと同時に、日本人が日本宗教の布教活動をすることが困難であることとも関連している。日本からの宗教はもとより文化の流入に対する警戒、合法的なかたちでの布教活動の困難、日本の植民地支配に起因する反日感情の存在など、単なる異文化布教の課題以外に、日本にルーツをもつ宗教が韓国で布教するということに伴う問題があった[32]。

「日本の宗教は受け入れることができない」、「なぜ日本の宗教をやらなければいけないのか」、「日本人が何をしにきた。早く日本に帰れ」という布教先で言われる第一声、反日感情は根強く、日本人に対して悪感情を抱く韓国人の前で、過去の日本人の犯した罪を懺悔することから始まる布教だったという[33]。

反日感情に起因する布教現場での困難に加え、もう一方の困難として滝口のビザの問題がある。そこで、ここではその問題を中心に布教上の困難についてみていきたい[34]。なお、韓国連絡所は一九八二年一二月に教会に昇格した。

短期滞在ビザでの布教

滝口は連絡所の所長になったものの、韓国入国は一五日の観光ビザであり、一年七ヵ月後の一九八一年九月には三〇日に延長されたとはいえ、依然として短期滞在の観光ビザで日韓の往復を繰り返した。一九七九年には年に六回、一九八〇年には一一回、一九八一年は一二回、一九八二年は一〇回、来韓している。

この時期の韓国の社会状況をみてみよう。連絡所が開所した一九七九年には、一〇月に朴正熙大統領の暗殺事件があり、一二月には全斗煥によるクーデターが起こった。翌一九八〇年五月には、民主化大行進を唱える大規模な学生デモが起こり、戒厳令がしかれた。また同月、光州で大規模な学生デモが起こり、軍部によって弾圧された。そして、政治家の活動は規制され、言論機関の統廃合が推進された。宗教施設が学生の反体制運動の拠点になったこともあって、宗教に対する取締りは激しかった。日本との関係では、一九八二年、鈴木善幸内閣の時に、日本の歴史教科書に韓国侵略を正当化する叙述があらわれたことによって、韓国の日本に対する国民感情が一層悪化し、韓国政府は日本政府に抗議をした。いわゆる教科書問題である[35]。

一九八〇年には「連絡所」という名称が誤解を与えるということで、名称変更し、「在家仏教韓国立正佼成会」と看板をかけかえた[36]。

また、教科書問題による反日感情の高まりの中で、滝口が観光ビザで布教活動をしていること、そして法人登録をせずに布教をしていることに対して、脅迫者（日本の大学を出た元新聞記者）があらわれた。脅迫者の存在から、なんとかして法人登録をし、滝口が長期ビザを取得できるような方法がないかと考えるようになった。

大韓仏教法華宗佼成寺

そこでとった方策は、便宜的に、大韓仏教法華宗の末寺となることであった。李福順は佼成会に入会する前に、親戚の紹介で、ソウルにある住職が済州道出身の大韓仏教法華宗の寺に行っていた。幸子がその住職に相談したところ、法華

写真 1-11　大韓仏教法華宗と立正佼成会の僧伽結縁調印式（1983 年 立正佼成会提供）

写真 1-12　大韓仏教法華宗佼成寺の看板を掲げる（1983 年 韓国立正佼成会提供）

左から李福順、海外布教課長の林總太郎、滝口文男

写真 1-13　大韓仏教法華宗佼成寺　韓国立正佼成会の看板（1985 年 韓国立正佼成会提供）

「大韓仏教法華宗佼成寺」を上部に小さく書き、韓国立正佼成会を入れる。

宗の末寺として登録したらどうかと言われた。そこで法華宗の本山に頼んだところ、好意的な対応があり、末寺になって、滝口は日本から僧侶の勉強のために来たということでビザをもらったらよいということになった。

一九八三年五月、大韓仏教法華宗の末寺として登録し、大韓仏教法華宗佼成寺という看板を掲げた。これによって、滝口は日本からの研修僧としてのビザを申請し、一〇月に一年間の長期ビザを取得した。また、佼成会本部の長沼基之理事長が訪韓して、一〇月に大韓仏教法華宗と僧伽結縁の調印式を行った。その時、長沼は韓国佼成会を訪問したが、遠方から来た人も含め一三〇名が集まった。なお、佼成会本部は、折に触れて大韓仏教法華宗の僧侶を日本に招いた。

また、同年一一月には、WCRP(世界宗教者平和会議)日本委員会の平和研究所が主催した韓日宗教者学術会議がソウル近郊で開催され、日本委員会からは初訪韓の庭野日敬会長が出席し、前月に僧伽結縁した大韓仏教法華宗の僧侶と懇談するとともに、ホテルで会員の集いを開催し、ソウル、釜山、馬山の会員約五〇名が参加した。

一九八三〜一九八四年は、日本の佼成会からの平和基金から、老人ホーム、孤児院、少年院などに寄付をして感謝状を得るなど、比較的穏やかな年であった。滝口も一九八四年五月の本部への活動報告のなかで、「韓国における布教活動も大韓仏教法華宗の全面的なバックアップのおかげで、安心して堂々と布教できるようになりました」と書いている。

入国管理局の調査

一九八四年一〇月二八日に、一年のビザが切れたため、滝口は延長申請を行った。その時、入国管理局による調査が行われた。その結果、法華宗研修生としてのビザであるにもかかわらず研修以外の活動をしているということで、滞在目的違反であると言われた。結果的には申請二ヵ月後に六ヵ月の延長許可がおりたが、滝口は根本的に佼成会が韓国に根をおろせるような対策を講じなければならないという感を深くした。この背景には、日本のある新宗教が急速に拡大している

写真 1-14　韓日宗教者学術会議出席のため、初訪韓した庭野日敬会長によるソウルのホテルでの法話（1983 年 立正佼成会提供）
前列左から洪鐘義（水戸教会、海際面布教）、李奉雨、葛飾教会の佐藤恭世の夫、李福順、佐藤恭世（葛飾教会、釜山布教）、呉栄子（大田教会、馬山布教）、申点廉（品川教会、ソウル布教）、加藤の妻、滝口文男。庭野日敬会長の訪韓に合わせて、布教に責任のある在日コリアンも訪韓していたことがわかる。

写真 1-15　ACRP（アジア宗教者平和会議）大会に参加のために訪韓した庭野日敬会長を空港で見送る韓国の会員たち（1986 年 韓国立正佼成会提供）

ため、外来の宗教の布教に対して韓国政府が慎重になっていると滝口はみている。

また、同年九月に、釜山布教にたずさわっている佐藤恭世も、これまで観光ビザで四〇回近く入国し、布教しているのは査証違反であるとし、調査された。在日コリアンの場合は問題がないが、佐藤は二年前に日本に帰化していた。

同年一二月の本部への活動報告に、教会長の韓国における滞在資格変更の検討が必要であること、また、釜山では法座所建設に対して住民の反対デモがおこっていたので、釜山法座所建設と今後の布教体制を再検討しなければならないと滝口は記載している。

学生デモのリーダーたちがキリスト教系宗教団体の中で活躍しているという情報から、外国人布教師に対する動向調査が一斉に行われ、一九八五年三月一五日には、入国管理局審査課より二名が、調査のために教会を訪れた。この日は命日で、滝口が教会長として布教している現場を押さえられ、写真もとられた。さらに翌一六日に滝口は出頭を命じられ、調書をとられた。そして一九日には滞留資格外活動に対する警告書を渡され、滞留期間である四月二一日までに出国するように言われた。

入国管理法違反での帰国命令

滝口は、一九八五年四月二〇日に出国して日本に帰国し、六ヵ月の研修生ビザを取得して、六月二〇日に再度、韓国に入国した。七月以降、滝口は弁護士や行政書士に、韓国佼成会の単独登記の可能性や教会長滞留ビザ取得の件について調査を依頼した。また、今後の布教のあり方を教会運営会議で検討した。本部に対しては、韓国人による韓国布教の体制を確立するように検討してほしいと繰り返し要望した。

滝口は活動報告の中で、一九八六年にはアジア大会、一九八八年にはソウルオリンピックと大きな大会が開催されるので、韓国では治安の確保のため調査が厳しいこと、そして韓国は日本から多量の文化が入るのを恐れており、日韓文化協定がなされていないので布教が困難であることに言及している。また、八月一五日は韓国では光復節という日本の植民地支配から解放された記念日であるが、八月一四日の朝鮮日報には「倭人韓国民族の魂を食らう」と題して日本宗教の侵略という内容の記事が報道された。八月一六日には、「日帝時代、強制的に天照皇大神宮を参拝させ、今また倭色の宗教が栄えようとしている。韓国民は魂を忘れたのか」と、日本からのある新宗教の拡大を危惧した社説があったことを報告している[37]。そこで、滝口は今後日式（日本式）の布教を改め、仏教の本義そのものを布教するようにしなければならないのではないか、韓国における布教のあり方を検討すべき時が来たと感じる、と書いている。

また、この頃、学生示威運動が頻発し、とくにキリスト者がそれを先導しているところから、外国人布教師、宣教師が厳しく監視されている状態であり、今後日本人が観光ビザで布教することは注意する必要がある。したがって在日コリアン幹部を養成、または現地信者を招請教育し、布教を拡大することが望ましいと思われると述べている。日本から観光ビザで来韓した学生がソウル大学で学生運動のリーダーになり、デモなどを行い逮捕されたニュースが発表され、そのため思想的な活動動静調査が厳しくなり、とくに布教師、宣教師等は一番先に目をつけられる状況であることに言及し、事態が切迫した状況にあることが示されている。

一一月一日には、西部警察が調査に入った。同八日に入国管理法違反（滞留資格外活動）で滝口は逮捕され、罰金三〇万ウォンを請求され、支払うという事態に至った。これまで大韓仏教法華宗の研修生ビザを二回更新していたが、研修僧としての学習をせずに、布教をしていたという理由で帰国命令が下り、一九八五年一二月二〇日、滝口は日本に帰国した。

翌一九八六年一月に滝口は観光ビザを申請するが却下され、要注意人物としてブラックリストにのっていることがわかった。そこで今後の韓国布教について本部で検討し、責任役員会議で韓国人による布教を行うことに決定した。今後、現地人による現地布教という基本方針にもとづき、韓国の布教が推進されることになる。

三　韓国人による韓国布教の展開

この時期は、新道場の建設、日本から中川貴史教会長の派遣、法人化への模索と任意団体としての登録、自主独立団体としての日本本部との姉妹結縁、の四つの時期に分けることができる。

(一)　李福順の支部長任命

滝口の帰国後、韓国佼成会の中心を担うようになったのは、李幸子(一九八六年当時二八歳)と母の李福順(同五〇歳)である。日本人(国籍)が布教をすることの困難さを感じた滝口は、在任中、大阪教会で組長として活動していた、幸子の母の福順に対して、「日本にはたくさん幹部がいるが、あなたが役に立つのは韓国の佼成会だ」と韓国に戻り布教をするように説得した[38]。また、家族を日本に戻したいという福順の願いは、夫が韓国にいるというケースなので実現不可能だということがわかった。福順はその後日本で生まれた七歳の次男とともに、一九八二年二月に家族のいる韓国に戻った[39]。

福順は一九八四年に滝口から主任の役をもらっていたが、一九八六年にソウルで開催されたACRP(アジア宗教者平和会議)に来韓した庭野日鑛(当時、次代会長)から、直々に支部長の任命(六月一日付)を受け、嘱託として給与が支払われるようになった。ここに、現地人による現地布教という本部方針が具体化したのである。しかし、福順が支部長に任命されたというもの、幹部は全くいなかった。支部長の下に主任ができたのは、海外旅行が自由化し、本尊勧請者が出てからであった。

（二）　新道場の建設と本部からの支援

新道場の建設

滝口は教会長時代、道場建設を本部に繰り返し要望していた。滝口は帰国したものの、本部はすでに道場建設を決定し、それが具体化する時期になっていた。一九八六年三月には、ソウルにある申点廉所有の土地（申経営の電球会社の跡地）を本部資金で購入し、在家仏教韓国立正佼成会名義で登記した。また、同年六月にはＡＣＲＰが開催され、会長の庭野日敬と庭野日鑛が来韓した[40]。その際、庭野日鑛は道場建設予定地を見学している。

一九八七年二月に道場建築許可がおり、五月に起工式、九月に上棟式、一二月に竣工式と建設は着々と進み、また滝口が本部に要請していたように、掛軸の絵像ではなく仏像の本尊（韓国の場合、紙に書いたものは巫俗を連想させ、低くとらえられる。伝統仏教では仏像が本尊である）が入るということで希望にみちた時であった。

翌一九八八年五月には庭野日鑛次代会長の臨席のもと、新道場の入仏落慶式が行われた。新道場は鉄筋コンクリート造り地下一階、地上三階建てで、敷地面積三九六〇㎡、延べ床面積四九五〇㎡、地下はホールと倉庫、一階は食堂、浴室、二階は事務室、戒名室、研修室、三階は一五〇〇人収容の法座席からなり、当時は人目をひく建物であった。入仏落慶式にかけて、佼成会のアジア拠点責任者会議が、新築完成したソウル道場で行われた。これまでのような掛け軸の絵像ではなく、仏像の本尊が入った立派な新しい道場に、堂々と人を連れてこられるので、信者が喜び安心したという。

本部団参の開始と本部からの講師派遣

一九八八年二月には現地韓国人ではじめて本尊勧請者（釜山の呉愛鳳）が出た[41]。李福順は守護神を拝受した（李福順は一九八〇年に大阪で本尊を拝受）。また、ソウルオリンピックの結果、一九八九年に海外旅行が完全自由化し、招聘状なしに

写真 1-16　教会道場の入仏落慶式（1988 年 韓国立正佼成会提供）
先頭は李福順支部長、その後ろが庭野日鑛次代会長

写真 1-17　教会道場入仏落慶式で法話をする庭野日鑛次代会長
（1988 年 韓国立正佼成会提供）

日本へ渡航できるようになった。これによって一九八九年は、本尊勧請者も増えた。創立記念日、花まつり、お会式といった行事にかけて本部団参（団体参拝）が始まった。

また一九八九年からは、年に三～四回、日本から講師が派遣され、法華経の講義の研修が行われた。一九九〇年には青年部が発足し、本部の海外布教課職員が出張して青年の練成に力を入れた。一九九一年には、六月に本部大聖堂での虚空蔵菩薩命日式典で李福順が説法をした。同年一〇月には、第一回世界サンガ結集団参があり、韓国佼成会も参加した。同年一一月の庭野日敬から庭野日鑛への会長交代の法統継承式では李幸子と李史好が献灯献花を行った。一九九二年一〇月には教会発足一〇周年記念式典が挙行された。翌一一月に呉愛鳳が釜山支部長に任命され、ソウルと釜山の二支部体制になった。一九九三年四月には、庭野日鑛が会長就任（一九九一年一一月）以後、「親戚まわり」の一環として、ソウル支部と釜山支部を訪れ、「親戚の集い」を開催した。

滝口の帰国は教会長不在をもたらし、韓国佼成会にとって痛手だったが、ＡＣＲＰでの庭野日敬、庭野日鑛の韓国訪問、

写真1-18　初めての現地の本尊勧請者の釜山の呉愛鳳（1988年 韓国立正佼成会提供）
前列左から、姜泰日（呉の夫）、李奉雨、小野雅司（タイ）、呉愛鳳、佐藤恭世、後列左から、李福順、李史好
李家は現地で初めて守護神を勧請

新道場建設に向けての信者の熱気、新道場が建設されたことによるやりがい、というプラスの要素が多い時期だった。また、海外旅行の自由化によって、日本に本尊勧請に行くことが可能になり、本部団参も始まった。そして本部からも講師が派遣され、教会長不在の韓国教会にテコ入れが行われた。このように、時の流れとしては、むしろポジティブに働く状況だったことが、韓国佼成会にとって幸いしたといえる。

（三）法人格の申請と教会長の派遣

一九九三年九月には、八年ぶりに教会長として中川貴史（一九三七年生、当時五六歳）が派遣された[42]。法人格の取得という問題は、滝口時代からの懸案であったが、一九九二年に再度法人を申請し、取得できそうな状況になったとの判断で、早めに教会長の派遣を依頼したのである。中川は福岡県にある田川教会との兼務教会長だったので、観光ビザで年に三回行ったり来たりした。中川は在家時代、青年部長や壮年部長の経験があり、それを応用して、一九九三年一〇月には韓国佼成会に壮年部を発足させ、青年部や壮年部の練成会を行った。この時、『韓国佼成』（季刊）が発行された（一九九三～一九九五年まで）。

しかしながら、結局、法人格は取れず、一年三ヵ月後の一九九四年一二月に中川は退任した。基礎に日本の仏教団体ということがあるので法人認可がおりなかった。

本部での現地信者の育成に関しては、一九九四年に海外修養生制度が始まり、第一期生として韓国からも二人が本部の教育機関の学林に入学した。一九九五年には海外法人責任者会議、現地語布教リーダー養成教育に参加した。

写真 1-19　第一回　中高生錬成会（1991 年、韓国立正佼成会提供）
中央左の男性が本部の海外布教課スタッフ出射優行。韓国青年部育成に力を入れる。右は通訳の李幸子。

写真 1-20　第 1 回世界サンガ結集団参へ参加（1991 年 韓国立正佼成会提供）
民俗衣装を着て、宿舎から出発。後ろに見える建物は、宿舎の第二団参会館。

写真 1-21　「親戚まいり」で釜山支部道場を訪問した庭野日鑛会長（1993 年 韓国立正佼成会提供）
1986 年に佐藤恭世の弟の寄贈によりできた旧支部道場の本尊は掛け軸の絵像で、当時の宝前の様子がわかる。

写真 1-22　庭野日鑛会長を迎えての釜山支部道場の様子
（1993 年 韓国立正佼成会提供）

（四）任意団体としての登録と日本の佼成会との姉妹結縁

入国管理法違反容疑での取り調べ

韓国佼成会の長年の懸案事項の法人取得の問題は、正式なかたちで安心して布教をしたいということと、何より日本から教会長を派遣してもらいたいという福順と幸子の願いによるものであった。

一九九六年には入国管理法違反の容疑で、韓国佼成会が地元の龍山警察署の取り調べを受けるという事件が起きた。この理由について、何か密告があったか、または当時、龍山区にある金九先生という独立運動の志士の銅像前に、日本の宗教であるＳＧＩ（創価学会インターナショナル）が会館を建てるということが問題視されていたため、佼成会がこれまで法人を無理に取ろうとしているのはなぜかということで、警察から捜査がきたのではないかと幸子は推測している。その際、警察に押収された書類の中に、福順が日本の宗教団体である佼成会から支部長に任命されていることを示す辞令があり、日本の本部からの財の支援が問題になった。そこで日本の宗教団体の支部として外国人団体登録をしなければならないと言われた。これに対しては、結局、入国管理法違反ということで罰金を支払った。この時に、日本の本部から送金はできないということになり、管理費（釜山の管理費と人件費に使用）とともに、福順の給料も打ち切りになった。

文化体育部との交渉

日本の支部として外国人団体登録をするようにと言われたため、幸子は文化体育部を訪れたが、韓国人ばかりで、外国人がいない韓国佼成会は外国人団体登録に当てはまらないと言われた。

政府と接する中で、幸子は、韓国立正佼成会のように、日本から来た宗教団体だが、全く日本人がおらず韓国人だけでやっている団体と、日本人が布教に来て、日本とのかかわりがある団体という二つの種類があると感じた。この過程で、法人をとりたいと再度交渉したが、文化体育部から外国から来た宗教を扱う部所がないので、任意団体としてやるようにと言われた。日本と韓国の間に文化協定ができたならば、その時には日本の宗教を扱う窓口ができるのではないかと慰めの言葉はかけられたが、いずれにしても、実際に政府のシステムにあたってみて、法人を取れないということがはっきりわかった。これまでは、なんらかの方法で法人を取得でき、教会長を日本から迎えることができるのではないか、という漠然とした期待があった。その時、幸子は開き直って、自分たちが佼成会を担うという肚が決まったという。

任意団体としての自立と日本の佼成会との姉妹結縁

そこで、一九九七年五月に韓国立正佼成会の理事会を設立(理事長李奉雨)し、任意団体として文化体育部に登録した[43]。翌一九九八年一二月に、日本の佼成会本部と自主独立団体としての韓国佼成会(在家仏教韓国立正佼成会)は姉妹結縁した[44]。この時にはすでに韓国佼成会は財的には自立していた。本部からの財的な支援はないが、本部側は人材の面で、講師派遣や日本での受け入れなど韓国佼成会の要望に応じている。一九九九年には月刊誌として『韓国佼成』が再刊された。

(五) 釜山支部の布教停止とソウル本部主導での解決

韓国佼成会が任意団体として登録し、日本本部の姉妹団体となった経緯は以上のとおりであるが、任意団体になる以前の韓国佼成会には、ソウル支部と釜山支部という二つの支部があった。中川教会長が日本に引上げた後、一九九五年から二〇〇〇年にかけて、釜山布教は停止され、二〇〇一年にソウル本部の主導のもとに仕切り直して、釜山支部が再発足した。ここで、ソウルに次いで信者が多い、釜山のその後について言及しよう。

釜山道場の建設・佐藤と小倉教会幹部との交代

釜山では、一九八六年に道場（法座所）が完成し、六月に入仏落慶式が行われた。佐藤恭世の弟の林鍾石の寄贈である。滝口教会長時代に、佐藤は帰化し日本人になったため、日本人が観光ビザで頻繁に韓国を訪問し、布教することに対して滝口は懸念を表し、日本の本部に、釜山に新しい道場が建築された後は布教体制を考慮しなければならないと報告していた。

また、この頃、佐藤の側でも、弟の子どもを養子にしたため、子育てをしなければならず、これまでのように釜山布教に時間を割けないという状況が生じていた。そこで本部は、釜山と近い九州の教会に所属する在日コリアン幹部の中から布教員を物色し、小倉教会所属の沈恩淑（通名：西山悦代、当時四〇代、主任、ソウルの沈淑日の妹）、丁南順（通名：星山栄子、当時四〇代、主任）が選ばれて、一九八七年三月に佐藤と交代式を行い、釜山担当の布教員となった。しかしながら、沈と丁は韓国語ができるので言葉は通じても、釜山は佐藤の影響力が色濃く残っており、一主任の立場で来ていたので、佐藤に「人帰依」している人々の気持をつかまえることができなかった[45]。また、佐藤は布教員をやめたといっても、信者が来てほしいといえば自費で釜山に行くような状況で、小倉教会の二人の幹部は釜山の信者たちに受け入れられず、一年ほどで布教員をやめた。

釜山支部の分裂

三節で述べたように、一九八二年以降、呉愛鳳はいわば佐藤の通訳専門の主任として、二人で組んで布教を行っていた。呉は一九九〇年に釜山の総主任となった。一九九二年五月に呉の夫の姜泰日が亡くなった後、同年一一月に呉が総主任から支部長に昇格したのがきっかけで、佐藤と呉との関係が悪化した[46]。佐藤の弟の建てた道場であるのに、呉が支部長という責任者になったことに釈然としない思いをもったようである。

その後、佐藤は金孟南（呉の親戚で、呉の導きの子、一九四二年生、女）とコンビを組んだ。金の日本語はカタコトだが、その頃には佐藤もだいぶ言葉がわかるようになっていた。一九九二年一二月に金の自宅を新たに法座所とし、佐藤は金と組んで布教をするようになった。しかし金の自宅での法座所は、人が集まってうるさいと隣近所から苦情がきたので、一九九三年にビルの一室を借り、本部から勧請したものではなく、金派の信者たちがお金を出しあって自前で仏像をつくり安置して法座所とした。

このように、釜山では一九九二年以降、呉と佐藤・金ペアが対立し、信者も二派に分かれるような状況になった。現地での色分けでは、呉は本部派で、佐藤・金は佐藤の所属する葛飾教会を通じて動いていたととらえられていた。

中川教会長在任中（一九九三〜九四年）は、釜山の両派を訪れていたが、内部分裂状況はおさまらず、本部に釜山には二つの分派対立があることを告げた。本部からはしばらく様子をみようとの返事だった。中川が帰国してまもなく、一九九四年一二月に本部は、佐藤の弟の林が寄贈した道場が紛争の種になっているので、林にそれを返却することを申し出た。林は釜山の道場を売却し、道場はなくなった。その後、呉は自宅を法座所にしたが、個人宅なので信者の側では集まりにくく、信者が来ないので呉は力が抜けてしまったという。

一方、金としては佐藤がたびたび来てくれることを期待していた。佐藤は霊感が強く、知らないはずのことを当てたり、方位・九星学をみるので、佐藤が来た時には人がたくさん集まった。金は布施によって法座所を運営できると思っていたが、一九九九年に佐藤の夫が病気になったため、その介護で佐藤の訪韓が難しくなった。これによって、佐藤は金の期待に応えることができなくなり、金派も法座所の運営が困難になってきた。

写真 1-23　釜山支部道場での釈尊降誕会で説法をする李福順（2003 年 韓国立正佼成会提供）
新しい支部道場には仏像の本尊が安置されている。天井にあるのは花まつりの提灯。

写真 1-24　釜山支部道場で、開祖入寂会の日に法座をする李福順（年不詳：2001 年以降　韓国立正佼成会提供）

釜山の布教停止と新体制での発足

釜山はこのような状況であったため、韓国佼成会では一九九五年から二〇〇〇年にかけて布教を停止した。そして二〇〇一年に、これまでの「お役」を全部白紙に戻し、呉と金の両派閥がいずれも入るという条件で、韓国佼成会のソウル支部の会計の中から資金を出して建物を借り上げ、釜山に新しい道場をつくることになった。これまでの会員もいったんゼロとし、新たに入会カードをおこした。

二〇〇一年二月に、日本から長谷川裕史教務部長を迎え、釜山地域道場の開所式が行われた。釜山地域道場は四階建てビルの三階にあり、面積は約二〇〇㎡、法座席、事務室、戒名室、台所がある。翌二〇〇二年五月には庭野日鑛会長を迎え、三〇〇人が参集して入仏落慶式が行われた。ソウルからも五二人が参加し、全体で一〇〇人が参列した。また、これまでの本尊は掛け軸様式の絵像だったが、本部の方針でアジア地域は金の仏像を安置することになった。これは韓国の仏教文化とも合致し、信者にとって喜ばしいことであった。

釜山支部のリーダーについては、釜山の信者が納得する人材というと、ソウル支部長の李福順しかいなかった。福順はこの役を大変な決意をもって受けたという。二〇〇一年の開所から一年の間は、福順と幸子、朴鍾林、盧承元、金美慶や他の主任が交代で釜山まで出かけ、信者と一緒に寝泊まりした。福順は一年の三分の一を釜山で過ごし、両派の調整を行った。福順は料理が上手なので、料理でみんなの心をほぐすことから始め、誤解が徐々に解けていった。また四柱推命や方位の鑑定で、釜山の信者の認知を得ることができた。金孟南が道場に来るようになるには約一年間かかった。釜山支部は、二〇〇二年二月に新規に役職者が任命された。事務長一人、主任一三人から構成されるが、主任のうち三人は元の金派から出ている。金孟南自身は主任である。なお、呉愛鳳は高齢であり、身体が弱ったので、お役からおりた。

ソウル支部長李福順を中心に、分裂状態に陥った釜山支部の仕切り直しと立て直しを行い、新規に釜山地域道場をソウル支部の会計から借り上げたことは、韓国佼成会で、実質的にソウルを本部とする体制が確立したことを意味する。

(六)　李福順の教会長就任と三支部制

二〇〇二年一〇月に韓国佼成会教会発足二〇周年式典が行われ、同一二月の韓国佼成会の理事会で決定され、一五日に李福順支部長が教会長に任命された[47]。同月二八日には、ソウルに、龍山支部、城北支部、儀旺支部という三支部がつくられた。支部の構成原理の中心は導きの系統であるが、それにブロック制の要素が加味してある。実際には、近辺の人を導くので導きの系統は大体地域と重なりあっている。支部制を施行したのは、支部長が一人であると末端まで目が行き届かないというのが第一の理由だった。

とはいうものの、支部制への移行には適応期間として約一年が必要だった。一三人いた主任の中から、龍山支部長に盧承元(一九五七年生、一九八三年入会)、城北支部長に朴鍾林(一九四八年生、一九八三年入会)、儀旺支部長に金美慶(一九五六年生、一九九〇年入会)の三人の女性を任命した[48]。その三人は

写真 1-25　教会長、総務部長と 3 人の支部長(2004 年 筆者撮影)
左から李幸子(総務部長)、盧承元(龍山支部長)、李福順(教会長)、金美慶(儀旺支部長)、朴鍾林(城北支部長)

導きの人数でも卓越していたので、妥当な選択ではあったが、人間心で何故自分があの人の下にいかなければならないのかという人もいた[49]。また、それまで、一九八六年から二〇〇二年まで一六年間、福順が支部長をやってきて、福順と主任との間の距離が近かったが、三支部制になるとそこに、新しい支部長が介在し、なぜあの人に「お通し」して指導にあずからねばならないのか、といった反発もでた。しかしながら、支部制のメリットとして、支部内の信者の「手取り(世話)」が行き届くようになり、新しく導かれた人は支部の所属がはっきりして「手取り」の責任も明確になった。支部の個性も出て、よい意味で競争になって励みになっているという。

これまでみてきたように、韓国佼成会では、本部派遣教会長の日本帰国後、さまざまな困難の中で李福順・幸子という母娘が現場の布教の中心を担ってきた。一九八六年に福順が支部長に任命されても、彼女たちは「智慧も経験もある」教会長を派遣してほしいということを願い、それを実現するために、法人化への模索がみられた。法人がとれないと決まった時に、二人は肚をすえ、韓国佼成会を担う決心を新たにした。二節と三節では韓国佼成会の展開過程に焦点をあてたが、次節では、李福順・幸子の母娘ペアが、いかに布教に取り組み、模索していったのかについて、彼女たちの視点からの韓国布教の軌跡についてみてみよう。

四　李福順・幸子による布教の模索と取り組み

（一）李福順の心の葛藤と模索

李家の布教上の好条件

韓国佼成会にとって、李家は布教にとって好条件をもっていた。まず、第一に、韓国籍なのでビザのことを心配しなくてよい。第二に、いつでも日本と行ったり来たりできる（福順は日本に永住権があるので自由に行き来することができ、幸子の場合は日本に親戚がいるので、招聘状を得られる）、第三に、佼成会の信仰のことをわかっている[50]ということが挙げられる。在日コリアンに布教支援を依頼しても、短期間で日本に帰らなくてはならないが、ここで永住型の布教者を得たということは韓国佼成会にとって重要である。

また、佼成会は日本の宗教であっても、布教する側が韓国人であるので、韓国人にとっては、日本人が布教するのとは異なっていた。福順が述べるように、「（植民地支配の）歴史があるので、韓国人は日本人を信用できない。けれども韓国人同士なので、それはない。日本から来た宗教ということで、はじめは抵抗があっても、韓国人が勧めるということで受け入れてくれたと思う」のである。

福順は、一九八六年に来韓した次代会長である庭野日鑛から、直々に支部長の任命状を受けた。とはいえ、福順の心の中は、「気持がどっちつかずで、日本に帰りたいし、かといって（韓国佼成会を）捨てておくわけにもいかない」という状況だった[51]。福順は滝口教会長の懇請を受けて、韓国に戻ったものの、幸子が言うように、「母や自分は教会長がいて、その手伝いのつもりだった。しかし、これから道場を建てるという時期に教会長が帰国し、責任が生じてやめられなくなった」のである。

言葉の習得の困難

韓国佼成会を担うにあたっての困難について、福順は第一に言葉の問題をあげる。福順は在日二世として生まれたが、日本では通名を使い、生まれ育った家庭でも父母とは日本語で話していた。韓国にほぼ定住するようになった一九八二年には、すでに四六歳になっていた。「私の苦労は言葉」と繰り返し述べる。

佼成会の教えを説くにも言葉が使えない。悩みに対する説き方は基本的には日本と同じで、日本と韓国は似ているところがたくさんある。けれども、言葉の問題で人に応じた説き方ができない。言葉ができるようになれば、韓国人の心をつかむことができる。韓国人と一体になるには、まず自分が韓国人にならなければならない[52]。そのためには、言葉ができるようになること、そして、韓国のことを何でも好きになることだと福順は葛藤した。新道場ができた一九八八年にはまだ韓国語で教え説くことは難しかったという。まずは、法座で結べるようになり、次いで、苦手だった命日の時に説法台に立っての法話もできるようになった。福順はかなり年齢がいっ

写真 1-26　事務室での李福順（右）と李幸子（2004 年 筆者撮影）

写真 1-27　李福順が法座主の大法座（2004 年 韓国立正佼成会提供）

写真 1-28　大法座で指導する李福順（2004 年 韓国立正佼成会提供）

てから韓国語を習得したが、幸子と親子であったことは有利な条件であり、福順の言葉の足りないところは幸子が足し、言葉は幸子から習った。福順は、人生上にさまざまな体験をしているが、その心の機微が信者をひきつけることになった。

四柱推命の活用

福順が布教において用いたものは四柱推命である。佼成会には方位・九星学という鑑定法があるが、そこでは生年月日を用いる。四柱推命ではこれに生まれた時間が加わる。福順は大阪にいた時に、九星を布教に使う支部長に出会って関心をもち、勉強したことがあった。また福順の父は、韓国の僧侶からもらった本で、四柱推命を使って鑑定し、人の運勢もみていた。こうした基礎のもと、福順は四柱推命を布教に使用した。「一〇〇ウォンだけあったら、すごくよくみてくれるところがある」といって、始めたのが布教だった[53]。四柱推命を入り口に、ついで法座に導いた[54]。（李福順の人生の軌跡についての詳細は第五章参照）

このように、福順は四柱推命を方便として用いつつ、言葉を学習しながら法座での結びを行っていった。福順が法座や四柱推命、個人指導を担当しているのに対して、教学や運営部門を担当したのが、幸子である。

（二）李幸子の模索と学習

教学の学習

幸子は有能な頭のよい女性であるが、滝口教会長時代には通訳など補助的な役割だった。滝口が帰国後、韓国佼成会に法を説ける立場の人がいなかったことが大きな課題となる。幸子はこのように語る。「私が言っても聞いたことを流すだけ。かみしめて悟って伝えるというよりオウムのようだった。滝口教会長の帰国後、『佼成』、『躍進』、『佼成新聞』、説法のテープ、グラビアが頼りだった。母は初め韓国語ができなかったので、自分がやらざるをえなかった。」

こうしているうちに、海外旅行が自由化されたことで、一九八九年からは本部団参が始まり、また本部から講師が派遣されるようになった。幸子が韓国語と日本語の両語ができ、学ぶ意欲のある人だったことは、韓国佼成会にとって、さまざまな点で幸いであった。彼女は、いろいろな機会を通じて、学習し、自己形成していった。

幸子は、本部からの講師による研修の通訳をすることで、多くを学んだ。幸子は次のように述べる。「あの時、私も母も佼成会の研修を余り受けていなかったので、通訳しながら勉強して、そのテクニックを私が学んだ。講師の派遣は会員さんにもプラスだったけれど、実は私にすごく大きな影響がありました。釜山や馬山に行かせてもらって、研修の通訳をしながら、レジュメはどうやってつくるのか、話をどうやってもってくるのかというコツを盗むというんですか。その時に通訳も成長しました。」

派遣講師による研修は、信者にとって教えの学習の機会であり、かつ福順や幸子の方向性が誤っていないことを信者に確認させるという機能も果たした。中川教会長が派遣された時にも、短期間ではあったが、教会長の通訳を通して、法座のやり方、運営の仕方などを学ぶことができ、勉強になったという。

それに加えて、幸子は自ら求めて日本に勉強に行った。日本語ができるということは、大変有利な条件だった。韓国の信者の本尊勧請時や、さまざまな団参の時には、必ず通訳として幸子がついていった。その時に勉強したり、本部で行われる海外教会長・拠点長会議に行った際には、勉強をしたいということを本部に伝えると、教育課の講師が一対一で家庭教師のように教えてくれもした。また、教会修行にも求めて行った。

中野教会での修行

幸子に大きな影響を与えたのは、一九九六年の九月、一一月、一二月の三回、延べ三二日間にわたる中野教会での修行である。法人がとれないとわかり、もう教会長派遣はかなわず、自分たちでやるしかない、韓国佼成会として自立しなければならないと肚が決まった時に、中野教会に修行にいった。中野教会では、教会現場での修行、教学の勉強、方位・九星の勉強をした。

幸子は信仰面で影響を受けた人として、中野教会の松原利予教会長を挙げる[55]。松原は足りないところではなく、良いところを探すというやり方だった。「みんな自分の懺悔」、「悪いところ、直すところを探す」というように、これまで懺悔の信仰をしていた幸子にとって、重石がなくなったように感じたという。「信者のことで悩んでいる」と言うと、「それは菩薩の悩みですね」と松原は言う。そう言われると、苦しくて暗くなっていた心がほどけ、パンと段階があがった感じがしたという。松原はマイナスよりプラスを見る人で、生かされているという部分を探してくれる人だった。

松原の指導が幸子にとって大きな意味をもった背景には、教会長派遣が叶わないのは、自分たちに足りないところがあると、自らを責めていたが、今後、自分たちが中心になっていかなければならないという転機の時期に、新たな事態を積極的に受けとめる視点を得たことと関連していると思われる[56]。

出版物の翻訳

中野教会での教会修行の後、幸子の心が定まった。一九九七年には任意団体として在家仏教韓国立正佼成会を登録し、翌一九九八年に、日本の佼成会本部と姉妹結縁をした。それまでは法人格の取得への模索に時間をとっていたが、その後、幸子は佼成会の出版物の韓国語訳に傾注していく。多数の翻訳があるのは、海外教会の中でも一番である。翻訳について

写真 1-29　命日に法華経の講義をする李幸子（2004 年 筆者撮影）
信者はメモをとりながら、教学の講義を聞く。

写真 1-30　韓国語に翻訳された出版物（2018 年 韓国立正佼成会提供）
左から『韓国佼成』のバックナンバー、マンガ三部作、上段左の書籍は『法華経の新しい解釈』、その隣は『心田を耕す』、中段左は『開祖さまに倣いて』、その隣は『仏教のいのち法華経』、下段は『Ladies』、右端は、上段から『ようこそ立正佼成会』、『当番修行の心がまえ』、『信仰新生』、『学習ノート』、『任用教育教材』、『待ってました主任さん』

は本部の支援は全くなく、翻訳する本や文献は韓国で選択し、李幸子中心に翻訳を行っている。

一九九八年以前には、韓国語訳については、『韓国佼成』が一九九三年一一月から一九九五年まで、季刊号として年四回発行された。また一九九六年には、庭野日敬『法華経の新しい解釈』が李史好（幸子の弟、日本の本部勤務）と朴顕哲（第一回海外修養生、青年部長、出版社自営）による韓国語訳で出版された。

一九九九年以降は、李幸子中心に翻訳が行われていく。一時中断していた『韓国佼成』は、一九九九年一一月以降、毎月発刊されている。これは日本で発行された機関誌の『佼成』、『やくしん』（誌名は、躍進→YAKUSHIN→やくしんと推移）と『佼成新聞』から会長の法話、体験説法、法華経講義などをピックアップし、韓国語に翻訳したものである。これによって、韓国佼成会信者は、常に新しい情報を得、教えを学ぶことができるようになった。

二〇〇一年には、庭野日敬著『仏教のいのち法華経』、二〇〇二年には、立正佼成会教務部『「経典」に学ぶ　釈尊のいぶき』、二〇〇四年には庭野日鑛著『心田を耕す』、二〇〇四年『Ladies』1号〜4号（婦人部向け教材、以後12号まで二〇一二年に完了）、二〇〇五年『信仰新生』（庭野日鑛会長の全国布教学習教材）、二〇〇六年『待ってました主任さん』（主任向け布教教材）、二〇〇七年には『法華経の新しい解釈』の改訂版、二〇〇七年『青年教育体系第1課程学習』、二〇〇八年『マンガ　根本仏教』、『マンガ　法華三部経』上巻・下巻、二〇〇九年『ようこそ立正佼成会　新しい会員のために』、二〇一五年に庭野光祥著『開祖さまに倣いて』、そのほか発行年不詳の『当番修行の心がまえ』、『布教師教育　任用教育教材』がある57。

毎月、『韓国佼成』で新しい知識や情報を得ることができ、法座でも活用されている。庭野日敬開祖、日鑛会長、光祥次代会長の著作も法座で拝読し、かみしめられている。書物のほか、布教教材も必要に応じて翻訳されている。韓国語での出版物については、韓国語と日本語の両方に通じている李幸子の存在は大きい。

（三）転機としての李福順の乳がん

一九九七年に韓国佼成会は任意団体として登録し、翌一九九八年には自主独立団体として日本の佼成会と姉妹結縁をした。韓国佼成会は自らが担うという福順と幸子の決意のもとに、信者の側も育っていった。支部長である福順が、鑑定、個人指導、法座、導師の役を主に担っていた。そのうちに、信仰歴の長い人で体験をもっている人が、教えや体験の「証明役」として育った。

ところで、福順は、日本の佼成病院での健康診断で乳がんが発見され、二〇〇〇年一月に手術をし、三カ月間入院した。この乳がんという出来事は、福順にとっては、信仰に対する覚悟をもたらし、布教に対する取り組みが変わった。また、本当に韓国に骨をうずめる決心がついた。幸子にとっては、頭だけでなく、実感として悩みが成長の種であることを理解し、悩みをありがたくとらえることができるようになった。また信者にとっても福順を頼りにするばかりではなく、自立していかなければならないという意識をもたらした。それを反映して、韓国佼成会の法座は「切れば血が出る法座」と言われるように活発に動いている。

福順はいろいろな人生の苦労を体験した人であり、四柱推命や方位の鑑定、法座、個人指導で力を発揮し、幸子は組織運営面のほか、法華経の教学で因縁果報を説き、福順の体験主義を補完している。福順の行と幸子の学がうまく機能し、母娘ペアを中心に、支部長―主任―組長―班長と各部の部長職が、綿密な連携をとって動いているのが現状である。

おわりに――二〇〇五年以降の展開

これまで、韓国佼成会の展開に即して、各時期の課題をみてきた。滝口教会長時代は、反日感情やビザ取得の問題に大きなエネルギーを割かざるをえなかったが、在日コリアンのルートを用いての布教が行われた。入国管理法違反によって滝口が日本に帰国した後、本部から現地人による現地布教の方針が出、李福順と幸子が中心にならざるを得なくなった。彼女たちは現場で模索していくが、結果としてみると、時の利があったことは韓国佼成会にとって幸いであったと思われる。当時、信者の念願だった道場建設が具体化していき、また、ソウルオリンピック開催をきっかけに海外旅行が自由化するという状況の変化が生じ、信者が日本の本部で本尊を勧請することが可能になり、また本部団参の機会をもてるようになった。本部からは、講師派遣や現地リーダーの日本での研修や養成教育が行われ、支援体制もあった。しかしながら、外部状況を追い風としたのは、やはり、中心を担わざるをえなかった李福順と幸子の信仰に対する信念と絶え間ない努力によるものであったと思われる。試行錯誤の後、韓国佼成会は任意団体登録という道を選択し、日本の本部と姉妹団体となるに至った。本部とは密接な関係をもちながらも、韓国佼成会は展開していくが、この時点ですでに財の面での独立採算が可能であり、財的に自立していたことは注目に値する。また、二〇〇二年一二月に李福順が韓国佼成会理事会によって教会長に任命され、三支部ができた。

本章は、二〇〇四年までの韓国佼成会の展開過程を追ってきたが（出版物についての言及を除く）、その後の展開について、簡単に述べておきたい。（巻末の韓国立正佼成会布教史年表参照）

日韓関係については、閣僚の靖国神社参拝、竹島問題、教科書問題、慰安婦問題など、その関係が悪化する出来事による波がある。しかしながら民間レベルの交流では、追い風があった。また、ビザの点でも二〇〇六年三月からは九〇日までの観光ビザについては日韓相互に免除になった。

二〇〇四年にペ・ヨンジュン主演の「冬のソナタ」がＮＨＫ総合で放映され、日本で韓流ブームが起こった。二〇〇五年にも同じくＮＨＫ総合で「宮廷女官　チャングムの誓い」が放映された。こうした状況の影響もあると思われるが、

写真 1-31　立正佼成会東北教区　第四回韓国平和使節団日韓合同慰霊祭
（2007 年 韓国立正佼成会提供）

写真 1-32　日韓合同慰霊供養（2007 年 韓国立正佼成会提供）

二〇〇五年以降、日本から教区、支教区（ブロック）、教会単位、または青年部で、平和使節団、日韓宗教文化交流団、日韓交流団を結成し、韓国を訪問する集団が増えた（年表参照）。その時に韓国教会に立ち寄り交流の機会をもつようになった。なかには西大門刑務所跡[58]での日韓合同慰霊供養、安重根記念館[59]での慰霊供養を行う場合もあり、こうした慰霊供養は韓国人信者に好感をもって受けとめられた。

日本の本部とのインターネットを活用しての青年錬成は二〇〇六年に始まり、二〇〇九年には東京の台東教会とインターネットによる交流会を行った。本部による指導会のインターネット配信も行われるようになった。ソウルと釜山の間では、二〇一〇年五月からソウルの教会道場での式典動画を釜山に送るシステムができた。

その後の展開の中で組織的に大きな影響を与えたのは、二〇〇六年二月から二〇〇七年三月まで約一年間をかけた教会道場のリノベーション（大規模増改築）である。建築受注にかかわる問題や教会道場という場がなくなったことで三支部の実力差が明確になり、結果として龍山支部、城北支部という二つの支部の支部長交代に導かれた。そして、二〇〇九年一二月には、李福順が教会長を退任して顧問に就任、総務部長だった李幸子が教会長に就任した。それにともなって総務部長も交代した。リノベーションが与えた影響と三支部の初代支部長の信仰受容の諸相については第三章で述べる。また、儀旺支部長も二〇一五年一二月に退任したので、二〇一六年以降は、二〇〇三年の三支部の支部長はすべて交代している。第四章では、現在の三支部長と総務部長の信仰受容のあり方と自己形成、そして韓国佼成会が抱えている問題について中核的幹部信者の視点から言及する。第五章では、李福順の生い立ちから二〇一五年二月に死去するまでのライフヒストリーを詳細にみていく。在日コリアン二世として日本で生まれた福順が、祖国韓国に家族で引き揚げ、そして日本に家族を戻したいとの念願から福順のみ日韓を往復して方策を探り、その過程で佼成会と出会った。そして韓国に永住して韓国佼成会を担うようになる経緯や心の葛藤、布教上の工夫ほか、韓国佼成会の展開の歴史について個人史を通して考察していく。

次の第二章においては、日本の宗教である佼成会が韓国の宗教文化や韓国人の思考様式・行動様式と出会い、その違和感をどのように減じ、状況適合的に対応していくのか、また変化させることができないものについては、どのように韓国人が受け入れやすくするように工夫していくのか、といった日本性の希釈と現地化への試みについてみていこう。

注

1　日本の佼成会では毎月の会費納入を会員のひとつの基準とする。韓国佼成会でも会費納入は踏襲しているものの、韓国の宗教伝統においては会費の概念がなく、布施を重視しているため、会費納入者数が教勢の実態を反映しているわけではない。

2　韓国では伝統的に儒教は男性の領分、仏教とシャーマニズム(巫俗)は女性の領分とされている。伝統仏教の信者もほとんどが女性である。

3　伝統仏教の場合は、提灯をつるす場所(境内から堂内)によって布施の金額はピンからキリまである。伝統仏教の寺では、花まつりの時の提灯の布施収入が一年分の運営費になるくらいである。

4　提灯の材料は仏具屋で売っているので、手作りする。紙で作った提灯の下に短冊状の札をぶら下げ、供えた人の名前を書く。生きている人の場合は、色のある提灯で、亡くなった人の場合は白の提灯である。佼成会では提灯は一つ三万ウォン(約三〇〇〇円)で、翌年の花まつりまで一年間つるす。提灯は一五〇〇個奉納され、みな信者やその縁者による奉納である。佼成会では提灯の布施は運営費の一部となる。

5　おたすき、数珠などの仏具、戒名を書いた供養願いの紙などを処理するためにお焚上げをする。

6　韓国の文化・習慣として実施する行事の内容についての詳細は、第二章一節を参照。

7　「かみしめる」とは、「お言葉」(指導)を深く理解しようと、確認しあったり、自分の気づきを聞いてもらったりして、よりいっそう教えを自分のものにするために行うこと。(李幸子による説明)

8　『韓国佼成』では、毎回日本と同じものは「会長先生のご指導」だけで、それ以外は『佼成』、『躍進』から韓国の信者にふさわしい内容のものを選ぶ。翻訳は総務部長の李幸子と青年部長の朴顕哲(第一回海外修養生として日本語及び教学を学ぶ。出版社を経営)が翻訳し、その後、英語は堪能だが、日本語が全く分からない文書部長の成淑姫が翻訳された韓国語をチェックする。

9　宝前では、文化的異質性を稀釈するため、韓国の伝統仏教が用いる真鍮の仏具を用いている。また、韓国では生米を供えるので、韓国式に真鍮の入れ物の中に生米を入れて供えている。

10 戒名室当番は戒名をつける役ではない。各支部には戒名担当がおり、自分の支部に入会した人の戒名をつける。自分の当番の時でなくても、新しく入会する人がいると戒名をつけるので、戒名担当はほとんど毎日道場に来て戒名を書いている。戒名室には室長（沈淑日）がおり、ほぼ毎日つめている。室長は漢字の読み書きができ、戸籍（族譜）をみることができるベテランである。

11 佼成会の信行の基本にあるのは、総戒名の祀り込みである。総戒名とは、夫方・妻方両家の先祖すべてを象徴する礼拝対象で、日本では「諦生院法道慈善施先祖○○家○○家徳起菩提心」と書かれており、右の○○家の箇所に夫方（父方）の姓を、左には妻方（母方）の姓を書く。韓国では、結婚後も姓は変わらないので、○○家のところに、本貫（氏族発祥の地）と姓を書く。たとえば、総戒名には、右から金海金（夫方の父）、慶州李（夫方の母）、済州高（妻方の父）、密陽朴（妻方の母）と四つが記入される。

　また、総戒名の祀り込みとともに、三代までの先祖の名前を集めて、佼成会式に戒名をおくり、過去帳（霊鑑）に記載して供養するというのも、佼成会の先祖供養の基本である。

　日本では総戒名の自宅への祀り込みをもって会員となる（家族の反対があって、祀り込みができない場合は、導きの親が預かる場合はある）。しかしながら、韓国の場合は、総戒名を自宅に祀ることに大きな抵抗がある。なぜなら、韓国では自宅に仏壇を置き、先祖を祀るという習慣がない。自宅に先祖の霊を祀ると、魔が入る、鬼神が入る、鬼神を呼び寄せて祟りがあったらどうするかと言って怖れるのである。したがって、韓国佼成会では総戒名を戒名室に安置している。これは韓国独特である。

12 水子供養はもともと韓国にはなかったが、日本からの輸入で、伝統仏教の寺でも行うところがある。佼成会では水子の戒名を読み上げて、子どもの好きなヤクルト、牛乳、菓子を供え、供養をする。個人でやる水子供養のほかに、合同供養も行われる。

13 一九八二年六月一八日付『佼成新聞』に「〝法の輪〟は国境を超えて　韓国籍の入神者」という記事の中に李福順と松山賀一が取り上げられている。その中でわかった松山の情報は以下のとおりである。松山賀一は、一九八二年時点で五七歳である。一九四八年六月に韓国軍人だった松山は、第二次大戦後の動乱の韓国から、政治的理由で日本に亡命してきた。佼成会の会員の妻と結婚、一九七八年に入会した。貿易商で人と会うことも多いが、入会四年四カ月で四一三人を導き、一番の夢は故国韓国で導きをすることだと語っている。

　なお、この記事を読むと、松山は入会後まもなく、ソウルに拠点設置を申し出たということになる。

14 経典は初めから韓国語であり、「南無妙法蓮華経」の題目も「ナムミョウポップヨンファーギョンと韓国語読みである。ただし、はじめの翻訳経典はわずかしか使わず、現在では韓国の僧侶が書いたハングルの法華三部経を用いている。

15　一九七八年一二月一五日付『佼成新聞』には、「韓国に〝連絡所〟設置　今後布教師を派遣　信心の高揚を」という題名で以下の記事が載っている。「韓国にも布教拠点（連絡所）が設置され、文化広報部宗務課から正式な認可がおりた。・・・今後は本部から布教師を派遣して会員の信心高揚を図る予定だ。なお、本部国際課は、韓国に信者を有する全国各教会に対して、信者の状態を報告して欲しいと要望している。」

16　滝口文男は、大分県出身で、一九五一年に大蔵省横浜税関部に勤めた。働きながら青山学院大学英文科（夜間部）に通ったが二年で中退した。一九五八年に佼成会に入会し、税関をやめ、三年間の無料奉仕後、一九六一年から佼成会の職員となった。一九七六年に設備課から教育課に移り、一九七九年に韓国に赴任した。豊田教会の所属で、「お役」はなかったが、正教師の資格をもっている。（滝口からの聞き取りによる。）

17　孫震根は日本帰りということもあって、しばらくは顔を出していたが、名誉職も与えられなかったので、次第に足が遠のいた。

18　当時は日本と韓国の経済格差ははげしく、李福順は天国から地獄におとされた感じだったと述べている。ことに全羅北道では生活上の差は大きかった。また、夫の事業で不渡りをつかまされ、だまされたことや韓国との価値観の違いに不信感がいっぱいになった。また、日本帰りは韓国ではあまりよい目で見られなかった。日本人は過去悪いことをしたと言われても、福順としては日本で生まれ育ったので分からなかった。福順は日本では日本人によくしてもらって、かわいがられたという感覚があり、日本に対してはよい感情を持っている。

19　李福順は日本の永住権をもつ在日コリアンであるため、永住権の切り替えに、日本に戻らなければならなかった。その切り替えの期間は、はじめは三ヵ月からはじまり、六ヵ月、一年となった。韓国にいったん家族で戻ったあとも福順がたびたび日韓を往復するのは、永住権との関係もあった。

20　家族を招請して日本に住みたいという申請書を六回出したが、結果として、立場が逆で、夫が日本にいて妻子を韓国から招請するなら可能だが、福順の場合は夫が韓国にいるため却下された。

21　「方便」とは仏教用語で、広辞苑には「衆生を教え導く巧みな手段。真理に誘い入れるために仮に設けた教え」とある。

22　「韓国布教の集い」で、在日コリアンの幹部がどのくらいいるのかはわかったが、実際には韓国布教のために長期間家をあけるのは難しく、また、北朝鮮籍の人もいたので布教できる条件の人は少なかった。在日コリアンで、布教をしたのは、釜山布教の佐藤恭世、沈恩淑（西山悦代）、丁南順（星山栄子）、馬山・安東布教の呉（孫）栄子、崔順基、海際面布教の洪鍾義（加藤正一）、ソウル布教の申点廉（中村和代）である。

23

馬山布教をした茨城県の下館教会所属の崔順基さんについて、下館教会長の荒章雄氏が次男の河田好司・侑子夫妻に聞き取りをしてくださり、以下のことが明らかになった。

崔順基（一九二四―二〇一〇）さんは韓国の馬山で生まれ育ったが、父親は強制連行で北海道に連れていかれ、家の暮らしぶりは楽ではなかった。一九四一年、一七歳の時に姉と妹と一緒に、大阪にいる親戚を頼って仕事を求めて日本に来た。その後、東京に出た。夫の呉さんは旋盤工で、親戚の会社に勤めていた。その縁者が下館にいたので、その人を頼りに戦後下館に引っ越した。夫は東京で旋盤工として働いており、家族とは別々の生活で、あまり仕送りはなく、崔さんは農家の手伝いなどして生計をたてたが、生活は苦しかった。

崔さん（下館では夫側の呉姓を名乗る）が佼成会に入会したのは一九四七年のことである。近所に住んでいた脇さん（在日コリアン）と親しくしていたが、脇さんの妻（日本人）の姉が一柳さんといって東京都杉並区に住む熱心な佼成会の会員だった。下館の妹の家を訪問した一柳さんに導かれ、入会した。そして、崔さんが夫の弟の妻である呉（孫）栄子さんを導いた。崔さんは熱心な信者だったが、下館教会では特にお役はしてなかった。日本語の読み書きが得意でなかったのでお役は辞退していた。しかし、道場当番や機関誌紙の配布、そして特に導きには熱心で大勢の人を導いたという。

馬山に布教に行くようになったきっかけは、墓参で故郷に帰った時に、日本のことを話してほしいと言われ、日本の話だけでなく佼成会のことも伝えたことが始まりである。当時、日本の話も珍しく、また熱心な信者だったので話題が信仰の話になり、それが導きにつながり、また不思議な現象が出ることもあったという。そこで韓国で布教をしたいという気持ちが強くなったのではないかと次男夫婦は推測している。この布教は自費で行っていたので、旅費を求められた家族は大変だったが、母親には逆らう事は出来ずに求められるままにお金を工面していた。崔さんには女三人、男三人の子どもがいたが、次男夫婦と崔さんは一緒に暮らしていたので、スクラップ業と運送業を営んでいた次男が一番多くお金を出した。

崔さんは日本語の読み書きが得意ではなかったので、鑑定などはできなかった。呉さんは日本語が上手で鑑定ができたので、とても仲のよいコンビだった。崔さんの人柄については、男勝りで、気が強くて厳しく、そして教育熱心だったと次男夫婦は語っている。

また、このほかのエピソードとして、崔さんたちは朝鮮戦争後、北朝鮮の支援団体の強い勧めにより北朝鮮に籍を変えていたことがある。崔さんの生まれは韓国の馬山だったのだが、北朝鮮籍の方が良いと説得され、一時、北朝鮮籍だったことがある。そして、韓国に墓参に行きたいというと、「帰ると殺される」と言われていたとのことだ。しかし、崔さんの夫が、死ぬ前に一度墓参りをしたいと思って、死を覚悟で故郷の安東に帰ってみると、今まで言われていたことがデマであることが分かり、帰国後、そのことを報告するとほとんどの人が韓国籍に変えたとのことであった。

24　金鍾甲は水道局の公務員で官舎に住んでいたため、自宅を法座所にすることができなかったので、崔萬祚の自宅を法座所とした。その後、崔の妻が体調を崩したことと、金が退職し自宅を新築したので、一九八六年一一月に金宅に法座所を移転した。

25　一九八二年七月二三日付の『佼成新聞』には、「ご法で得た幸せ、故国の人に——韓国布教に意欲を燃やす崔、呉、佐藤さん。馬山、釜山を布教拠点に」という記事が掲載されている。「馬山、釜山の会員は合わせて一二〇世帯。馬山布教は崔順基（下館教会、五九歳）、呉栄子（大田教会、五八歳）、が三年前からコンビを組んで本格的に布教している。年に二回、行けば二〇日間以上の滞在となる」と紹介されている。

26　李幸子からの聞き取り。また、『躍進』一九八二年一〇月号、一一三—一一四頁に「韓国の会員から」という題で、金根俊の記事が掲載されている。

27　一九八二年七月二三日付の佼成新聞の記事「ご法で得た幸せ、故国の人に」には、佐藤の釜山布教の様子が記され、佐藤は、ここ一年で七回、一〇〇日ほど韓国で布教したとある。

28　「ここに生きる　韓国　釜山の一日　姜泰日さん・呉愛鳳さん夫妻」（『佼成』一九八三年四月号）には、一、二ヵ月に一度訪れる佐藤恭世を待つ姜・呉夫妻の様子と、佐藤の布教のありさまが示されている。

29　「韓国、施設に温かいプレゼント」（『佼成』一九八三年三月号）には以下のように記されている。「韓国の厳しい冬の間も、健康に、暖かく過ごして下さい——と、昨年の暮れ、佐藤恭世さんは、自ら四百五十万ウォン（日本円にして約百六十万円）を融資して、コートやセーターなどの衣類を買い、孤児院二か所、育児園一か所、老人ホーム三か所の計六か所の福祉施設に住む恵まれない人々にプレゼントをした。」

30　海際面は、二〇〇四年時点で、信者は実質ゼロである。洪鍾義は滝口が日本に帰国後、あまり布教に足を運ばなくなった。滝口が日本で問い合わせたところ、体調を崩したとのことであった。洪の布教はほとんどが親戚関係だった。

31　滝口は滞在ホテル名をはじめとする、綿密な記録をつけているが、一九七九年六回（滞在日数九二日）、一九八〇年一一回（一五四日）、一九八一年一二回（二三四日）、一九八二年一〇回（二三五日）、一九八三年八回（二〇六日）、一九八四年五回（三一一日）、一九八五年四回（二四〇日）、日韓を往復している。

32　佼成会では、草創期から反日感情を惹起すると思われる日本性の稀釈が行われている。詳しくは第二章参照。

33 滝口昌弘「韓国布教三年を振り返って　私を高めてくれた韓国の会員さん」『佼成新聞』一九八二年五月一四日付。

34 このことに関しては、滝口と李幸子からの聞き取り、滝口作成の日韓往復に関する記録資料、一九八三年から一九八六年にかけての韓国佼成会の活動報告書（毎月本部に提出）を参照した。

35 滝口が帰国した翌年の一九八六年にはアジア大会が開催されたが、この年は民主化運動が拡大し、学生運動が過激化した。政府に対する抗議のために、焼身自殺、投身自殺者が出た。一九八七年にはソウル大学の学生が警察による拷問で死亡し、それをきっかけに全国的に民主闘争やデモが拡大した。その収拾のために大統領直接選挙制への改憲が行われ、直接選挙が行われた。また、一九八〇年代後半は、一九八八年のソウルオリンピックに向けて、国家の威信をかけ、国民をあげて取り組み始めた。［韓二〇〇三：六一八―六五三］

36 滝口によると、「連絡所」では、一体何と連絡しているのかと疑惑を持たせる、「立正佼成会韓国教会」では、韓国という国名を立正佼成会の下に置いているといわれる、「教会」というならなぜ十字架がないのか、ということで「在家仏教韓国立正佼成会」と改称した。

37 本文中に言及されている教勢を拡大している「倭色の宗教」とは、創価学会を指していると思われる。創価学会の韓国布教の開始は一九五九年頃とされる。創価学会は一九八〇年から「青年部三万名布教達成」を目標に若い世代への布教活動を本格化させ、一九八二年にはその目標を達成した。そして着々と韓国で教勢を拡大し、一九八七年に本部を現在地に移転し、中央集権型の組織基盤を整えた。なお、一九九〇年代に入ってからは、韓国での認知獲得と日系新宗教である批判をかわしイメージアップするための活動が本格化されてきた。韓国創価学会の多くの会員は一九八〇年代半ばから九〇年代半ばに入信したもので、この時期に拡大し、一九九〇年代後半からは会員数はあまり増加していないという。李賢京二〇一一、九〇―九三頁、一〇〇頁参照。

38 李福順によると、韓国に戻った場合、仕送りができないので、その点で逡巡していたところ、嘱託として本部から給与が出るように交渉すると滝口が言ったのが、大きな決定要因であるという。しかし、一九八二年に韓国に帰国してから、嘱託としての給与が出るようになるのは、四年後の一九八六年のことであった。その時には夫と次女がソウルでカバン工場を始めており、それで生活はできたが、福順の気性からいって、それを潔しとはしなかった。

39 李福順は日本の永住権との関係もあり、また日本に父母がいるため、年に一～二回は日韓を往復した。

40 ＡＣＲＰと合わせて、滝口は日韓友好議員連盟会長で議員の安井謙（佼成会が選挙応援）に頼み、その尽力で新聞記者のステータスで三〇日のビザが特別に許可され、来韓し、韓国の信者に別れを告げた。これ以降、滝口が韓国を訪問するのは、一六年後の

41　二〇〇二年、韓国佼成会設立二〇周年式典の時である。

42　法人格を取得したいという理由の一つとして李幸子は、法人格があれば招聘状なしに、日本と韓国を行き来できることを挙げている。これは一九八八年のオリンピックを境に、翌一九八九年に海外旅行が完全自由化したことで、問題がなくなった。本尊勧請によって、信者が主任や組長の「お役」につくことができるようになった。

43　中川貴史は国鉄九州総局で三〇年間勤務した後、同局を退職した。この間、小倉教会支部青年部長、門司教会青年部長、同教会壮年部長を歴任し、一九八八年から田川教会長に就任している。韓国教会長は、田川教会長との兼任である（『佼成新聞』一九九三年九月一〇日付による）。

44　ソウルの道場の建物と土地は、一九八七年に宗教団体の修練道場として登記してある。これについては登記上の問題はなかった。任意団体というのは認可制ではなく、届出制である。また、任意団体となったことでの優遇措置は何もないとのことである。

45　姉妹結縁締結書には、以下のように書かれている。「大韓民国の在家仏教団体である『在家仏教韓国立正佼成会』と、日本国在家仏教教団である『立正佼成会』は、お互いが仏教を信仰の基盤とし、信仰的実践を分かち合うことと同時に法華経を所依の経典としている宗教団体として、両団体が親善と友好を共にし、両団体の宗教行事、宗教儀式、宗教プログラム等に、相互の交流を持つことによって、両団体の宗教的な相互協力と平和社会建設に向けて、仏教信仰発展に寄与すべく「姉妹結縁」を締結する。」

46　佐藤は葛飾教会の主任であり、沈と丁も小倉教会の主任で佼成会でのお役上の地位は佐藤と同じなので、信仰上において佐藤を越える影響力をもつことはできなかったのだと思われる。また、佐藤は、ソウルに行事のある時にはバスを一台借り上げて信者を連れて行ったり、本部団参の時に日本行きのお金がない人の費用を負担したり、このほか日常的な場面でも信者に金銭的な援助をしたことも、佐藤への「人帰依」とつながったと考えられる。

47　李幸子によると、呉の夫の姜は理性的な人で、佐藤も姜の言うことには一目おいていたという。姜は日本語の読み書きができ、韓国佼成会の理事として釜山支部の渉外的役割を担っていた。

48　日本の佼成会からではなく、韓国佼成会からの任命である。韓国の場合、教会長ではなく、なぜずっと支部長のままなのかという疑問があったが、韓国佼成会が本部と姉妹結縁したので、韓国佼成会で教会長の任命ができるのではないかということで、教会長に昇格させた。任命状は韓国佼成会理事長李春吉から渡された。福順の夫の奉雨は姉妹結縁の際には理事長だったが、福順が教会長に任命されるのにあたって同じ家から理事長も出てはいけないと理事長を降り、理事になった。李福順は、教会長の任命状を、庭野日鑛会長からもらうのが、夢だと述べていた。これについては二〇〇七年に念願が叶なった（詳しくは第五章参照）。

48 盧承元は、一九九二年本尊、一九九六年入神、一九九八年守護神を拝受、朴鍾林は、一九八九年本尊、一九九二年入神、一九九八年守護神を拝受、金美慶は、一九九七年本尊、二〇〇三年入神を拝受している。盧と朴は草創期からの信者である。盧の母の沈淑日は、一九九〇年に本尊、一九九二年に入神、守護神を一九九八年に拝受している。李幸子によると、支部長任命に際して、盧の場合は、母の沈とセットで考えており、娘を母が助けることを想定していた。沈は当時七〇歳だったので支部長とするには年齢が行き過ぎていたので、戒名室長という役についた。

49 三支部制に移行する少し前の二〇〇二年七月に、文書部長で今後の活躍を期待していた人(一九五八年生、一九九五年入会、一九九七年本尊拝受)が、マウン・スリョンウォン(心の修練院、一九九六年設立)という瞑想団体に入信し、二〇〇三年二月に、本尊拝受者(婦人部長一名、主任三名、組長一名)五名と一般会員二名を引き抜かれたことは痛手だった。

50 李福順は大阪教会の組長時代は、一生懸命、導きや手取りをし、教学の勉強もした。日本時代の導きの子は一〇〇人を越える。佼成新聞の配布、教会での当番、宿直のほか、主任のもとで、総戒名安置、年回供養などの「お供修行」をした。

51 李幸子は、「母は一九八二年に帰国しても、日本を忘れられない。母の父母もきょうだいもいる。母は日本がよい。母は日本を行ったり来たりしていた。一九八六年に祖母が亡くなり、一九九三年に祖父が亡くなり、帰る家がなくなって、次第に決心がついた。しかし本当に韓国永住の決心をしたのは二〇〇〇年の乳がんの手術以後だ」と娘としてみている。親が亡くなり、韓国にも慣れ、信者が救われる喜びに使命感をもつようになった。

52 李福順は、「信者は『だんだん韓国人になりましたね』と言ってくれるが、今も日本人か韓国人かといったら答えられない。成田に帰ったらほっとする。仁川に来たら仕事で来たよう」と述べている。

53 この当時は月の会費が一〇〇ウォンだった。一九九二年から一〇〇〇ウォンになる。なお、二〇〇四年時点の通貨価値では一〇ウォンが一円に相当する。

54 法座については大阪教会での法座のやり方をそのままやったという。大阪教会の法座は当時生き生きとしており、迫力があって、すぐ結果が出た。今の韓国教会もそうだという。

55 松原利予は、一九二九年に茨城県で生まれ、一九四九年に佼成会の会員であった松原家に嫁いだことをきっかけに佼成会の教えに触れ、一九五一年に自身が入会し、信仰者としての道を歩むようになった。中野教会で青年女子部長として活動していた際に佼成会本部への奉職の声を掛けられ、一九六八年に入職し、教育課講師を務めたのち、一九八二年に豊橋教会長に就任した。一九八九年より中野教会長になり、一九九二年より東京教区長を兼任した。その間、一九九一年より佼成会の理事を務め、

一九九五年に退職した。二〇一五年に死去した。(佼成会人事グループからの情報提供)

なお、松原の「仏性礼拝による法座の結び」は当時多くの教会長に大きな衝撃を与えた。それは、法座の導入において、それまで伝統的に多かった根性の切り替えから入るのではなく、相手が話す状況を受け入れ、認めるという触れ合い方であったからで、これはある人々にとっては、法座において問題を出すことの怖さからの転換でもあった。そして、悪いとみられる現象そのものを「良い」意味での現象に見直す作業は、多くの人々魅了し、それにより多くの人々が教会の法座に集まってきた。(中央学術研究所所長の川本貢一氏の教示による)

松原の「仏性礼拝による法座の結び」は、次代会長である庭野光祥にも影響を与えたとされる。

56　李幸子にとって、もう一人の「重要な他者」は、道場の建設用地を提供した申点廉である。申は日韓を往復していたというものの、韓国滞在の期間が長かった。申は長沼妙佼時代(戦後の草創期)に入会し、妙佼の指導を直接受けたことのある人で、佼成会の草創期の修行体験をもっていたので、いろいろとその話をしてくれた。女性でありながら、韓国で事業をしていたので、社会的な視点もあり、尊敬でき、学ぶ所が多かったという。また、困ったときに「助け船」を出してくれた人である。申の場合も、滝口が帰国し、中心者がいないままに、母の福順とともに、主になってやっていかなければならないという転機の時期の援助者としてあらわれた。もう一人の「重要な他者」は、母の福順で、法一筋にがんばっているところを評価している。

57　発行部数は『韓国佼成』は六百部、『法華経の新しい解釈(改訂版)』は三千部、『心田をたがやす』『開祖さまに倣いて』は各千部、その他は三百部から五百部とのことである。

58　西大門刑務所は、日本の植民地統治時代に独立を求めて闘った多くの独立運動家が投獄、弾圧された刑務所である。現在は刑務所跡に西大門刑務所歴史館が開館されているが、植民地時代の監獄や死刑場、独立運動家への取り調べや拷問の様子を人形や史料で再現している。二〇一〇年の改修後は凄惨な拷問描写は減らした。

59　安重根(一八七九―一九一〇)は、大韓帝国末期の教育者・民族運動家で、大陸を中心に抗日闘争を繰り広げ、一九〇九年一〇月二六日に中国大陸のハルビンにて韓国統監府初代統監・伊藤博文を狙撃、殺害した罪で死刑となった。韓国では抗日抗争に身を捧げたとして義士と呼ばれ、その死は殉国と称えられている。安重根の遺品や関連資料により思想や精神、生涯を知ることを目的にソウルの南山の中腹に安重根義士記念館が造られた。

第二章　韓国立正佼成会にみる日本的要素の持続と変容
――現地化への取り組み

はじめに

佼成会では一九七九年に韓国ソウルに「連絡所」という拠点を設置し、布教に着手した。一九八二年に連絡所から教会に昇格した。日本の宗教団体が韓国で法人格をとることが難しく、一九九七年に在家仏教韓国立正佼成会として任意団体登録して独立自主団体となり、一九九八年に日本の佼成会と姉妹結縁した。姉妹団体というものの、韓国佼成会は日本の本部と密接な関係のもとに布教を展開させている。信者は一〇〇%現地韓国人であり、異文化布教で一定程度の成果をあげている。展開過程についての詳細は、第一章を参照してほしいが、ビザの問題で苦労した日本派遣の教会長時代をへて、一九八六年から佼成会本部によって「現地人による現地人布教」という方針が出され、日本生まれの在日コリアンである李福順と李幸子が二人三脚で布教を展開してきた。

二〇〇〇年の海外教会長・拠点長会議に韓国佼成会側が提出した報告書には、今後の布教課題として、次期リーダー育成、壮年部・婦人部教育、布教体制の確立などが挙げられた後に、反日感情が根強く残っている韓国で、佼成会の教えはいくら仏教の教えであるといっても布教に困難があること、民族性の濃い仏教文化の中で、佼成会が在家仏教、現代仏教、生活仏教とアピールするのは容易でないことに言及している。さらに、韓国佼成会はこれまでは日本の佼成会をコピーしてきたが、今度の課題は韓国仏教文化と出会い、何を誕生させていくかが課題であると述べられている。

日本にルーツをもつ宗教運動が、韓国という異文化で布教を展開していくためには、いくつかのことを解決していかなければならない。それは適応課題とよぶことができるもので、ホスト社会や文化との葛藤を解決しながら、いかにして孤立せず、またその中に埋没せず、自らの宗教運動としての独自性を保持しつつ韓国という異文化社会に適応していくかという課題である[1]。韓国の場合、それには、①言葉の壁の克服、②祈願・祈祷信仰への対応、③教義・儀礼・実践の異質性の稀釈、④伝統仏教との摩擦の回避、⑤社会的認知の獲得があるが、これらに加えて韓国独自のものとして、⑥反日感情惹起の回避（日本性、ことに植民地支配を想起させるようなものの回避）という課題がある。

韓国佼成会の場合、信者は全員韓国人であり、すべて韓国語が使われている。言葉の壁の克服については、日本語と韓国語の両語に精通した李幸子という存在が大きい。また、李福順も苦労の末、韓国語に不自由はなくなった。本章では、適応課題群のうち教義・儀礼・実践の異質性の稀釈に関する課題と反日感情への対応について、主にみていくことにする。

第一節では、日本の植民地支配に起因する反日感情の存在にかかわる日本性の稀釈の問題と現地様式の取り入れの様相について、第二節では、佼成会の教えと実践の中核部分を占める先祖供養が韓国の宗教文化と葛藤する様子や、それへの現実的状況適合的対応のあり方について言及する。第三節では、韓国人信者からみた文化的違和感の所在を検討し、かつ二〇〇七年四月に入仏落慶式を行った教会道場のリノベーション（大規模増改築）後の変化について述べる。文化的異質性の稀釈、現地様式の取り入れという、韓国で受容しやすくする試みとともに、どうしても変えることのできないものの場合、そのやり方を変容させることによって、内実を持続させるという試みもみられる。なお、第一節と第二節は、日本生まれの元在日コリアンであり、日本と韓国の双方の文化に精通し、かつ韓国佼成会の中心を担っている李福順と李幸子からの聞き取りを主体に構成し、第三節は、生まれも育ちも韓国である生粋の韓国人の幹部信者からの聞き取りに基づいている。

一　文化的異質性の稀釈

韓国と日本との関係は歴史的に規定されており、韓国佼成会の展開の歴史をみても、「日本の宗教であることの困難」があった。韓国佼成会が仏教系であることは布教にあたって有利な条件であるが、まず意識的に行ったことは、日本性の稀釈である。文化的異質性の稀釈には、韓国の場合、反日感情の存在とかかわる日本性の稀釈と現地様式の取り入れの二つの側面がある。

(一)　日本性の稀釈

韓国と日本との関係では、古くは豊臣秀吉の朝鮮出兵、そして「日帝時代」と呼ばれる一九一〇年の韓国併合から一九四五年の日本の敗戦に至るまでの三六年間にわたる日本の植民地支配というマイナスな出来事がある。ことに後者は韓国側にとっては、恨(ハン)に満ちた屈辱の時代だった。「内鮮一体」という同化政策のもと、母語の禁止と日本語使用の強制、創氏改名が実施された。京城(ソウル)の南山頂上近くに建てられた朝鮮神宮をはじめとして、各地の都市や地域に大小さまざまな神社が建立され、皇民化政策の一環として、参拝が強要された[伊藤一九八五:二六]。こうした背景のもと、反日感情を引き起こさないよう韓国佼成会では日本性の稀釈が行われた。

まず第一に、佼成会が所依の経典とする法華経の経典は韓国に拠点ができた時に、東国大学教授による翻訳経典がすでに準備されていた。これは一年ほどしか使わず、その後書店で見つけた韓国の僧侶が書いたハングルの法華三部経を用いている。法華三部経は韓国でも尊ばれている経典なので、この点で違和感を減少させている。また、「南無妙法蓮華経」の題目も「ナムミョウポップヨンファーギョン」と韓国語読みである。

第二に、経典から日本由来の菩薩や神名を除去した。佼成会の青経巻といわれる経典には、法華三部経に入る前の「勧請」の部分で、日蓮大菩薩、八幡大菩薩、七面大明神といった日本由来の菩薩や神々が勧請される。日蓮大菩薩は日蓮宗の開祖、八幡大菩薩は豊臣秀吉の朝鮮侵略の際に掲げられた旗に書かれていた神名である。七面大明神とは、身延山地にある七面山に祀られている日蓮宗の守護神である。韓国ではこれらは除かれ、佼成会の開祖、脇祖にちなむ「庭野家御守護尊神」、「長沼家御守護尊神」という部分も削除されている。

第三に、日本に由来する神仏や人物の「命日」の名称を韓国人が受け入れやすいように変更、削除した。佼成会でいう命日とは、寺院でいう縁日にあたる意味があり、教会に参拝する特別の日とされている。二〇〇七年三月以前は、韓国佼成会の命日は、毎月一日（初命日）、四日（開祖命日）、五日（虚空蔵菩薩命日）、一〇日（観世音菩薩命日）、一五日（釈迦牟尼仏命日）、一八日（薬王菩薩命日、韓国に大本尊が入った日）、二八日（教会命日）だった。かつて日本の本部では五日、一〇日、一四日、一五日、二八日が命日であった。一〇日は日本では「脇祖命日」であるが、「観世音菩薩命日」に名称を変えた。一四日の「七面大明神命日」は、日本由来の神なので、韓国では削除した。二八日の「八幡大菩薩命日」は、八幡大菩薩の名称は前述のとおり、韓国では使うことはできないので、二八日は「教会命日」という名称で行った。韓国教会にとっての記念日である一八日は韓国でポピュラーな「薬王菩薩命日」とした。このように、命日の由来を日本的なものから、韓国人にとって受け入れやすい名称に変更した。

第四に、日本の佼成会の教会には、教団の創設者である庭野日敬（開祖）と長沼妙佼（脇祖）の写真が宝前（仏壇）の左右に掲げられている（写真2―1、2―2、2―3参照）。長沼妙佼の写真は日本式の着物を着ているので、日本統治時代を思い起こさせる。かつては庭野日敬の写真のみを掲げ、長沼妙佼の写真は仏壇の中に入れていたが、一九八七年に新道場ができたのをきっかけに、日本の着物を洋服に変えた絵を描いてもらい、それを写真にとって代替するようになった。（また、教会道場リノベーション後には、写真を戒名室に移動した。）

第五に、宝前のあり方についてである。初期には掛け軸の本尊だったが違和感があるので、仏像にした。また、日本のにおいがしないように、飯水茶の下に日本式の受け皿を置かないようにした。仏具は韓国の伝統仏教でつかう真鍮の仏具を用いた。また、韓国では生米をあげるので、真鍮の入れ物に米を入れて供えるなど、宝前の見た感じの日本性を稀釈して、伝統仏教方式を採用できるところは採用している（写真2―4、2―5参照）。

なお、日本性の稀釈がかなわず、韓国で受け入れることが難しいものに、守護神（「御守護尊神」）がある。本尊については、日本の本部の儀式課で検討した上で、現在、アジア地域は金の仏像になっている。守護神は神社形式で、神体として鏡が入っているので、日帝統治下の神社を連想させる（写真2―6参照）。韓国佼成会では、守護神はよほどでないと祀ることは難しいと考えており、積極的にはすすめていない[2]。

（二）現地様式の取り入れと変容

韓国佼成会では、伝統仏教で行っていることを取り入れている。

①毎日の教会での供養の前に、会歌とともに、伝統仏教で共通に歌う仏讃歌を歌う。②韓国の寺では、説法を聞きに行く習慣があり、信者は何かよい話を聞きたいという気持があるので、命日に教学の講義を入れる。③伝統仏教では、参拝者に昼食を出すので、それにならって昼食を出す。④涅槃会（二月一五日）、釈尊降誕会（四月八日）、成道会（一二月八日）

写真 2-1　旧教会道場の様子（2004 年 筆者撮影）
式典での供養。宝前に向かって左に庭野日敬の写真、右に長沼妙佼の写真が掲げてある。天井に下げてあるのは花まつりの提灯。

写真 2-2　開祖庭野日敬の写真
（2004 年 筆者撮影）
写真の下には韓国語の「会員綱領」がある。

写真 2-3　脇祖長沼妙佼の写真
（2004 年 筆者撮影）
日本の着物を洋服に変更。写真の下には韓国語の「三帰依」がある。

写真 2-4　韓国連絡所時代の宝前（1979 年 立正佼成会提供）
当時の大本尊は掛け軸の絵像。飯水茶の下には日本式の受け皿があり、手前には神道風の三方がある。

写真 2-5　仏像の大本尊と新しい方式の宝前（2004 年 筆者撮影）
飯水茶の下には日本式の受け皿はなく、手前に韓国の真鍮の入れ物に生米が盛られている。

と盂蘭盆会（七月一五日）は、もともと佼成会でも行う行事であるが、新暦ではなく、伝統仏教に合わせて旧暦で行う。⑤釈尊降誕会（旧四月八日）は花まつりともいい、その日は祝日で伝統仏教では盛大に祝われる。その際、提灯が奉納される。佼成会でも信者からの発案で布教初期から花まつりの提灯を天井につるしている。佼成会でも花まつりは最大の行事である。⑥盂蘭盆会では、お盛りものに韓国の食べ物を供える。⑦仏供膳は日本のように毎日ではなく、開祖入寂会、開祖誕生会、脇祖報恩会の年間三回のみあげるが、韓国式の食べ物で膳をつくる。⑧冬至（新一二月二二日頃）の時に、韓国の習慣で、伝統仏教ではカレンダーを配るので、佼成会でも一九九四年からカレンダーを作成し配るようになった（七〇〇部）。⑨韓国では一一月に全国統一試験である大学修学能力試験が行われるが、伝統仏教では受験生のための一〇〇日祈願と全国統一入試が実施される日に祈願供養を行っている。佼成会でも信者の要望で、二〇〇二年から入試の祈願供養を開始した。申し込みのあった受験生の名前を戒名室にかけておき、受験当日には受験生の名前を読み上げて祈願する。⑩厄払い祈願供養の実施。サムジェ（三災供養）といい、立春の日かその前日に、該当する干支の人の厄払いをする。韓国の習慣では、厄年に当たる人は寺に行って布施をしたり、韓国のシャーマンであるムーダンの所に行って厄払いをしてもらう。厄は三年間続く。

写真2-6　教会長李家の宝前　（2004年 筆者撮影）
中央は本尊（金色）、左上の短冊状のものは宅地因縁、右上の短冊状のものは総戒名、その下右手にある神社風のかたちをしたものが、守護神。

　伝統仏教ではこのようにやっているが、なぜ佼成会ではしないのかという信者からの声や、伝統仏教の寺ではこうやっているから、韓国佼

写真 2-7　釈尊降誕会（花まつり）（2004 年 韓国立正佼成会提供）
チマチョゴリを着た信者が、花御堂を上に乗せた象の山車を引く（チマチョゴリを着たのは旧道場までで、2007 年にリノベーションされて新道場になってからは、日本の本部に準じてサリーを着ている。天井にあるのは花まつりの提灯）。

写真 2-8　山車をひいた子どもの豆菩薩たち（2004 年 韓国立正佼成会提供）
子どもたちの服装は韓国の僧侶が着るグレーの服である。

写真 2-9　盂蘭盆会での献灯献華の奉献の儀（2009 年 韓国立正佼成会提供）
クリーム色のチマチョゴリを着ている。

写真 2-10　盂蘭盆会（2009 年 韓国立正佼成会提供）
リノベーション後の新教会道場では宝前横の庭野日敬と長沼妙佼の写真がとりはずされている。また花まつりの提灯も天井におさめ、すっきりしている。

成会にも取り入れたらどうかという提案を、吟味して取り入れている。

二　佼成会式先祖供養と韓国の宗教文化との葛藤

佼成会が韓国に布教していくにあたって、漢字文化、仏教文化、先祖を敬う儒教文化は、文化的連続性といった点でメリットであったが、反面、日本からきた仏教団体であるということはデメリットであり、かつ佼成会の特徴の、在家仏教、現代仏教であることは、理解させることが難しかった。

韓国の仏教の場合、一般的には寺は山奥にある。佼成会が寺ならば、なぜ寺が町中にあるのか。伝統仏教の寺では、伽藍があって二四時間お詣りができる。佼成会は何時にあけて何時にしめるというのが決まっている。寺には出家僧がいるが、佼成会にはいない[3]。儀式・儀礼を僧侶ではなく、一般の生活している人がやるのでおかしいと感じる。伝統仏教の寺では、旧暦の毎月一日、一五日は参詣日で、僧侶の説法を聞いて、それから寺院で出された昼食を食べて帰る。その時持って行くのが米と蝋燭と布施である。佼成会では命日も多く、法座での修行も強調されるので、行く回数が多い。なぜこんなに頻繁に寺(佼成会)に行くのかということも聞かれる。佼成会が仏教系であることは韓国人に受容を促進するプラスの要因ではあるが、伝統仏教と比較した場合、佼成会では教会を参拝の場としてばかりではなく、生活実践のための訓練の場として位置づけていることにも相違点がある。

これまでみてきたように、韓国佼成会では伝統仏教で行われていることを選択的に受容し、かつ「日本からの宗教であること」で反日感情を刺激しないよう、日本的なもの、とくに日本による植民地支配時代のことを思い出させるような要素は極力排除している。しかしながら、佼成会の教えの根本にかかわるものについては、その基本を変容させることはできない。その場合、韓国人信者を説得、納得させなければならず、実質をとりながら、状況適合的に変容させているものがある。

（一）佼成会の先祖供養を理解させることの難しさ

在家仏教であることは、佼成会の信仰の根幹にかかわるものである。その基本にあるのは、自らの手で自らの先祖を供養するという先祖供養に関するものである。韓国の宗教状況については、伝統的には儒教、仏教、シャーマニズムがあり、それに加えて、キリスト教が大幅に躍進している状況がある。韓国は儒教の国で、祖先祭祀が重要視されるため、佼成会の先祖供養も受け入れやすいかと思われたが、実は理解させるのに難しいことの一つが、佼成会の実践の基本にある先祖供養であった。

（二）総戒名の祀りこみの困難とその理由

日本では、佼成会に入会するとまず、総戒名を自宅に祀りこむ。これに合掌礼拝して朝晩供養（読経）をすることが修行として欠かせないものとされる。佼成会の先祖供養の特徴は、イエ的単系的先祖ではなく、双系的先祖である。総戒名とは、夫方（父方）、妻方（母方）の両家の先祖すべてを象徴する礼拝対象で、日本では「諦生院法道慈善施先祖 ○○家 ○○家 徳起菩提心」と書かれており、右の○○家の箇所に夫方（父方）の姓を、左には妻方（母方）の姓を書く。韓国では、結婚後も姓は変わらないので、本貫（氏族発祥の地）と姓

写真2-11　総戒名（2004年　筆者撮影）

を四つ並べて書く。たとえば、写真2−11に示すように、右より古阜李（父の父）、済州高（父の母）、慶州李（母の父）、金海金（母の母）と四つが記入される。古阜、済州、慶州、金海は本貫である。

また、総戒名の祀りこみとともに、三代までの先祖（六親眷族）の名前を集めて、佼成会式に戒名をおくり、過去帳に記載して供養するというのも佼成会の先祖供養の基本である。日本では総戒名の自宅への祀りこみをもって会員となる（家族の反対があって、祀りこみができない場合は、導きの親が預かる場合はある）。しかしながら、韓国の場合は、総戒名を自宅に祀ることに大きな抵抗がある。なお、二〇〇八年三月の創立記念日に庭野日鑛会長により、本尊、開祖・脇祖の法号、総戒名、宅地因縁がセットになった額装本尊（教会勧請本尊）が単体の総戒名にかわって授与されるようになっている（写真2−12）。

総戒名（額装本尊の場合も）の祀りこみを忌避する理由として挙げられるのは、第一に、韓国では儒教による祖先祭祀を大切にするが、仏壇に相当するものはなく、家に先祖や神を祀る習慣はない。韓国では儒教式の祖先祭祀（チェサ）は長男の家

写真 2-12　額装本尊　（2009 年 韓国立正佼成会提供）
額装本尊を個人宅に祀りこむ。右は李福順

で行われ、チバン（紙榜、紙の位牌）を書いて祭壇を作って供養し、法事が終わったあとでそれを燃やして片づける。したがって、先祖の位牌を残して祀るという習慣がない。祭祀の趣旨は祖霊（死者）を招いて飲食を提供することにあり、死者は忌日に子孫のところを訪れ、食事の接待を受けて再び帰っていくと考えられている［伊藤一九九六：二四一―二四二］。寺やムーダン（韓国のシャーマン）の所では、お金を出して供養してもらうが、自宅で祀る習慣がない。そこで、なぜ形として祀らなくてはいけないのか、まして長男が祭祀をしているのに、なぜ自分がしなくてはならないのかという問いが出る。

第二に、鬼神に対する恐れがある。自宅に先祖の霊を祀ると、魔が入る、鬼神が入る、鬼神を呼び寄せて祟りがあったらどうするかと恐れるのである。今までやってきていないのに、放っておいたらよいのに、なぜ静かに眠っている霊を呼び起こすのか。家にそのようなものを祀ると祟りがあるので怖い。また、なくす時も怖いというのである。

儒教式では、子どもを残した男子という、一定の資格をもった者だけが神になる。また、儒教の祭祀者の特徴は、徹底した男性中心の集団であり、徹底した直系主義による長子・孫中心であり、宗孫を基準に祭祀の祭神が限定される。宗孫の四代祖までは忌祭の対象、五代祖以上は墓祭の対象となる［崔一九九二：一一五］。儒教の祭祀の場合、原則的に男性のみが参加を許されており、父系親族・血族によって行われる。儒教は倫理や社会制度の面で定着したが、巫俗信仰（韓国シャーマニズム）の影響は色濃く残っている。このような儒教の祭祀対象にもれた人々は雑鬼となる。雑鬼になるのは、不幸な生涯を送った人（父母より先に死んだ子ども、未婚で死んだ霊魂、幼くて死んだ早死者など。特に未婚者は怨念が強いと観念されている）、不幸な事故による死者、血族がなくて祭祀を受けられない存在、である。このような雑鬼たちは、「道中天」に浮遊する鬼神であり、血縁・地縁関係にある人に憑く。特に、血縁関係を重視するために、血縁にある雑鬼が恐ろしい存在である。こうした雑鬼は怨恨が強く、人間を病死させやすいとされている。家の外にいる雑鬼が人に憑いたりしないよう、家の中に入れないようにしなければならないととらえられているのである。いったん憑いた場合には、呪術的な儀礼でおどかしたり、楽しく遊ぶようにして送るとか、とにかく鬼神の接近をさえぎらなくてはならないのである。［崔一九八四：三〇八―三二六、崔一九九二：二八六］

このような文化的背景のもと、自宅に総戒名を安置することが忌避されるのである。また、佼成会では入会とともに、三代までの戒名を集めるが、その際にも、なぜ静かに眠っている霊を呼び起こすのか、黙っている先祖を一々呼び起こして、家の中がゴタゴタするのではないかという人もいる。このように巫俗信仰とむすびついて、鬼神についての恐れがある。

第三に、個人宅に総戒名（短冊状の紙）を祀ることは、真鍮の線香立て、蝋燭立てといった仏具を置き、祭壇を作ることにもなるので、それはムーダンの祭壇を連想させ、人から霊をつかって何かをしているかのように思われるため、抵抗がある。人々は困ったことがあった時にはムーダンのもとを訪れるが、ムーダンは蔑視されているところもあり、その社会的地位は低い。（写真2-13、2-14、2-15参照）。

このように、韓国には仏壇を家に安置する習慣がない。家の中に先祖を祀るというと、鬼神、すなわち魔が入るということで、なかなか安置できないのである。

（三）総戒名の戒名室への安置という「方便」

個人宅に総戒名を祀ることの抵抗感を減じる方策として、韓国佼成会では教会にある戒名室で総戒名を預かるという方法をとっている（写真2-16参照）。戒名室とは、戒名をつけたり、追善供養等をする部屋である。そこには引き出しのある箱があり、各自の総戒名はそこに封筒に入れて納められており、追善供養や総供養の時は出して供養する。これは韓国独自のやり方である。自宅に安置することは難しいが、総戒名を祀りこんで、戒名室に安置するということは受け入れられるようになった。

写真 2-13　ムーダンの家の祭壇（2004 年 筆者撮影）
ムーダン自身の写真をとることは許可されなかったが祭壇の撮影は許可された。

写真 2-14　ムーダンの家には天と連絡をとるための旗がたっている（2004 年 筆者撮影）

写真 2-15　仁王山国師堂で祭儀を行っていたムーダン（2004 年 筆者撮影）

先祖を祀ったら家の中がゴタゴタするのではないかという問いに対して、李福順は「なぜ私たちの先祖が鬼神なのか、自分が死んだら先祖になるが、鬼神とか悪魔とか言われたら納得するのか。家の中に先祖を祀ったら魔が入るというなら、なぜチェサをやるのか。佼成会では霊(鬼神)が来たら、単にそれを放りだすのではなく、ご供養し、感謝の気持で、安らかにすることによって成仏させ、守護霊と変えることができる」と説いている。総戒名の祀りこみをするように説得するには、まず祀った人が受けた功徳を説く。たとえば酒で亡くなった人の戒名を出して追善供養をしたら、酒飲みの夫が酒を飲まなくなったという現証を得た事例など実際にあったポジティブな事例を話す。祀ったら結果が出るという方便をつかうので、戒名室に総戒名を祀りこむのは割合と早いという。

伝統仏教の寺院には亡くなった人の写真や位牌を祀っている部屋があるので、その感覚の延長で戒名室はとらえられているようだ(写真2-17参照)。韓国佼成会では、自宅に祀りこみをしている数を一〇〇世帯程度と推測している。自宅に総戒名を祀りこんでいないと支部長、主任にはなれず、組長の場合はそれを条件としてはいないがほとんど自宅に祀り込みをしている。なお、主任以上についてはさらに本部勧請本尊が必須となる。当然のことながら、総戒名は本来なら自宅に祀ったほうがよく、戒名室はたとえでいうと老人ホームのようなもので、子孫が毎日供養して食べ物をあげるのとは異なるという。

(四) 父系血縁社会での双系の先祖供養の説得

佼成会の先祖供養には、韓国の伝統とは異なる意味が含まれている。総戒名に夫方(父方)妻方(母方)双方の先祖を祀る佼成会の先祖供養は、父系血縁を基本とする韓国社会とは異質のものを含んでいる。韓国では、個人は原則としてすべて出生と同時に父親の姓を名乗り、その親族集団への帰属が生涯にわたって社会生活全般に及ぶ個人の最も基本的な資格

写真 2-16　旧教会道場の戒名室（2004 年 筆者撮影）
右上のダルマの下にある引き出しに総戒名が納められている。ダルマ自体は意味はない。
旧教会道場の戒名室には、仏像が本尊になる以前の掛け軸の本尊が安置されていた。

写真 2-17　ソウル市内の曹渓宗の寺（2007 年 筆者撮影）
亡くなった人の写真や位牌を祀っている部屋がある。

になっている[伊藤一九八五：二六]。女性が結婚後も婚家の姓に入ることができないのもこの理由による。父系の紐帯は、チバン（家内の意）・門中というかたちで組織化され、四代までの祖先の祀りには、それぞれの命日を祀る忌祭祀と、正月や八月一五日の秋夕にその祖先の長男系のクンチプ（大家）に子孫が集まって、飯・汁・酒や、肉・魚・果物・餅・菓子など山盛りの供物を供え、一同礼拝する儀式がある。チバン関係にある人は年一〇数回の儀礼をともにする。（四代奉祀の期間をすぎると不遷位[4]以外の通常の祖先は、家内《チプ》では祀られず、墓祀りだけになる。）[伊藤一九八五：一一四―一一五]

佼成会の双系の先祖供養については、次のような説明をする。子どもは父親の血ばかりでなく、母親の血もつながっている。それは科学的にも説明されている。韓国の風習では長男がその家の先祖を祀るので、自分たちは次男、三男で、長男が先祖の祭祀をしており、命日には長男の家に行って祭祀（チェサ）に参加しているので、しなくてよいという人には、「それは儒教のしきたりだが、佼成会でいう先祖供養はお経をあげて先祖の成仏を願うのであるから、子どもの誰がやってもかまわない。息子でも娘でも、これは親孝行をする方法の一つである」と述べる。女性の中には、実家の母の供養をしたかった、実家も一緒に供養してもらえるのがありがたいと言う人もいる。

佼成会のいう先祖供養が説得性をもつ背景には、韓国社会の変化がある。二〇〇五年に民法改正による戸主権の廃止が決定され、二〇〇八年から実施されるようになった。以前は長男が財産を一括相続して、長男が親の面倒をみ、扶養することになっていたが、今は財産を子どもの間で分配することになった。また、韓国社会においては、核家族化、少子化、未婚者の増加は顕著であり、子どものいない家族、子どもが女子ばかりで男子がいない家族もある。そして、長男がいる場合もキリスト教の信者になったので、法事や命日の供養といった祖先祭祀をしなくなった、外国に行っているなど、家族をめぐる状況の変化がある。このような近年起きた時代の変化の中で、佼成会の先祖供養が受け入れられる素地が拡大した。

（五）佼成会式戒名おくりと過去帳への記載

総戒名の祀りこみとともに、三代までの先祖（父母、祖父母、曾祖父母）の名前を集めて佼成会式に戒名をおくり、過去帳に記載する。戒名は、各支部の戒名担当の主任がつける。入会して総戒名を祀りこみ、三代目の先祖を出す時は戸籍謄本をとってきてもらうことにしているという。戸籍には漢字で祖先の名前と本貫（祖先の発祥地）が記載されてあり、命日も書いてある。それと族譜[5]がある。こうした過程で、先祖がどのような人であったか、どのような因縁を抱えているのかがわかる。ここで明らかになった名前を戒名申請図表に記入する。その際、水子（名前はついていない）も出す。

写真2-18の事例でみると、入会者は左下の羅正烈（女性）で、右下は夫の柳昌錫である。夫方妻方の一代目のところに父母、二代目のところに祖父母、三代目のところに曾祖父母の名前が記載されている。入会者の段落の余白に記載されているのは水子（○で囲んだ名前。水子には世俗の名前はないので佼成会でつけたもの）、そして、幼少時亡くなった人々の名前、右には、母方のきょうだいで交通事故、がん、自殺をした人の名前が

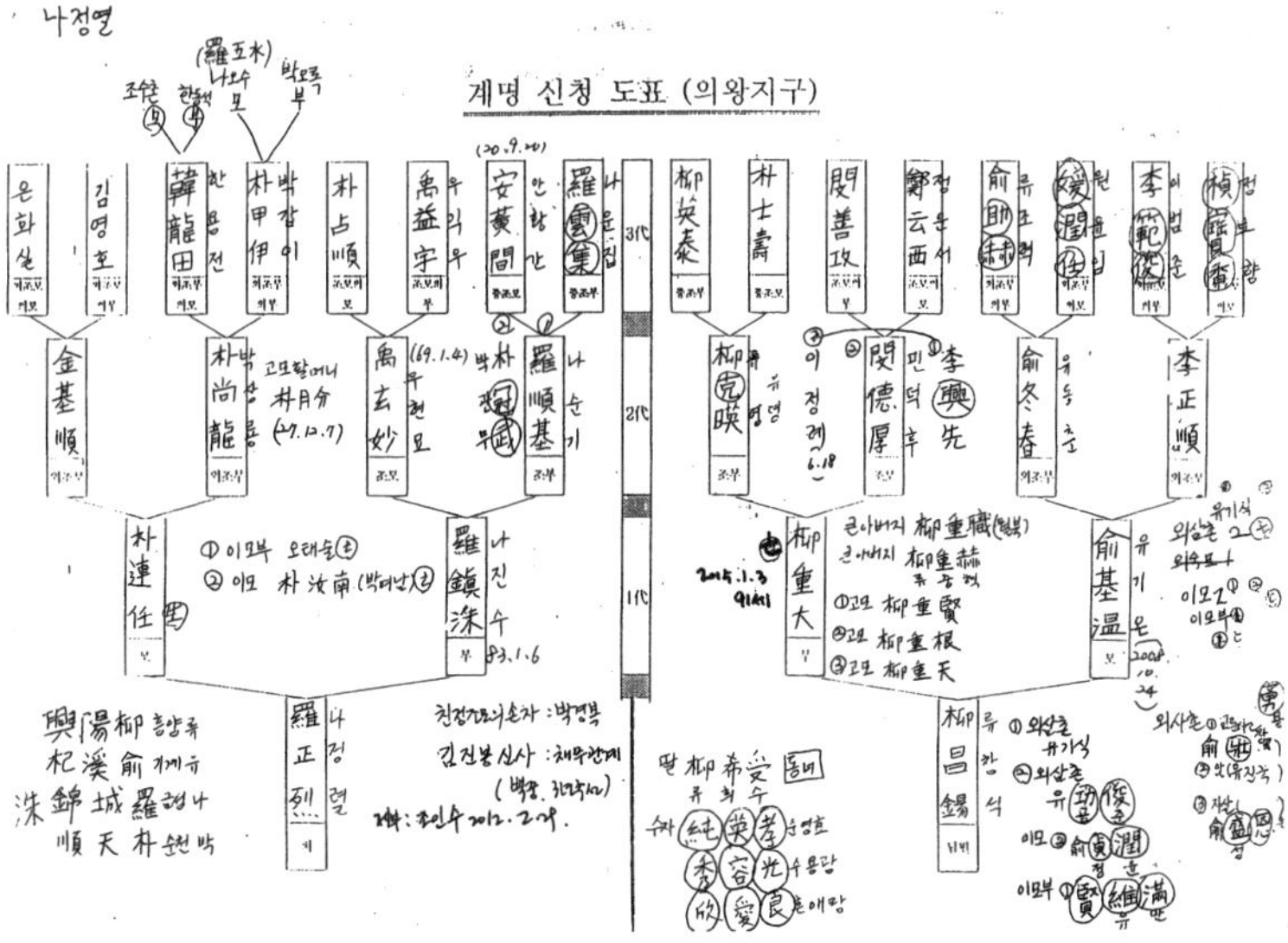

写真 2-18　戒名申請図表（2018 年 筆者撮影）

記載されている。三代までの総戒名と水子を出すが、それ以外にも気になる人の名前も欄外に書いてある。戒名を送った三代前までの先祖等の全体を供養するというのが総供養である。総戒名を戒名室に祀りこんだ(総戒名を戒名室で保管してもらう)ものを自宅に祀りこむ時に総供養を行う。戒名は過去帳に記載する。

なお、外国人の場合は、戒名だけ見て誰の戒名かわかるものにしたほうがよいとのことで、韓国の場合、名前を入れこんだ戒名をつけている。たとえば、李幸子ならば、生院徳の戒名に名前を間に入れて、「李生院妙幸子徳信女」となる。男性の場合は、妙の代わりに法、信女の代わりに信士と書く。したがって戒名室の担当の人は俗名だけはっきりしたら、俗名をもって戒名をつけることができる。その横にハングルで読み方をふる(写真2-19、2-20参照)。

韓国の儒教式の位牌というのは、チバン(紙榜)という紙の位牌で、「李幸子神位」と書く。供養が終わったら焼いてしまう。神というのは霊という意味である。儒教の方式では一年に一回、その人が死んだ命日に集まる。今日では亡くなった人の写真を置いたりするが、佼成会のように過去帳に記入することはない。

(六) 追善供養と総供養

韓国では一般的には先祖供養というより、先祖を敬う祖先祭祀である。佼成会では、先祖供養であり、宝前のある家(総戒名が祀りこまれている家、本尊のある家)の場合は自宅で行う(写真2-21、2-22参照)。しかし、それ以外は戒名室で追善供養、総供養が行われている。

通常入会してすぐではないが、総戒名を祀りこみをしたあと、総供養は先祖等に対してなされるもので、根っこである先祖に肥料と水を与え、先祖への感謝の気持ちで総供養させてもらおうと勧める。総供養の場合、つけた戒名をあげるが、六〇体から八〇体くらいあるので、導師と脇導師二人が分担して戒名を読み上げる。

写真 2-19　過去帳（霊鑑）（2004 年 筆者撮影）
漢字の戒名にハングルでふりがながふってある。

写真 2-20　戒名室での支部の戒名担当 （2007 年 筆者撮影）
「供養願い」の用紙にハングルで戒名を書いている。

写真 2-21　個人宅の宝前での故人の供養のためのお盛りもの（2004 年 筆者撮影）
左側の故人の写真の前には靴とメガネがある。宝前（仏壇）の右手、過去帳の下にあるのはチバンに佼成会式の戒名が記入してある。

写真 2-22　個人宅での故人の二十一日目の供養（2004 年 筆者撮影）

追善供養をやる動機は亡くなった親に対して親孝行をしたいという理由や、現実の問題の中で、同じ問題を苦しんだ先祖が明らかになり、その供養をする場合がある。たとえば「子どもでみせられる」という言葉があるが、成仏していない先祖の苦しみが子どもをとおして示されることがあるとされる。たとえば、子どもが喘息で苦しんでいる時、「先祖の中で喘息で亡くなった人はいるか」と問い、「おじいさんが喘息で亡くなった」といった場合、その追善供養をする。子どもが大病になった場合、三代前までの先祖をさがしていくと必ず同様の病気で苦しんだ先祖が出てくるという。追善供養を家で自分でやる人もいれば、戒名室でやることを希望する人もいる。

戒名室でやる時には、お膳のお盛りものを簡素にし、なるべく負担にならないようにして行う。ほとんど自宅で作ってくるが、教会の厨房を借りてお膳にあげるものを作ることもある。伝統仏教では布施（高額）をするだけで、寺側がお盛りものを準備するが、佼成会では自分たちが買い物をして真心で作り上げなければならないという。飯と汁、酒、餅、ナムル、

写真 2-23　新教会道場の戒名室での追善供養（2018 年 筆者撮影）
2007 年にリノベーションされた戒名室では、軸装本尊から仏像の本尊に変わった。総戒名は押入れの中にある戒名入れに収納されている。ここでは見えないが、左手の壁に旧道場の宝前から移動した開祖・脇祖の写真がかかっている。

魚一匹、果物、花である。菓子は自由にしている。韓国式ではナムルでも五種類、果物でも五種類準備するが、佼成会では簡素にするようにしている。追善供養は、戒名を読んで供養をする。四〇分から一時間かかる。頼んだ人も一緒にお経をあげ供養する。総供養とは、特定の一人の故人ではなく、三代までさかのぼる複数の先祖の供養をするので、一時間以上かかる。なお、追善供養も総供養も日本でもやっているが、戒名室でやるのは韓国独自である。(写真2-23参照)

これまでみてきたように、佼成会式の先祖供養、とりわけその基本である総戒名の祀りこみは、韓国の宗教文化との関係で難しく、かといってこれはゆずることのできない佼成会の教えや宗教実践の根幹にかかわるので、説得と受容しやすいような独自の工夫が行われた。そして近年の少子化、未婚化、キリスト教への改宗者の増加といった韓国社会の変化が、佼成会式の双系の先祖供養の受容の追い風になっていることを示した。

次節では、韓国人信者の側からの外来宗教である佼成会についての違和感についてみていきたい。

三　韓国人信者からみた文化的違和感とその理解

韓国人信者は、日本から来た宗教である佼成会についてどのような違和感をもっているのであろうか。二〇〇七年八月に教会道場で行なった大法座でのインタビュー、および儀旺支部の金美慶支部長宅での一四人の信者からのインタビュー、および二〇〇八年二月に行った文書部長の成淑姫からのインタビューをもとに、彼女たちの意見をみていくことにする。なお、この中にはごく少数新入会員も含まれているが、ほとんどが幹部(支部長、主任、組長)である。

（二）日本から来た宗教であること

「日本からの宗教だということで、人を連れて来にくいことがある」、「日本からの宗教というより、法華経はインドから来た。佼成会の法華経は人を変えますといった言い方をする」といったように、「日本の宗教であること」を前面に出すことはしにくいようである。なお、「入会した後、日本の宗教だとわかった。心の中では日本は韓国を侵略したと思っていたが、佼成会の教えを聞いてから、そういう気持ちがなくなった」と述べている人もいる。

開祖、脇祖の写真への違和感

日本からの宗教であることを言わなくても、道場に入ると日本のにおいがする。まず、抵抗を感じるのは、開祖庭野日敬と脇祖長沼妙佼の写真である。この写真は前述したように、妙佼には日本の着物ではなく、洋服を着せたものである。旧教会道場では宝前に向かって左に庭野日敬、右に長沼妙佼の写真を置いていた[6]（前掲の写真2-1参照）。

「最初は開祖さま、脇祖さまの写真があったので、自分は傷ついた。人に伝える時に、佼成会が伝統仏教と違うことや、開祖さまの写真があることでひっかかっていた」、「写真があると、人間を神のようにあがめる、恐いインチキ宗教にみえる。今は開祖さまがすばらしいことがわかるが、写真があるために（インチキ宗教と）間違わせてしまったら申し訳ない」、「（宝前の）仏さまの横に写真があるということで、仏の教えではなく、この人達を敬うのかなぁと錯覚させる。今ではあってもよいと思うが、新しい人を連れて来た時、誤解させる」、「写真があることに以前違和感があったが、信仰が深まるにつれてそれはなくなった。しかし、新しい人を連れて来ると、伝統仏教の人からはなぜ写真があるのかと言われたので、ないほうがよい」。

このように、宝前の左右にある写真は、「日本の宗教」ということ以外にも、個人崇拝を奨励するあやしい宗教のようにみせてしまうようだ。なお、この写真は、教会道場のリノベーション後は戒名室に移動した。

黒の礼服への違和感

韓国の伝統仏教には尼僧も大勢いるが、法衣はグレーである。佼成会では導師、脇導師はもとより式典の時に主だった人は、日本式の黒の礼服を着る。これにも違和感がある。

「違和感があるのは、お役での式典の作法。歩き方、作法のあり方が厳格だ。また、黒い服にも違和感がある」、「佼成会に最初来た時、家庭的な温かみを感じた。しかし、黒服を着て、ご供養するのをみて怖かった」、「伝統仏教ではグレーの服なのに、佼成会では黒の服。服をグレーの韓国式に変えてほしいと思う。儀式儀礼の時に、韓国の尼僧の衣を着たほうがよい。よく来る会員は見慣れているのでよいが、新しい人を導く時、違和感がある[7]」。

その他の違和感

「ご供養や式典のあとに、『仏さま、開祖さま、会長先生、あ

写真 2-24　式典での導師・脇導師の退場の様子（2009 年 筆者撮影）
黒の礼服を着、おたすきをかけ、所作には作法がある。

りがとうございました』と言うのには慣れなかった」、「ご宝前の飯水茶の茶碗は韓国的ではない」。

金支部長は「おたすきはみんな最初おかしいと思ったと思う。南無妙法蓮華経の意味を説明し、私たちは在家だから、袈裟を着用することができないが、おたすきは、その代わりのものであるという説明をする」と言う。

(二) 韓国の伝統仏教と佼成会の違い

ところで、佼成会も仏教系の宗教であるが、伝統仏教との違いはどこにあると信者はみているのであろうか。

伝統仏教と佼成会の相違点

「儀礼が違う。韓国の仏教は五体投地をして祈る。佼成会では数珠を持って読経供養をする（写真2-25、2-26参照）」、「伝統仏教では三〇〇〇回の五体投地をする。お坊さんの説法をビデオで見るところもある。お坊さんが信者のところに行くこともあるが、法座や『結び』はない。佼成会のようにドロドロのところまで人前で出すことはしない」、「伝統仏教では（信仰深い人で）月に一日と一五日にしか行かない。普通の人は花まつりの提灯をあげるくらいだ。生活仏教化したお寺では頻繁に行く場合もあるが、佼成会のように毎日のように道場に出ることはない」、「佼成会で（道場）当番にあたった時は、午前八時三〇分から午後三時まで道場に出る。佼成会に毎日出ることを家族に理解させることが大変だ[8]」、「伝統仏教では、午前四時三〇分、午前一〇時、午後六時に祈りがある。それにあわせて行ってお祈りをする。お坊さんの法話は毎日はない。伝統仏教では昼食の用意をするのは専門の人がいて、その下で信者が手伝う」、「伝統仏教では、一生懸命する人以外はご宝前に近づけない」、「お寺ではお金を出せば、（祈願儀礼を）お坊さんがやってくれる。佼成会では自分でやらなければならないので大変だ」、「伝統仏教では、坊さんに頼み、祈祷代をわたす。名と生年月日を言う」。

写真 2-25　ソウル市内の曹渓宗の寺で五体投地をして祈願する人々
（2007 年 筆者撮影）
仏像はキラキラした金色である。

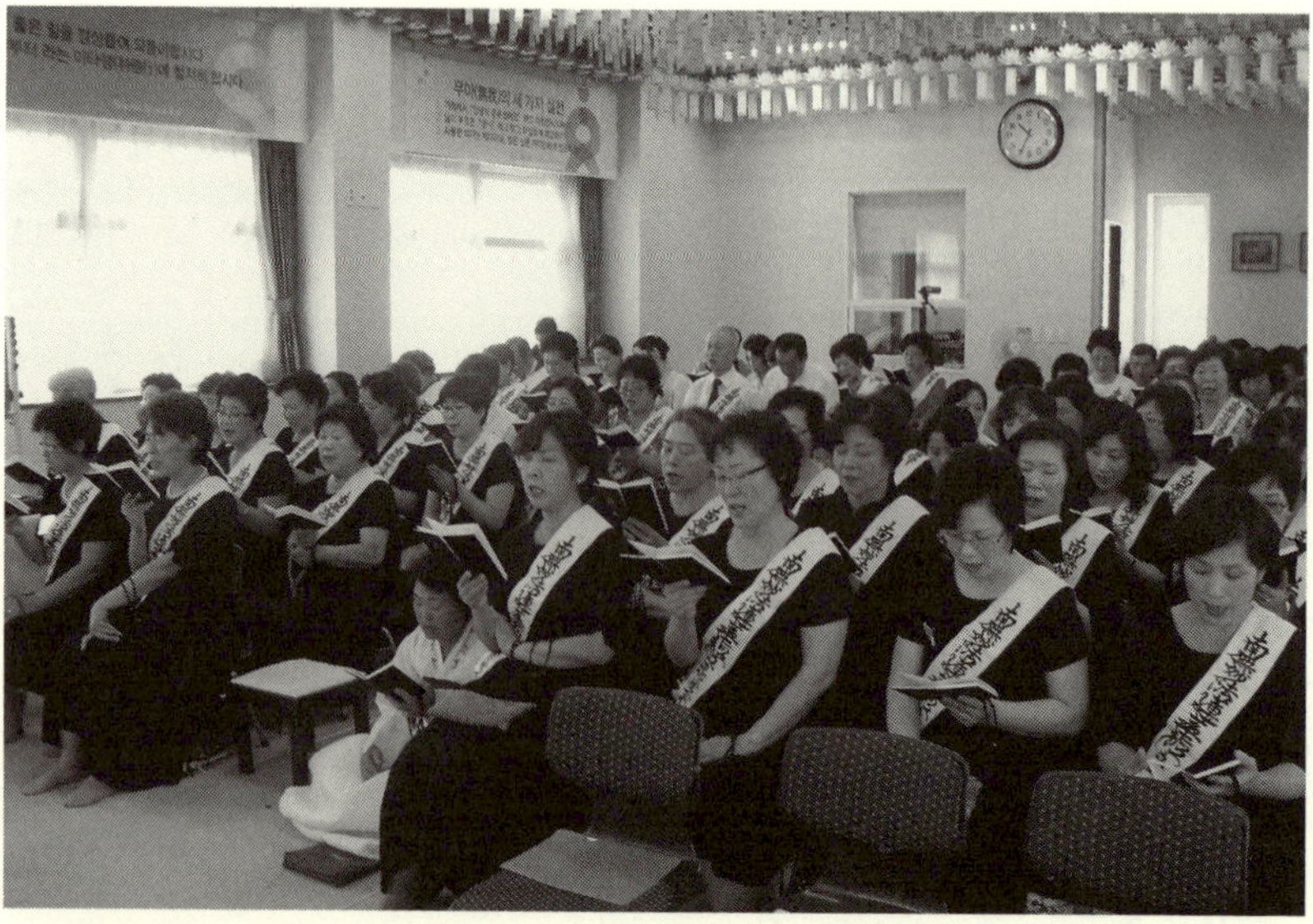

写真 2-26　道場での読経供養（2009 年 韓国立正佼成会提供）

佼成会に入って驚いたことは何かという問いにも、「人にやってもらうのではなく、自分でやるということへの違和感」が述べられている。ある新入会員は、「自分でやるというのは驚くより、大変だ」と語る。「お坊さんにお願いして、祈祷してもらうというのではなく、自分で祈願供養をし、法座に座る」という、自らが行じることが驚きなのである。

「佼成会では、みんなが心配りをしてくれて、自分の心を汲み取ってくれる。相手の気持を配慮し、寄り添う。ほかのお寺ではこのようなことはない。ミスをしてもミスをかかえてくれるのではなく、悪い噂になる」、「支部長、主任、組長の仏性礼拝する姿、言葉づかい。法座に座った時、離婚問題の話が出た。そんな話をするのですか、と言ったら、あなたも法座に座ったら出てくると言われた」。カトリックの人で、入会したばかりの会員は「光州からソウルに嫁いで来た。娘が洗礼を受けるというので、自分もカトリックに入った。実家の母もカトリックだ。自分は夢を見ると夢のとおりになる。勘が鋭い。それを誰かに言いたいが、寺に行っても言えない。ソウルに引っ越したら知っている人もいない。法華経の勉強をする所ということで佼成会に来た。日本のにおいがする。韓国の寺ではない。日本の寺だ。人前で問題をさらけだすことはできない。いつかは心を開いてできる時が来るかもしれない」と述べている。

儀礼の違いのほか、佼成会では頻繁に道場に足を運ぶこと、伝統仏教では僧が法話をするが、佼成会では上位の人の話ばかりではなく、自分の問題を赤裸々に出す法座があること、自らが儀式儀礼を行なうことなどが言及されている。

佼成会の教会長と韓国の僧侶との違い

それでは、教会長（李福順）と伝統仏教の僧との違いをどのようにみているのだろうか。「教会長さんは自ら生活実践している。伝統仏教のお坊さんは上のほうから言うが、佼成会は生活実践だ」、「同じ仏の教えなので、お坊さんも教会長さんも同じ。お坊さんは生活実践がないから、心の近くに入らない。実践で人を感化するのが違う。お坊さんに対しては拝んだりするし、距離感がある。教会長さんはお母さんみたい」、「お坊さんの話は形容詞（きれいな話）、教会長さんの話は聞いてすぐ動ける生きている法門だ」、「お坊さん、牧師さんの話はいい話だなで終わる。自分のものにはならない。佼成会は自分のものになる。どう実践するかを教えてくれる」、「最初はなぜあんなことまで、教会長さんが人の前で言うのかとおかしかった。すべてが自分だということは納得した」。

伝統仏教の僧侶に比べて、佼成会の教会長は身近な存在で、かつ具体的な生活実践とむすびついた指導が行われていることがわかる。しかしながら、他方、教会長の指導は日本式（日本の佼成会式）である。それは初めから受け入れられたものでもなかった。

（三）　指導における違和感

「伝統仏教と比べて佼成会で言われることには違和感があった。今はその理由がわかるけれど、素直になりなさい、ハイと言いなさい、言い訳をするなと言われ、共産党かと思った。子どもの教育で、何で逆らうのか、素直になりなさいとは言うが、（韓国では）ほかの場面で素直になりなさいという言葉は使わない。信仰の中で、素直になりなさいということに慣れていなかった。伝統仏教では心を無にしなさいとは言うが、素直になりなさいはない。私はしばらく活動を休んだあと、二〇〇六年一〇月に主任というお役で戻ってきた。苦労した。戒律を守らなくてはならない。道場に足を運ばないといけない。適当にできることも適当にできない。後ろ姿（自分の行動やあり方）が下のラインの人や導きの子に影響する」。

「佼成会では時間がきちんとしている。また報告をしなさいと言われる。私の場合、今でも難しいのが報告だ。報告が徹底的にできない。家庭の中では一番上でリーダーなので、上の人に報告するということはやっていないので、充分やれていない」。

「わかりにくかったことは、『報告』だ。ある人を悪く伝えなければならないこともある。あまりにガラスばりだ。プライバシーの問題もあるのに報告しなくてはいけないのか。そこに手どりに行ってきましたという報告はいいが、この人はこう言っていましたというようなものは、最初はおかしいと思った。日本の民族性と韓国は違う。報告というより悪口を伝えるような感じだった」。

支部長と文書部長はこの点について次のように述べている。

「報告・連絡・相談というホウレンソウを知らないで生きてきた。支部長のお役のおかげで、下の人が連絡してくれないと心配なことが体験としてわかった。韓国では『報告』の習慣はない。無事着きました、これから行きますと言うこともしない」。

「報告、『お通し』をやるようにさせるのが難しい。我が強く、なかなかやらない人もいる。人の姿を見て、自分たちの修行として取り組む。また、佼成会の組織は、教会長―支部長―主任―組長といったラインの組織だが、家庭の主婦はこうした組織活動に慣れていない。みんな勝手にやりたいところがある。このラインがはっきりわかれば、先輩、主人、親を立てるのもわかってくる」。

いずれにせよ「連絡」には慣れない人は多いが、時間をきっちりすることは、存外よい効果をあげている。「時間が正確なのはよい。リズムがはっきりする。時間を細かく分けて使うので、充実して使える。やっているうちにだんだんとできるようになる。きっちりやったおかげで、家の中がきっちりと整ってくる」のである。

（四）総戒名の祀りこみ

総戒名の祀りこみへの抵抗

双系の先祖観の受容いかんにかかわらず、総戒名の自宅への祀りこみには、大変抵抗があることは先述した。総戒名は、幹部である組長以上は自宅に祀りこんでいる。しかし、彼女たちもすんなり祀りこんだのではなく、初めは周囲の目を気にしたり、反対されたりしている。

「最初、抵抗があった。戒名室に祀るのはよいが、家に祀るのはいやだった」、「家に何か祀る習慣は韓国にはない。仏像を祀ることもしないし、置物としても置かない。お坊さんからもシン入れしていない仏像を変に祀ったら、変なもの（霊）が入るのでいけないと言われる」。このように韓国では家の中に何かを祀る習慣がない。また、祀りこみをしたあとも周囲から反対されたり、人目を気にしている。

「友達が来て、何であんなものをムーダンみたいにあげるの？　と言われたことがある。周りにそう言われるのがいやで、負担になったことがある。友達やクリスチャンの親戚が来ると、飯水茶をとり、鉦をしまう」、「家には総戒名とご本尊を祀っているので、それは何かと聞く人もいる。誰か来ると聞かれるので、それが一番いやだった」、「総戒名を祀った時、伯母が家に遊びに来ていて、すごく怒られた。家の中にゴタゴタがなくなるように祀っていたのに、鬼神を祀って何がいいんだと言われた。その後、嫁姑関係がよくなったので認めてくれた。親孝行する姿を見て、認めてくれるようになった。総戒名があるので、自分も感情をコントロールした」。

総戒名を祀りこんだら、ゴタゴタがなくなり、家の中が整うという言い方がされているようである。「方便で、祀ったら家の中が整うと言われた。ある家の追善供養に行った時、すばらしいと思った。それでやってみたいと思って祀りこんだ」。

このように、総戒名の必要性は理解するようになっても、自宅に祀ることは大変な抵抗があることがわかる。

双系の先祖

総戒名には夫方妻方双方の先祖を記載するが、双系の先祖供養については親世代からの疑問が呈された。

「夫の親からは、なぜ嫁の先祖までもってきてやるのかと言われた。総戒名を祀る前は親の実家の苗字(本貫)がわからないくらい、実家に対しては関心がなかった。嫁に行ったら夫方だけ。佼成会に入会して両家の先祖供養をするということがわかった」、「私の父は儒教の教えを徹底していたが、佼成会のおかげで両家を祀ることは本当のことだと納得した。父は自分は儒教をやっているけれど、いいことだと認めてくれた」。

追善供養・総供養

追善供養、総供養は、総戒名を祀りこんでいる家では自宅で、そうでない場合は戒名室で行う。悩みの相談にのっているうちに、先祖が成仏していないのがわかるという。苦の現象を見て、「先祖にそういう人がいないですか」と幹部は信者に尋ねたりする。「過去帳に載せるために、先祖を調べた時、いろいろな先祖がいることがわかった」りする。「父の本妻が亡くなって追善供養をしたら、教会長さんが調和を得ずに亡くなった寂しい人がいると言った。自分もそうだった。家族の中で調和をとっていかなければならない」と気づいたりする。総戒名の自宅への祀りこみには抵抗があるが、総戒名を戒名室に祀りこんだ時には、まずは三代前までの先祖の総供養をし、特定の個人に関しては追善供養を行うが、これらに対しては、それほど抵抗はないようである。つまり、韓国佼成会にとって、一番のネックになっているのは、総戒名の「自宅への祀りこみ」であるということがわかる。

（五）道場リノベーション後の変化

ところで、教会道場は二〇〇六年六月から約九ヶ月をかけてリノベーション（柱と床のみを残しての大規模増改築）した。以前の道場と比べて、いくつかの変更点がある。儀式儀礼にかかわることでは、宝前にあった開祖、脇祖の写真を戒名室に移した。白木の仏像から金色の仏像になった。命日を日本に準じて、一日、四日、一〇日、一五日（二八日は幹部会議）に変更した。建物の構造としては、エレベーターをつけた。昼食を食べる場所を地下から最上階の四階の明るい場所に移した、ということがある。また、リノベーション中に宝前をマンションの一室に移したが、狭いため、参拝者に昼食を準備して出すことはせず、弁当持参とした。ここでは、写真の移動、仏像の色の変更、命日の変更、弁当持参の四点について、信者の意見をみていきたい。

宝前の開祖、脇祖の写真の戒名室への移動

年配の女性の一人は、「ご宝前の横にあったほうがよかった。あればすぐ挨拶できる。報告やお願いができる」と述べたが、ほかの人は総じて「新しい人を連れて来ると、伝統仏教の人からはなぜ写真があるのかと言われるので、ないほうがよい」という考え方である。信仰が深まるにつれ、違和感は減少するが、布教のためには写真は宝前に掲げないほうがよいと、戒名室への移動は肯定的である。

大本尊（仏像）の色の変更

教会の大本尊の仏像はリノベーション中に日本に送り、自然な木の色をいかした仏像から、金色の仏像に色を変えた。個人に与えられる本尊はブロンズ色と金色があり、アジア圏では文化的に金色が好まれるので金色の本尊が下付されていた。韓国教会の大本尊は金色ではなかったので、この機会に色を変えたのである。

「華麗になったし、仏さまが明るくなってよい」、「以前の大御本尊の木の感じを生かした色彩は、自然で純粋な印象を受けた。今回金色の色をつけたので、光がそそがれるようで自分の心も光にあふれる。伝統仏教の仏像はもっとピカピカだが、佼成会のはやさしく上品な感じ。伝統仏教の仏像のキンキラキンの色とは違うのは佼成会の教えではないか。つまり、理想と現実のあいまいさを表すのにちょうどいい。佼成会本部で選んだいい色ではないかと思う。自分たちも一段階大人になった感じがする。自分としてはキンキラキンの仏さまは願っていなかったが、色が変わってうれしい」と支部長は述べている。宝前左右に掲げられた開祖・脇祖の写真のように拒否感はないが、金色でない仏は異国の仏を表していた。

命日の変更

二〇〇七年三月から、教会命日は一日(初命日)、四日(開祖命日)、一〇日(脇祖命日)、一五日(釈迦牟尼仏命日)に日本の佼成会に準じて変更された。二八日は幹部会議の日とした。これまでは一八日(薬王菩薩命日)、二八日(教会命日)があったが、日数が少なくなり、かつ月の前半に集中するようになった。これについては、「一五日から月末までが長い。教会に来る人は来るが、普段来ない人はご命日が少なくなって来なくなる」という考え方が大勢を占める。

「ご命日が月の後半にないことは、支部ごとの会議を行ったり、全面的に手どりをする時期としてよいこともある」と述べる人も中にはいるが、これは教会のリノベーション中に、仮道場が狭かったので、外に出て、手どり(会員の世話)に力を入れたことが、このような発言につながっているといえよう。手どりの内容は、個人宅での追善供養、総供養、足が悪くて出てくることができない人の家への訪問、開祖生誕一〇〇年の日本への団参のための手どりなどであった[9]。

昼食用の弁当持参の一時的定着とその顛末

韓国の伝統仏教では、参拝者に昼食を出す。佼成会でもそれに準じて、道場当番が毎日数十人分の昼食を作っていた。昼食を出さないと来ないのでは、と言われるほど、昼食を出すことは仏教寺院の慣習として根づいたものであった。リノベーション中の臨時道場が狭かったので、弁当持参となったが、道場が新しくなってもそれが継続されたことは画期的なことだった。道場当番のうちの昼食担当者は、供養のあとの法座に出ることもできず、昼食の準備をしなければならなかった。

それでは、二〇〇七年四月の入仏落慶式から四カ月後に行なったインタビューから弁当持参についての意見をみてみよう。インタビューをしたほとんどは幹部だったので、新入会員を道場に連れて来た時に昼食を出さないことについての対応と、昼食を弁当化することで楽になったということへの言及がある。

「臨時道場で弁当になり、あのような環境（狭い）なので弁当なのかと思ったが、今新しい道場になってからも弁当を持ってきている。（道場に参拝する時には）一〇〇〇ウォン（約一〇〇円）

写真 2-27　新しくなった教会道場の 4 階の食堂で、弁当持参で昼食をとる（2009 年筆者撮影）

お布施をして、修行をしながら昼食をいただいて申し訳ないという気持ちは前からあったが、未会員の人から、なぜ弁当を持って行くのか、寺がご飯をくれる(昼食を出す)のは当然なのにと言われた。その時に自分が言ったのは、(一〇〇〇ウォンよりも昼食代のほうが高いので)仏さまに迷惑をかけて、世話してもらうのではないかと言ったら相手が納得した」。

「家が遠く、子どもが小さいので、弁当を作って持って行くのは不満タラタラだった。しかし、支部長の話を聞くと、(道場)当番が食事の準備をすると、ご供養にも出ることができないし、法座にも座れない。当番が昼食の準備のためにほかの修行ができないということでなるほどと思った」。

もっとも、弁当持参といってもキムチと味噌汁は教会から出す。当番が味噌汁を作るが、前日に野菜を切ってあるので、味噌汁の準備は二〇分で終わる。以前はおかずも作るので二、三時間かかった。「伝統仏教のお寺で出る昼食は、ナムルと味噌汁くらいで、なかにはそのご飯代をとるお寺もある。以前、佼成会で出していたものは伝統仏教より高級だった」という。

昼食が出ないので新しい人を連れて来にくいのかという問いには、「キムチと味噌汁は教会で出してくれるし、ご宝前からおろしたご飯もある。新しい人にお弁当のことは伝えられないので、その人の分までよけいに作って持って来る人もいる。ラーメンもストックがあるからラーメンをつくったりもする」。

「弁当は家で作って持ってくる。たまにはキムパフ(韓国式のり巻)を買って持って来る人もいるが、ほとんど手作り。そうすると朝起きるのが早くなり、家庭でこうしてああしてと言われても積極的にパパッと行動ができる。山に行くから弁当を作って、と言われたら、すぐ弁当が出来る。日頃弁当を作って教会に来ているから」という。サラリーマンの夫に弁当を持たせることは韓国では一般的ではなく、子どもは学校で食べるので、弁当を作ることは家庭ではほとんどない。

弁当が定着した理由は、昼食を作る当番の負担が軽減されたことである。「個人個人が弁当を持って来るので、全体的にこしらえたり、お茶碗を洗ったりしないので楽」であり、「前のように当番で昼食を作る気はあるか」という問いには「もうできない」とみなが笑いながら答えていた。個人個人が弁当を持って来て、新しくなった教会の最上階で見晴らしのよい部屋で、おかずを分け合いながら食べている。

「道場当番の回数は以前と変わらないが、お昼の食事を作らなくてよい分、ご供養に入れるし、法座に充実して座れる。修行ができるようになった」のである。

このように、昼食を出すという伝統仏教の寺の習慣は変えることができないかと思ったが、新しく食堂ができ、炊事場が整備されたのにもかかわらず、リノベーションを機に弁当持参が定着し、昼食の準備に時間をとられなくなり、供養をする、法座に座るという本来の修行の場としてのありようが強化されたかのように二〇〇七年当時はみえた。

以上のように、教会のリノベーションのために長期にわたって、教会道場が使用できなかったことを契機として、新道場では、開祖・脇祖の写真の戒名室への移動、本尊の金色への塗り替えによって外見上の日本色を薄め、韓国の事情に即した変更が行われた。これはポジティブな変化である。また、エレベーターがついたこと、食堂が地下から最上階の見晴らしのよい四階にうつったことは、構造上も利便性が高まった。反面、命日の日にちを日本の本部に合わせたことで月の前半にかたより、一般信者にとっては道場に足を運ぶ回数を減少させた。

また、弁当持参については、リノベーションからあまり年月が経っていないときには定着するかにみえたが、結果としては定着しなかった。それがいつごろからそうなったのかについては幹部の記憶では知らないうちになくなったということで年月は特定できなかったが、二〇一一年ころにはやめていたとのことである。なぜ定着しなかったのかということを韓国人幹部に尋ねたところ、以下のような答えが返ってきた。韓国には弁当文化はなく、寺に行くと昼食が出るのは当然である。新しく来た人は弁当を持ってこないので、昼食がないと人を誘いにくい。また、食材については命日のお盛物をさげたものがあり、教会で追善供養をすると食べ物が出る。なお、追善供養はかなり頻繁に行われている。昼食の準備と法座への参加は両立しにくく、かつては宝前にかかわる役と食事担当を分けていたが、二〇一八年時点では当番が人手不足なので、お役の人と食事の担当者を分けることが難しくなっている。そこで、昼食の準備を早めにするなど要領よく工夫して、できるだけ法座にも座れるようにしているという。伝統仏教方式から脱することができると思われたが、伝統は根深かった。

おわりに

韓国佼成会においては、日本発の宗教が韓国という異文化で展開していく際、反日感情の存在ゆえに意識的に日本的な部分を稀釈し、さらに現地の伝統仏教の様式を採用することで、文化的異質性を軽減しようとしてきた。（とはいえ、筆者がみる限りにおいては、韓国佼成会はかなり日本的な雰囲気をかもしだしている。）また、これまで検討してきたように、日本では入会の基本条件である総戒名の祀りこみが、韓国においては非常に抵抗があることがわかった。こうした根幹にかかわることは、総戒名の戒名室への安置というかたちで、状況適合的に工夫して対応した。異文化布教の課題を考えるにあたって、韓国の場合、通常の課題以外に、反日感情の存在という特別の課題があり、また、隣国として共通の文化的背景があるやにもみえるが、総戒名の祀りこみへの抵抗をはじめとして、慣習もずいぶん異なることがわかった。しかしながら、韓国佼成会は日本の佼成会の教えや儀礼の根幹にかかわることは守りつつ、現地の事情に合った工夫をしている。これには、幹部信者とのコミュニケーションをよくとり、日本、韓国の両国の文化を理解し、言葉の壁も越えた李福順、李幸子の存在があればこそ、現地信者のニーズや感情を汲みあげていると思われる。

本章では、儀礼や儀式にみられる文化的違和感とそれへの対応、そして韓国人の思考様式や行動様式も踏まえ、異文化布教の適応課題についてみてきた。二〇〇六年から二〇〇七年にかけての教会道場のリノベーションは、組織的にも大きな影響を与えた。そこで第三章では、これが契機として起きた三支部のうち二支部の支部長の交代に至らせた事情と、三人の支部長の教えや実践の受容の様相や葛藤についてみていきたい。

注

1 ブラジルにおける日系新宗教運動の課題として、筆者はⅠ拡大課題群、Ⅱ適応課題群、Ⅲ定着課題群、Ⅳ組織課題群を挙げた。詳しくは、渡辺二〇〇一、八―一二頁を参照のこと。本稿では適応課題群にかかわるものを扱っている。

2 守護神勧請のためには、本尊を勧請した導きの子が五家以上ないといけないが、この条件にあてはまってもすべてが勧請するわけではなく、韓国佼成会で守護神を勧請したのは、李家(教会長宅)以外に三家だけである。いずれも親戚に佼成会幹部の在日コリアンがおり、日本式、神道形式のものに抵抗がない家である。

なお、二〇〇八年三月の創立七〇周年記念式典で庭野日鑛会長が、入会した全会員に対して本尊および法号の勧請を発表した。これまでの総戒名にかわってそれが含まれる額装本尊(教会勧請本尊)が勧請されることになったのである。これと同時に守護神の勧請を行わなくなった。それまでは、入会するとその世帯に総戒名を祀り込み、本質的な救われがわかるようになると本尊像を勧請し、幹部となると守護神を勧請していた。守護神は真の法華経行者を守るとされ、それを頂くということは真の法華経行者(幹部)の証であるとされていた。なお、拝受の順番は本尊像に次いで守護神であった。しかし、これは守護神が本尊の上位ということとは意味しない。本尊はこの世界全体とも言えるダルマの象徴であり、守護神はそのダルマの働きのひとつであるので、本来的にはすでに本尊の中に含まれているという解釈のもとで廃止されたのである。(国際伝道部次長竹谷直樹氏の教示による。)

3 韓国の主な仏教宗派には、曹渓宗(三九・〇%)、太古宗(三一・〇%)、天台宗(八・〇%)、法華宗(五・六%)、綜和宗(五・一%)、一乗宗(〇・九%)がある(カッコ内は信徒総数比、一九八三年)。太古宗のみ、妻帯を認めている。最大宗派の曹渓宗を例にとると、①伝統的戒律に立脚して結婚をせず、僧侶は文字通り親の下を辞して仏門に参じた人々である(出家)。②寺院は地域社会に根ざした檀家制度をもたず、葬礼にかかわる菩提寺の機能をもっていない（荼毘が李朝以来の人々の習慣にそぐわないこともあって、仏教はほとんど葬送に関与していない）。③人々が招福除災・来世往生を祈願することに変わりがないが、それは何よりも日々の生活局面で展開される日常の信仰である。④人々は足繁く寺に通い、大雄殿（仏殿）に跪拝する。⑤休日ともなれば、終日、人々は仏殿や境内に集まって、近しい僧侶を訪ねる。勿論、個人の供養は宗教に関係なく、盛大に行われる。⑥寺院は信徒の寄進を主財源としている。僧侶が労働にたずさわることはない。寺には僧侶以外に日常のことをする独身信徒（多くは女性）数人が起居している。⑦仏教は中高年、女性層に支持されてきた伝統がある。［金一九八五、一九六—二〇二］

4　不遷位とは、李朝時代とくに功績のあった臣下や学者に対し、王から永代祭祀を認められたものをいう。［伊藤一九八五：一一五］

5　族譜には、始祖以下判明しうる父系子孫の名（字・号・諡を含む）、生年月日、官位、事蹟、没年月日、墓の位置、妻の父や官職のある祖先の貫姓や官位、妻の墓の位置などが整然と記されている。なお、女性は既婚者のみ、その夫の貫姓と息子の名、娘の数が記されている。したがって女性本人の名はどこにも書かれていない。族譜はほぼ一世代ごとに改訂版が出される。［伊藤一九八五：一一五］

6　伝統仏教では写真を宝前に飾ることはない。ただし円仏教では宝前に向かって右の横の壁に創設者の写真を掲げてある。円仏教は一九一六年に朴重彬によって創立された宗教で、「〇」と象徴される法身仏一円相を信仰対象としている。教化、教育、慈善の三大事業を積極的に推進している。

7　教会長の李福順は黒い礼服について、「いくら隠しても日本からの宗教であることがわかるなら、ザックバランに出したほうがよい。グレーの韓国式の服に変えても、妙佼先生の写真に着物をやめて洋服を着せたようなものだ」と述べている。

8　教会は六のつく日は基本的に休みであるが、それ以外は毎日開いている。教会が開いている日は、三支部が分担して道場当番を担当する。したがって、毎月およそ七日間は自分が所属する支部の当番となる。宝前の「お役」が三人、戒名室の当番が一人、放送の「お役」が一人に支部長である。宝前の「お役」とは、宝前を整えて、飯水茶の給仕をし、花をきれいに整え、朝一〇時に始まる供養で、導師（主任クラス）と脇導師（二人、主任、組長または班長）をする役である。導師、脇導師は交代交代で行う。自分の支部が担当の場合は、支部会員は応援に出る。午後は戒名室での総戒名の祀りこみと安置のほか、総供養、追善供養、水子供養などが毎日一件か二件ある。

9　リノベーション中に、教会道場という場がなくなって、足が遠のく人も相当数出た。また、三支部あったが、支部長の力量が明白になったという結果も生んだ。

第三章　支部組織の転機と三支部制初代韓国人支部長の信仰受容の諸相
――教会道場のリノベーションが与えた影響に着目して

はじめに

本章では、二〇〇五年以降、二〇一四年前半までの約一〇年間の展開について主に論述する。韓国佼成会では二〇〇六年から二〇〇七年にかけて、柱と床のみを残して教会道場のリノベーション（大規模増改築）をし、およそ一〇カ月にわたって道場が使えなかった。旧道場は地下一階、地上三階で建坪一八〇坪、新道場は地下一階、地上四階で建坪二一〇坪になった。この間、近隣のマンションの一室に仮道場をおいたが、一五坪の1LDKの部屋であったため、従来のような活動は行うことはできなかった。このことが韓国佼成会に与えた影響は大きい。二〇〇二年一二月に李福順が教会長に就任し、ソウルにおいて三支部体制（このほか釜山にも一支部ある）が敷かれたが、この全面的なリノベーション工事はソウルにおける支部組織自体を揺るがした。これを一つのきっかけとして三支部のうち、二支部が支部長を交代するという状況になった。危機をうみもしたが、韓国佼成会が新たな段階に向けての出発にもなった。

第一節では、教会道場のリノベーションが教会の支部組織に与えた影響について述べる。また、二〇〇九年の李福順から李幸子への教会長の交代についても言及する。第二節では、城北支部の前支部長である朴鍾林の信仰受容のあり方と支部長を降りるまで、およびその後の展開について言及する。第三節では、龍山支部の前支部長である盧承元の事例を扱う。第四節では、唯一支部長を継続している金美慶の事例について、信仰受容の諸相に加えて、佼成会と伝統仏教の違い、支部会員の育成の仕方にも言及する。

韓国佼成会の場合、日本の場合に準じて、タテの布教ラインである支部長、主任、組長のほか、ヨコのラインである教会運営にかかわる総務部長、教務部長といった部長職もいわばボランティアである。また、支部長や部長職はほぼ毎日といってよいほど佼成会へ時間を使うことが求められる。

また、教会の休業日の六のつく日を除いた日には道場当番がある。道場当番は以下のスケジュールで行われる。八時三〇分、教会長が戒名当番長に挨拶。当番が飯水茶を宝前にあげる。九時、宝前お参り、戒名室お参り。九時二〇分まで担当支部朝礼。九時二〇分~九時五〇分まで教会長、総務部長、支部長、副支部長のミーティング(命日の時は主任も参加)。九時五〇分、当番(導師、脇導師、放送の役、戒名室当番)の挨拶、一〇時~一〇時三〇分まで経典読誦による供養。一〇時三〇分から開祖・会長の著書の拝読。一一時、法座(教会長が法座主。命日の時は教会長の説法が三〇分あり、そのあと支部長が法座主の支部別法座を三〇分行う)、一二時、唱題、その後昼食となる。なお、二〇一三年より、毎月二五日は供養のあと李幸子教会長による法華経講義が行われている。

一　教会道場のリノベーションと支部組織への影響

韓国佼成会の歴史については、詳しくは第一章を参照してほしいが、佼成会の韓国布教は一九七九年二月に布教拠点をもつことによって始まった。賃貸物件から自前の教会道場を現住地に建設したのは一九八七年のことで、一二月に移転し、翌一九八八年五月に入仏落慶式を行った。一九七九年の布教開始以降、日本からの派遣教会長はビザの関係で日韓を往復するかたちで布教を継続していった。李福順は在日二世で、大阪教会では組長をつとめていたが、一九八二年に初代教会長の滝口文男の依頼で韓国に戻った。韓国では一九八四年に主任、一九八六年に支部長になり、二〇〇二年一二月に韓国佼成会の理事会により教会長に任命された。同月、ソウルに城北支部、龍山支部、儀旺支部の三支部ができ、導きの数が一〇〇人以上ある朴鍾林、盧承元、金美慶が支部長に任命された。壮年部長、青年部長という性別年齢別組織もおかれているが、あまり活発ではなく、佼成会の主力は中年の女性、特に主婦層であり、支部長—主任—組長—班長というのが布教組織である。

　教会道場が建設されて一八年たった二〇〇五年に配管設備の老朽化のために錆びた赤い水が出るようになり、また、手狭にもなった。部分的に修繕することも考慮に入れたが、新しくしたい、エレベーターがほしいという会員の声もあり、日本の本部とも相談し、教会道場のリノベーションを実施することになった[1]。二〇〇六年四月には教会の大本尊像を「お色直し」(金色への色の塗りかえ)のために日本に送り、戒名室に掛けていた絵像の軸装本尊を仮道場に安置した。仮道場として近くの、教会長宅がある同じマンションの一五坪の１ＬＤＫの部屋を賃借した。五月には建設のために仮道場と倉庫に物品を移動、六月から仮道場での布教活動が始まった。

　地下一階地上三階から地下一階地上四階にするのは高度制限があったが、設計担当者が調べたところ、低い天井ならば一階増やすことができるということで、四階建にできた。食堂は地下から見晴らしのよい四階に移した。また、会員の使いやすい道場を建設するために、道場建設に経験豊かな日本の本部の知恵をもらい、韓国ではまだ少ないバリアフリー化し、手すりをつけ、エレベーターを設置した。

写真 3-1　韓国佼成会の新教会道場（2014 年 筆者撮影）
左側にハングル、右に漢字で在家仏教韓国立正佼成会と看板がある。旧道場にはハングルの看板はなかった。

写真 3-2　新しい教会道場の宝前（2014 年 筆者撮影）
旧教会道場にあった庭野日敬開祖と長沼妙佼脇祖の写真は宝前から戒名室に移動。

仮道場においても三支部が月に八〜九日当番にあたり(六のつく日は休み)、宝前での飯水茶の給仕、経典読誦による供養を行った。その後、法座も行った。導師一人、脇導師二人、戒名当番一人、放送の役一人で五人は基本だったが、支部からは大体一〇〜一五人が出て来た。しかしながら、旧道場では当番は午前八時三〇分から午後三時くらいまでいたが、仮道場は狭いため、現場での「手どり(会員の世話)」に重点が移行した。また、韓国の寺では参拝者に昼食を出す習慣があり、佼成会でもそれを踏襲していたが、仮道場では台所が小さいので、弁当持参にした。なお、追善供養等の先祖供養は主として会員宅で行うことが奨励されたが、仮道場でも午後に追善供養を実施した。個人指導や四柱推命の鑑定が必要な場合は、仮道場の隣の教会長宅で行った。

道場当番以外の支部は現場布教を中心に三〜四人が班を組み、額装本尊の祀り込み(もともと総戒名のある家は変更するのにたやすい。そうでない場合は難しい)、追善供養とそのあとの法座、会員宅訪問(手どり)に力を入れた。つまり、これまでは教会道場に参拝し、当番修行をし、教学の学習、法座などを道場に集まって行うことから、外に出ての現場布教を徹底することになった。それによって、三支部間の差が明らかになったのである。

これについて当時総務部長だった李幸子は、本部へ二〇〇七年に提出した「平成一九年次　教会布教計画書―布教伝道方針」の中の「現状・課題」という項目の中で以下のように書いている。「以前は集合教育(主に教会道場に集まり、研修、教学の勉強、大法座など)を行っておりましたが、道場の工事のため、現場布教を徹底することにより、日頃幹部と一般信者との信頼関係が厚い支部および地区においては現場布教をとおして御守護をたくさん頂戴しておりますが、今まで支部長一人が責任を背負っていた支部は、現場布教をとおして支部長の責任の重さが大きくなり、ある程度までは支部長の力が及ぶところであってもそうでないところも多く、支部のあいだの手に取るような格差が明らかになってきました。したがいまして、支部長と支部主任との役割分担がなされている支部とそうでない支部との格差のようにも見られます。特に教会長と支部長との信頼関係も重要な点でありまして、信頼の厚い支部は活気があふれ、成長も早いことがわかりました」。

現場布教に際して、追善供養、総供養、手どり、文書の勉強、法座などの一日の報告（手どり日誌）を出させた。内容は、いつ、どこで、何を行ったのか、参加者、連絡事項、法座の内容について二頁に書いて報告させるというものである。また、主任以上には毎月の活動報告書（何をどう実践したのか。成果、問題点、反省）も出させた。これを支部ごとにファイルして、他支部の報告書も閲覧することができるようにし、それを見て布教上何がポイントなのかを考える手がかりとした。

このような報告を出すことによって、支部ごとの差が歴然となった。実践レベルにおいて金美慶が支部長の儀旺支部が突出していた。道場に誘う布教から、現場を訪ねる布教に転換すると、それまでは道場という場に、教会長、総務部長という教会の中心人物がいて、そこに集合することで支部の実態がオブラートにくるまれていたが、道場という場がなくなった時に支部長の力量の差があらわになったのである。

また、道場のリノベーション中だった二〇〇六年一〇月には、世界サンガ開祖生誕一〇〇周年記念団参があり、参加者をつのる手どりもあった。また、この間、李幸子総務部長（当時）は文書部長の成淑姫（後の城北支部長兼教務部長）と協力して、『法華経の新しい解釈』（庭野日敬著）の改訂版作成に取り組んだ。

それでは次節から、道場のリノベーションが三支部の支部長に与えた影響に留意しつつ、これを直接間接的な契機として、支部長を退くことになった二人の支部長の事例と支部長を継続している事例について、以下でみていこう。二節では城北支部前支部長の朴鍾林の事例を、三節では、龍山支部前支部長の盧承元の事例を、四節では、三支部のうち唯一支部長をその後も継続した儀旺支部の金美慶の事例を取り上げる。

二　初代城北支部長朴鍾林の信仰受容のあり方

属性と入会動機

朴鍾林さんは一九四八年一月、全羅南道で生まれた。小学校卒である。夫の安基一さんは建築業（建築会社を共同経営）を営み、朴は以前は洋品販売をしていたこともあるが、主婦である[2]。

佼成会に入会したのは、一九八三年五月で、三五歳の時だった[3]。結婚前は母と伝統仏教の寺に行っていた。夫の事業のことや自身の体が弱かったので、ムーダン（韓国のシャーマン）を頼りにしてもいた。寺に行ってもムーダンに行っても「業が深いのか」これをやってもダメ、あれをやってもダメで、聖霊による治癒や悪霊祓いをするヨイド純福音教会（キリスト教プロテスタント・ペンテコステ派）で救われるかと思って通っていたが、そこでもうまくいかなかった。こうした時期に佼成会と出会った。

佼成会に入会するきっかけになったのは、在日コリアンの義父（夫の父）の勧めによる。義父は夫が四～五歳の時に妻と子どもを置いて日本に密航し、出稼ぎに行った。韓国にいる家族に仕送りはしていたものの韓国に帰ることはなく、日本に定住した。夫が義父（夫にとっては実父）から招聘状をもらい[4]、大阪に住む義父を尋ねたところ、酒飲みだった義父が真面目に暮らしていた。酒屋の店主に導かれて一九七四年に佼成会に入会し、主任の役をしていたのである。夫は佼成会で救われたという義父の体験談を聞いて感じるところがあり、また韓国にも佼成会があるので、行くように勧められた。当時、夫の仕事がうまくいっておらず、朴さん自身も病名がわからない病気で、身体が悪かった。その時はヨイド純福音教会に一年間通っていたが、結果は出ず、もうやめようかと思っていた時期だった。その時に義父から佼成会での先祖供養（佼成会式に新たに先祖に戒名をおくる。また両家の先祖を祀る総戒名を祀る）を勧められた。義父は先祖供養をしっかりした

写真 3-3　ヨイドにある純福音教会でのミサ（2007 年 筆者撮影）
1 日に何回もミサが行なわれ、会場は満杯で熱狂的な雰囲気だった。

写真 3-4　教会の前庭での音楽とダンス（2007 年 筆者撮影）

写真 3-5　教会の受付のところで祝福を受ける人々（2007 年 筆者撮影）

ら先祖が守ってくれると言った。一九八三年五月、夫と一緒に佼成会に行って入会した。もともとは仏教だったので、佼成会に切りかえるのは簡単だった。佼成会が日本の宗教だということについては、義父が日本にいたので抵抗はなかったという。李福順主任（当時）の指導で、抱えていた問題がよいように変化し、現証を得た（ご利益を得た）。

総戒名を自宅に祀り込んだのは入会一カ月後である。一九九〇年には本尊、一九九二年には入神の資格（儀式執行の中心的役割、総戒名や戒名をつけられる資格）を得、一九九八年には守護神を受けている。日本の佼成会では夫方妻方（父方母方）の総戒名の自宅への祀り込みをもって入会となる。しかしながら、韓国では先祖を自宅に祀ることには抵抗がある（第二章参照）。ところが、入会後一カ月で総戒名の自宅への祀り込みを行ったことは注目に値する。さらに守護神は神社の社の形をしたものであり、日本の植民地時代の神社をイメージさせるために、韓国では祀り込むことが難しい[5]。これらを抵抗なくしていることは、義父が在日コリアンであり、日本的なものに対する抵抗が薄かったことと関連していると思われる。

入会一年後の一九八四年に班長、一九八六年に組長、一九八九年に主任、教会に三支部制がとられた二〇〇二年一二月に城北支部長になっている。家族が全員積極的に活動し、夫は壮年部（佼成会の理事）、長男、長女、次女は青年部、さらに長女は一九九四年に佼成会の海外修養生になった（その後日本の大学院に進学し、大学に就職したが、体調不良から二〇一四年に帰国、二〇一五年末に日本の本部に就職）。朴さんの導きは一〇〇人以上で、二〇〇四年時点で直接の導きの子から、主任七人、組長八人、班長六人を輩出している。

布教のやり方

朴さんは人の顔を見ると、この人は悩みを抱えているかどうかがわかるという。導きをする時には、自分の体験談を話したり、現証的に功徳をもらった話をしたり、「二一日間の祈願供養をしたらどうですか、そうしたら結果がでますよ」[6]

写真 3-6　釈尊降誕会（花まつり）でのご供養（2004 年 韓国立正佼成会提供）
前列左から 2 番目が朴鍾林

写真 3-7　戒名室での追善供養（2004 年 韓国立正佼成会提供）
前列手前が朴鍾林

といった誘い方をする。また、四柱推命をみてくれる人（李福順のこと）がいるということも言う。方便を使って人を導く。日本からもらってきた白とピンクのお菓子（落雁）を、「これはいっぱいご供養が入っているから、病気の人におわけしたらどうか」と李福順教会長から言われて、やってみたら現証が出たとも言う。また朴さんが惹かれているのは因縁法（因縁果報の法則）である。因縁果報とは、原因があって結果があるので、自分が受ける結果は、自分が前世で、もしくは先祖が積んだものであるということだ。「先祖をみたり、周りをみると、因縁というのがわかる。離婚する人の先祖をたどると結婚を三回した先祖がいたりする」のである。朴さんの場合は、法を説くよりも「方便」という現世利益、祈願供養などの方法を用いている。接しているうちに相手が心を開いて、何か問題を持ち出した時は佼成会の話を伝えるとのことである。「これまで体験でぶつかったが、理論で裏づけられるよう、体験と理論でいきたい」と希望を述べているが、体験重視派である。また、「自分には悩みがいっぱいあったから、悩みがあった人を救ってあげたい」とも語っている[7]。

写真 3-8　城北支部法座（2004 年 韓国立正佼成会提供）
数珠をもっている人が朴鍾林、左隣はのちの副支部長の李英順、右隣は李幸子

城北支部の会員の功徳の体験における貧病争の順は、経済、人間関係、病気である。佼成会の魅力については、「以前は持って生まれた運命、相手のせい、条件のせいにしていたが、『すべて自分』と受けとめるようになった。すべてが自分だと受けとめるということは、因縁法で説いてみると納得がいく。『自分を変える』という教えがすばらしいと思う。すべて感謝で受けとめる。業、因縁を切れるということ、自分の先祖を自分の手で供養できること、そして、佼成会の教えはすべての宗教が仲良くしようとする教えだが、これは魅力、自慢になること」と答える。朴は夫の事業のことや自分の体が弱かったことで、以前はムーダンをよりどころとしていたが、今（二〇〇四年当時）は法をよりどころとしているという。

朴さんは、現世利益と関連した方便、花まつり（旧暦四月八日に行われる釈尊降誕会）の提灯への布施についてはよくやっており、毎年一〇〇個も提灯と布施を集める[8]。また朴さんは、影響を受けた人として、李福順と李幸子をあげ、間違ったことをしたら、叩かれながらやってきたと述べている。

李幸子の話によると、朴さんの信心のあり方については、慈悲かけと信心が強いこと、「そうならなかったら私が責任をとる」といったある意味での強引さがあり、また、こうしたらこうなったという体験で行く人だった。その説き方は因縁果報でご利益を強調し、また実際に現証が出たという。子どもに苦労している場合は、親不孝をしているのではないか、水子はないか、酒で暴れている人には先祖に酒飲みはいないかと尋ね、そして供養し、結果がでた[9]。朴さんはカリスマ的で人をひっぱる人だったという。

支部長から平会員に

朴さんは支部長になって四年が経過した二〇〇七年一月に、支部長はこれ以上できないと言って平会員になった（正式に支部長を退任したのは二〇〇七年四月）。その後も会費は納入し、花まつりの提灯の奉納は行っている。支部長を降りることになったきっかけは、教会道場のリノベーションの工事を行なうにあたって、建築関係の会社を共同経営していた夫がその仕事をとれるのではないかと思っていたが、それが別のところに発注されたことによる。この工事に関しては、五つの会社が候補にあがり、韓国佼成会側はそのうち三つの会社の担当者の面接をした。最終的には日本の本部が専門的な観点から建築業者を選定した。朴さんの夫の会社は、候補に挙がったもののなかでは一番規模が小さかった。けれども、道場建設に対する情熱、孫子の代まで自慢できるようなものを作りたいという気持ちが強かったとのことである。朴さんの夫は韓国佼成会の理事だったが、仕事がとれなかったことにがっかりし、教会には来なくなった。当時総務部長で工事全体をとりしきった李幸子によると、このことをきっかけに朴さんとの距離が遠くなったという。朴さんは李福順を慕っていたが、そこにも距離ができた。開祖誕生一〇〇周年の世界サンガ記念団参には朴さんは行ったが夫とその親戚は行かなかった。また、ほかの支部に比べて城北支部の参加者は少なかった。平会員になってからも行事や命日には来ていたが、来る日数が減った。建築がすすみ、教会道場の全体像が見え、みながいい建物だとほめるようになって、朴さんは教会に来なくなった。とうとう二〇〇七年一月に支部長を降りると言った（新教会道場には翌二月に引越し）。朴さんの夫は韓国佼成会の理事[10]を辞任した。なお、朴さんはその後、夫が体をこわしたこともあって、夫の故郷（全羅南道務安、ソウルから七～八時間）に戻り、ソウルと行ったり来たりすることになった。

朴さんが支部長を降りたのは、建築の仕事を夫の会社がとれなかったことでの夫と教会の間で板ばさみになったこと加えて、リノベーションの期間中には、活動報告を出すよう要請されていたことが負担だったこともある。朴さんは小学校しか出ていないので書くことに慣れていなかったため、報告を書くことが難しかった[11]。

朴さんが教会道場に来ないので、購読会員、花まつりの提灯の布施だけの人は足が遠のいた。また、主任・組長で当番に来なくなった人も出た[12]。

城北支部のその後

二〇〇七年に朴さんが城北支部の支部長を降りたあと、儀旺支部所属で、二〇〇三年から教会の文書部長だった成淑姫さん（一九五五年生まれ）が、二〇〇八年九月に支部長になった。成さんは支部長就任以前にも、李福順教会長（当時）に頼まれ、城北支部の面倒をみていた[13]。朴さんは支部長を降りてからは教会道場にお参りして帰るだけで、命日の時に供養のあとに行われる支部の法座には一回入ったことがあるだけだった。当時総務部長だった李幸子がみるところでは、城北支部をまとめるのは大変な状況で、主任はどんぐりの背比べで突出した人はおらず、みな情があり、信心は深いが、法（教学）は説けなかった。二〇〇七年当時の年齢をみると、主任は七〇代二人、六〇代四人、五〇代一人、四〇代一人で、五〇代の主任は仕事をしているためなかなか来ることができず、実質的には年配者にかたよる構成だった。また、李幸子によると、成さんを支部長にしたのは、彼女は主任ではなく文書部長という部長職にあったので、役職上の支部長への移行はスムーズだったという。

布教功労者としての表彰

二〇一三年一一月、日本の国際伝道本部から韓国佼成会に布教功労者を一人推薦してほしいとの依頼があった。二〇一四年三月の大聖堂建設五〇周年の記念式典で表彰が行われるとのことである。韓国佼成会からは朴さんを推薦した。朴は一二六人を直接導いており、そのうち六人が本尊をもらっていた。また夫の導きも含めると二五六人の導きがあった。城北支部の初代支部長としてがんばった。夫は韓国佼成会の理事も務めた。このような理由で朴さんを布教功労者として推薦した[14]。朴さんを選ぶことに、他の人から反対はなかった。朴さんは日本の本部の大聖堂で表彰を受けた。朴さんの布教功労者としての推薦は、李幸子にとって気持ちの上でけじめになったという。

三　初代龍山支部長盧承元の信仰受容のあり方

属性と入会動機

盧承元さんは、一九五七年一二月に、忠清南道の扶余で生まれた[15]。大学卒で、主婦である。夫は元バスケットボール選手で、二〇〇四年二月の調査時点では、一カ月前にリストラにあって失業していた。（夫はバスケットボールの監督や、コーチをやっていたが、なかなか定職をもつに至らなかった。二〇一四年時点では大学の体育学部の教員をしている。）

盧さんが佼成会に入会したのは、一九八三年一二月である。二七歳で、まだ結婚前だった。福岡県小倉市（現、北九州市小倉区）に住む叔母（母の妹、沈恩淑）が佼成会小倉教会の主任で、父が脳卒中で倒れた時に、叔母が母の沈淑日さん（一九三〇―二〇一三）に佼成会に行きなさいと言った。沈さんは伝統仏教の寺に通い、僧侶のもとで法華経をあげており、佼成会も法華経なので違和感はなかったという。沈さんが入会したことで、自然と娘である盧さんも入会した。また、佼成会が日本の宗教であることには抵抗はなかったとのことである。なお沈さんは、入会後一週間で自宅に総戒名の祀り込みをした。また、一九九〇年に本尊、一九九八年に守護神を自宅に勧請している。盧さんは結婚してすぐ新居に総戒名の祀り込みをした。

母の沈さんは仏教のほか、入会以前は体の悪い時にはムーダンに通っていた。盧さん自身は、佼成会以前に宗教とかかわりをもったことはなかった。入会時に問題も抱えていなかった。つきあっていた男性はいたが、よく精進したら、よい相手と巡り合えると言われた。また、小倉の叔母からは、長男が短命の因縁があるので、入会して行《ぎょう》をやったほうがよいと言われた。叔母から招聘状をもらって二カ月間、小倉教会で修行したこともある。入会後は、修行を怠けたことはあっても他宗に関心はもたなかったと二〇〇四年の調査時に述べている。

母の沈さんは一九八九年に主任、一九九九年に副支部長、二〇〇三年一月に戒名室長になった。娘の盧さんは、一九八九年に組長、一九九二年に青年部担当、一九九四年に主任、一九九九年一一月に教務部長、二〇〇二年一二月に支部長になった[16]。自宅には、一九九二年に本尊、一九九八年に守護神を勧請している。

二〇〇四年当時には夫は韓国佼成会の理事で、壮年部に所属し、息子は青年部のメンバーであった。夫は積極的に助けてくれる、お役ができるように配慮してくれると述べていた。

佼成会の教えについて

盧さんが会員と触れるなかで佼成会の教えの中でまず説明することは、先祖供養だ。「親がいて、先祖がいて、命の源の先祖に感謝する。このような教えは韓国人にとって抵抗はないが、総戒名を自宅に祀り込むことは鬼神が入るといっていやがる。総戒名はまず教会の戒名室で祀り、その大切さを認識したら家にもっていく。適応期間が必要だ。すぐ総戒名を祀り込む人は、導きの親をよほど信頼している人」と述べる。

盧さんは佼成会の教えで難しいのは「自分自身を変える」ことだと語る。一生懸命やったことは会員の手どりだというが、「手どりのポイントは、いいところも悪いところもすべては私の鏡だととらえる」ことだという。また佼成会の魅力について、「サンガ(信仰の仲間)との密接な関係。人間関係はいろいろあるが、サンガの姿は自分の姿と感謝で受けとめる。自分を悟らせるためにあるものと内省する。お互い切磋琢磨し、人格完成を目指して修行する。教会には家庭的な温かさがある。ご法の教えを実生活にあてはめて生活をする。弟は釜山で出家して僧だが、伝統仏教と違って、佼成会はかゆいところをかいてあげられる。開祖さまの教えを教会長さん(李福順)が気学を方便として使いながら教えてくれる」ことだという。そして、「佼成会の教えに触れて、人さまのために菩薩行でやっているうちに、自己中心的だったが、それが薄らいでいくのを感じた」と述べている。

盧さんは二〇〇四年のインタビューで、「自分はわがままだ。何かあったらすごく落ち込む。振り回される自分がある。支部長のお役をいただいて一年たったが、すべて自分の成長のために仏さまがくれたものとしてお任せした。今は主人がリストラになり、家の中の道具も寿命が来ている。生まれたことは必ず滅するのが現象だ。以前ならそれに振り回される人間が、ここ(佼成会)に来て、やれる自分になったということはすばらしい」という。

支部会員の反発

教会道場のリノベーションをしていた時期(二〇〇六年)に、主任をはじめとする会員から反発されるという出来事があった。二〇〇四年当時は、支部長、主任、組長のラインがしっかりしていると盧さんは言及していた。また、道場が仮道場に移転する前の三支部では、盧さんが担当する龍山支部が会員数も道場に出てくる人も一番多かった[17]。

龍山支部では、仮道場での道場当番を月に八~九日担当した。そのあと、手どりをした。会員宅で追善供養や総供養を五~一〇人で行い、そのあとその家を借りて、会議をしたり、文書の勉強をしたり、悩みがあるときは法座を行った。一日に何カ所も行くときもあった。外部への手どりには主任や組長とほとんど一緒に行った。会員宅に手どりに行くことによって、家庭での夫や子どもとのかかわりを見ることができ、また、教会道場では見えなかったことが見え、理解が深まった。また、手どりをされる人は、何回も足を運ぶと、自分を思ってくれている、心配してくれていると喜んだという。

しかしながら、盧さんが現場での手どりをやったのは仮道場に移転してから最初の三~四カ月だった。主任が盧さんに反発したのである。盧さんは、「自分の悪いところは、酒を飲んでけじめをつけられないことで、会員からいろいろ言われてもその原因が自分にあるととれなかった。夫のことも責められた」という。夫婦はともに酒飲みで、乱れた姿を見られてしまい、主任から酒のことを言われた[18]。また、「酒を飲むと次の日、忘れる。忘れたことで教会長さん(李福順)から怒られる。他支部(金さんの儀旺支部)と比べられた」のである。「法座でもまとまれなかった。支部長である自分の言うことを敬うのではなく、主任たちは勝手なことを言った」とも語っている。そこで、夫が「頭を冷やすために、釜山の弟の寺に行ったらどうか」と言った。また日本の国際伝道本部の本部長とも相談したが、頭を冷やすようにとも言われた。夫はその時は韓国代表のバスケットボールチームのコーチ兼監督をしており、カタールに試合のために行って留守だったので、二〇〇七年一月一七日から約三カ月間釜山の弟の寺に行った。その前に母の沈も弟が老後の面倒をみるということで釜山に転居していた[19]。

主任をはじめとする支部会員による反発は、盧さんが酒で乱れた姿をさらしてしまったという現実はあるにしても、これまでの教会道場に行くことが中心の布教・育成から現場へと移行したことと関係があると思われる。盧さんは教会道場の「毎日組」(ほぼ毎日道場に出ること)だった。また、会員にも

写真 3-9　龍山支部法座(2004 年 韓国立正佼成会提供)
太鼓の右側が盧承元

道場に行くことを勧めた。教会道場に行けば教会長（李福順）、総務部長（李幸子）がいた。仮道場になって、これまでとは変わって主任、組長と組んで外に出ることが主要な実践になり、自分一人で支部長として立たなければならなくなった時に問題が起きたとみることができよう。また、盧さんの活動を側面から支援していた母の沈が釜山に行ってしまったことも、問題を深刻化させたものだと思われる。

釜山での伝統仏教での修行と気づき

盧さんは、二〇〇七年一月から約三カ月間釜山に行った。釜山に行く前が一番支部会員との関係で辛かったという。弟は伝統仏教の曹渓宗の僧侶で、釜山のビルの一室で禅院をやっていた。弟のお供で別の曹渓宗の寺に修行に行った。朝の四時一五分に起床し、朝の祈りののち、一〇時に供養をし、毎日説法を聞いて、寺で出される昼ごはんを一緒に食べて、四柱推命をみたり、来る人の悩みを聞いたりした。盧さんは伝統仏教で一〇〇日修行をして、佼成会のやり方と比較して、歩む道が見えたと語る。「伝統仏教ではお坊さんは出家だが、生活に教えが結びついていない。佼成会の生活仏教とはどういうものかわかった。また、伝統仏教では、女の信者の上の人でも経典を覚えていない。因縁果報もわからない。悩みをどのように現実と結びつけて解決するかわからない。仏性を開いても手どりがないので、そのまま終わってしまう。法で切磋琢磨するサンガはいない。各自はすごくすぐれていて、奉仕、布施、ボランティアをしていても、それを他の人に及ぼすのではなく、そこで終わってしまう。佼成会のサンガでは繰り返し、繰り返し手をかけてくれる。伝統仏教にはそのような人はいない。伝統仏教に行って、佼成会でいう『まず人さま』がどんなに大切かわかった」。このように伝統仏教で一〇〇日間修行をすることで、盧さんは佼成会やそこでの人間関係を客観的にとらえることができるようになったという。「人生の行く道が決まった。妄想、執着、現象の奥にある仏の慈悲、教会長さんの愛が見えなかった自分に気づき、

写真 3-10　世界サンガ開祖生誕 100 周年記念団参でのサムルノリ（2006 年 韓国立正佼成会提供）

写真 3-11　お会式に参加し、サムルノリで練り歩く（2006 年 韓国立正佼成会提供）

何でもハイハイと受け取られる自分でないと救われない。横道をしてわかるようになった。教会長さんの言うことは愛のムチだった。自分はムチがいやだった。しかし、教会長さんが自分を育ててくれたことが、釜山に行ってわかった。また、酒に呑まれずコントロールしなくてはいけないこと、酒に対する執着もとれた」と述べる。

盧さんにとって、教会道場のリノベーションの時、支部間の実績競争になり、特に金さんの支部（儀旺支部）と比べられることがストレスになっていた。「以前は個人の感情でよくみせたいと思っていた。今は仏の教えの競争なのでレベルが違う。今は仏が喜んでくれるかどうかなので、人との比較ではない」と語る。

釜山からソウルに戻ってきても、反発し協力してくれない主任が数人いた。蒔いた種を懺悔して懺悔経を読んで念じた。以前、主任は報告もしてこなかったが、今（二〇〇七年八月時点。ソウルから戻り、三カ月の時期）はしてくるという。

また盧さんは言及しなかったが、教会道場のリノベーション中の出来事として、世界サンガ開祖生誕一〇〇周年記念団参（二〇〇六年一〇月、五泊六日）があった。韓国からは一五三名が参加した。団参への参加者の手どりも、この間行った。韓国ではお会式のパレードで、サムルノリ[20]を行うことになった。盧さんはサムルノリのリーダーだったが、団参の前に支部メンバーから責められ、団参に行かないと言ったこともあるが、結局団参には行った。

支部長の辞任・相談役員へ

釜山の伝統仏教への一〇〇日修行の後、盧さんは佼成会に戻り、支部会員との関係を再構築しようとするが、あまりうまくいかなかった。二〇〇九年一月の李幸子からの聞き取りによると、盧さんは二〇〇七年の冬から二〇〇八年にかけて、夫の仕事がなくなったので、半年ほどレストランのウエイトレスとして働き、夫の仕事が見つかったのを機にそれをやめた。その後龍山支部の支部長を降りたので、二〇〇九年六月に副支部長だった呉丁淑（一九五七年生まれ）さんが支部長になった[21]。

盧さんは支部長を降りてからあまり教会に来なくなり、その後、約三年間全く来なくなった。これまで教会の役で、自分の時間がなくて自由にできなかったので、やりたかった習い事に行ったりしていたという。二〇一四年春に、「お役をしたい、お役がないと自分の人生は何なのかと思うようになった」と言ってくるようになり、しかし「毎日組」は夫も喜ばす、また、夫は仕事の関係（大学の体育学部の教員）でソウルの外に住んでいるので、その元に行かなくてはならないため、毎日は難しいということで、九星[22]をみたり、さまざまな鑑定を行う「相談役員」という教会全体にかかわる役職を新規につくり、盧さんがその役に就任した。

四　初代儀旺支部長金美慶の信仰受容のあり方

二〇〇二年一二月に李福順教会長のもとに三支部ができた時の支部で、唯一支部長が交代していない支部が儀旺支部で、金美慶さんはその支部長である[23]。教会道場のリノベーションのために仮道場に移転し、主要な実践が道場に来ることから、現場での導き・手どりという布教活動に移行した時に、三人の支部長の実力差が明らかになった。朴さんの場合は工事が請け負えなかったことの夫の不満との間の板挟みという要因も大きなものだが、教会道場のリノベーションが三支部のうち、二支部の支部長交代に導いたことは意図せぬ結果であった。朴さんと盧さんはいずれも在日コリアンの近い親族が佼成会の主任の役をしており、その関係での導きであり、また通常韓国人に違和感のある総戒名の祀り込みも入会後間もなく行い、本尊、さらには神社形式の守護神を祀り込んでいるという、韓国では文化的に違和感のある儀礼に対して抵抗なく受容し、日本に対して親和的だという特殊性がある人々である。金さんは日本には親族がおらず、まさに現地韓国人の信者である。長年にわたって伝統仏教の実践もしており、また儀旺支部から、総務部長だった李幸子が教会長になった後任の総務部長、そして城北支部の支部長を輩出し、また現在、主任の数が多いことから二つのグループに分け、当番を行っているというように教会の中心を担っている支部である[24]。そこで、この事例では、その信仰受容のあり方以外にも佼成会と伝統仏教との違いや信者の育成についても注目してみていきたい。

属性と入会動機

金さんは、一九五六年三月に釜山で生まれた。大学を一年で中退している。結婚前はOLをしていたが、結婚後は主婦で働いていない。夫は写真家である(夫はのちには写真家をやめ、スタジオを貸した家賃収入で生計をたてている。)

実父が牧師なので、小学校までキリスト教の教会に通った。父母は離婚したが、二番目の父が伝統仏教の信者であったことがきっかけで、二一歳から三七歳まで伝統仏教で活動した。ムーダンに行ったことはない。佼成会に入会したのは一九九〇年一一月のことで三四歳の時だった。実母から導かれたが、母は友人から、その友人は近所の人から、その人も近所の沈淑日さん(盧さんの母)から導かれた。入会三年後の一九九三年に自宅に総戒名を祀り込み、本尊勧請は一九九七年である。一九九五年に組長になり、一九九七年に主任、一九九九年に布教部長、二〇〇二年一二月に三支部制が敷かれた時に儀旺支部の支部長になった。一人娘がおり、佼成会の海外修養生として二年間佼成会の学林で学んだ。

佼成会に入会したのは、義父との嫁舅の葛藤、夫婦の不和、これらが原因で体が衰弱していた時に、母が友人から先祖供養をすれば体がよくなると言われたことによる。先祖供養をするには伝統仏教の寺では莫大な金がかかるが、佼成会では「真心の布施」でできると聞いて、母が娘を救いたいということで、佼成会に連れて行ってくれ入会した。佼成会が日本の宗教であることにはじめは抵抗があった[25]。

義父とは結婚当初からずっと関係が悪かった。義父は再婚経験者だが、結婚して同居したとたんに義母は嫁が来たから自分は出ていくと言って家を出た。義父は暴力をふるった。夫と義父も関係がうまくいっていなかったが、妻までいじめるので、夫は心の余裕をなくし、離婚を申し出た。金さんの身体は結核、肝炎の症状がでて、もうこれ以上生きられないといわれるくらいひどい病状になった。

金さんは、夫と別れなさいと言われたら、別れようと思って佼成会に行ったという。その時に李福順(当時、支部長)から、「一人っ子の娘がこの因縁を背負ってもよいなら離婚してもよい」と言われた。業を切らないと娘まで伝わってしまうと指摘された。母は牧師だった父と離婚し再婚した。伝統仏教で因果の法則などを聞いていたので、娘がこの因縁を背負い、苦しい思いをしたらかわいそうだと思った。李福順からは、夫と義父に真心で感謝していたのかと言われた。相手を責めていたことがわかった。朝晩、「ありがとうございます」と大きくお辞儀をしなさいと言われた。手を合わせたら、義父から「早く死ねというお祈りか、死ねというおまじないか」と言われた。夫が帰宅してお風呂に入ったら、出るのを待って、タオルで足をふいてあげるようにとも言われた。初めは、夫は何をやっているのかと言った。養父や夫に対する実践の仕方を教えてくれた。こうした下がる修行をしてから、義父との関係がうまくいくようになった。義父は助けてくれる人に変わった。洗濯物をたたんでくれたりするようにもなった。

夫との関係もよくなった。佼成会では「下がれ」というが、自分は夫に下がっていると思っていた。李福順から下がれではなく、主人を立てなさいと言われた。そうしたら「主人のおかげ」という気持が出てきた。夫のやりたいことを賛成すると夫も自分のやることを後押ししてくれるようになり、夫婦関係はよくなった。夫とは生まれ変わってもまた会いたいと思うくらい関係がよくなった。佼成会には来ないが、夜に信者の手どりで電話が長くなると椅子を持ってきてくれるようにもなったという。

佼成会には母が連れて行ってくれたが、佼成会の活動をするのに母が足をひっぱった。母が足をひっぱったおかげで、もっと熱心になった。母からは子どもの時に暴力を振るわれた。母が頼るなと言ってくれたのではないか。その母に対して、おかげさまという気持ちになった時、母も本尊をいただくような人になっていた。「佼成会式の考え方は教会長（李福順）やサンガが教えてくれた。教会長との出会いで愛をもらった。それまで自分は否定されていた」と金さんは語っている。

佼成会と伝統仏教の違い

金さんは、伝統仏教の有名な寺に通っていた。伝統仏教では役をしていた。したがって金さんの場合、伝統仏教の基礎がある。伝統仏教と佼成会の両方に行っていた時期もあるが、次第に佼成会一本になった。そこで、伝統仏教と佼成会の違いについて金さんの目からどのように見えたのかを述べよう。

金さんは二一歳の時には出家しようと思ったことがあり、伝統仏教が心の拠り所になっていた。伝統仏教では僧が説法する。寺で法門を聞くと良い話を聞いたと思うが、具体的にそれを生活の中でどう生かしていくのかを教えてくれない[26]。たとえば伝統仏教では、空、無常とか、調和を保って暮らせというが、現実にどうあてはめるのかということは教えてくれない。空の教え（お任せしなさい）には魅力を感じた。佼成会では「お任せしなさい」の具体的なやり方を教えてくれた。僧は若い時に出家しているので、実践の相談に弱い。良い話はしても実生活の経験がない。佼成会の場合は信仰即生活で、道場で学んだことを家庭でも職場でも実践する。

伝統仏教では、何か大きな力に任せながら祈願する。たとえば、経典を何百回繰り返し読み上げるという場合や、五体投地を三〇〇〇回するというようなかたちで、祈願をさせる。今になってみると五体投置はお辞儀をする修行によって、自分の我をなくす修行だということがわかる。伝統仏教では僧は自分たちだけの学びで、一般の人々にその学びを伝えることはしない。伝統仏教では僧と信者のあいだの差は大きい。

「法華経というすごい教えを開祖さまが、自分たちのような大衆に本当にやさしく説いてくださって、それを実行することによって、高いレベルまで悟ることができるようにしてくれたのが、佼成会の教えではないかと思う。また、佼成会では根本仏教の四諦の法門を実践できるようにしてくれる。伝統仏教には佼成会の法座のような知恵を分かち合うものはない。たとえば川にはまってアップアップしている人には、自ら一生懸命トレーニングして自分で川から上がってこいという教えが伝統仏教だが、一緒に川に入って、一緒に水泳しながら、一緒に出ましょうというのが佼成会だ」と金さんは語っている。

李福順教会長の影響

金さんが最も影響を受けたのは李福順であるという。「教会長さんは因縁果報という真理をつかんでいる。そして人に応じて、現実的に実生活でどうやってあてはめたらよいのかを具体的に示してくれる。最初は理論で整理し、具体的な例を

写真 3-12　ソウルにある伝統仏教の曹渓宗の寺の仏像と参拝する人々（2007 年 筆者撮影）

たて、それを家庭で使えるように教えてくれる[27]。伝統仏教だと僧侶と信者の差があり、信者が僧侶を立てるものだが、教会長さんは信者との差がないくらい、一緒に率先してやってくれる。そういうことが尊敬できる。教会長さんから恩恵を受けた」と語る。また、「昔から偉大なお坊さんのすぐそばで、侍者のようなお役をしながら、学んでいきたいと思っていた。今、教会長さんのそばで学んでいる」とも述べている。

金さんは伝統仏教にかかわっていた時は教学が好きだったが、今はそれをどうやって活用をするのかというほうに関心があるという。その活用の仕方が正しいかどうかのチェックは、導き、手どりをしながら行う。相手は自分の鏡だというので、その人の問題や悩み、現状を聞くというふれあいの中で自分の過去がみえる。自分が過去に教えが示されながらもそれを受けとめることができなかった時の姿を、その人の事例をとおして懺悔する。また新たな問題に直面することによって、自分が新たに勉強もできる。人とのふれあいで気付いたこと、悟ったことは李福順教会長に、今日、こういう出会いでこういうことを気付かせてもらったと報告したり、具体的にどういった実践をしていったらよいかの指導を受ける。そして、自分が家のなかで実践して、やって得た結果、心の功徳とか実際の功徳を支部の会員に分けるのである。

佼成会の魅力と信仰体験

それでは、金さんは佼成会のどのような点に魅力を感じているのだろうか。その語りからみておこう。

「ご利益信仰から本質的な救われまで、どんな人にも相手の機根に合わせて教えてくれ、気づかせてくれる。一人ではなく皆とともに修行できる。法座では家庭で実践できるように指導してくれる。そして感謝の原点を気づかせてくれる。また、自分だけに苦があるという執着から、皆も苦をもっているということがわかり、執着を捨てられる。人格完成をするために、相手を鏡として見ると向上していける。自分を変えることによって周りに光りが行き届く。支部で問題がある人がいたら、皆で支える。布教しなければいけないというのはプレッシャーだが、自分もともに成長する。サンガが温かくて、フォローしてくれる。寂しくない。大変な時に支えてくれる恩を感じる。個人的な修行ならばやめていたかもしれない。佼成会の網にかかっている。自分はキリスト教、仏教をやっていたので、佼成会との違いを感じる。佼成会に来て一番魅力があるのは、人間と生まれてお役をやる使命感ができたことだ。自分の心配より、人さまのことを心配できる。菩薩として、自分が願って生まれているということがわかった(願生)。一日一日、パワーをいただいて幸せに思う。」

また、「自分が変われば相手が変わる」ということを実際に体験した。身近では義父、母、夫が変わった。基本信行(読経供養、導き・手どり・法座、法の習学)を繰り返し実践していく中で、自我が少しずつとれていき、物事を見る見方が変わった。化他《けた》行にも力が入る。業が自分の代から子どもの代まで、続いていくというのが、多くの人とのふれあいの中ではっきりと見えてきたという[28]。

六カ月間の休み

儀旺支部は、二〇〇六年六月から二〇〇七年四月にかけての約一〇カ月間の教会道場のリノベーションの期間も結束が固く、手どりの報告書もきちんと出し、三支部の中でも卓越した実績をあげた。しかしながら、翌年の二〇〇八年一月から六月までの六カ月間、金さんが教会に来るのを休むという出来事があった。休もうと思った理由は、まず、夫が自分のそばにいてほしいと言ったことである。夫は写真家だったが、仕事をやめてスタジオを貸した家賃収入で暮らすようになってから、とくに家にいてほしがった。夫は継母のもとで家庭的な雰囲気の中で育っていないので寂しがり屋だ。夫は佼成会に反対というより、そばにいてほしい、佼成会にたくさんの時間を使うので寂しいという気持ちだった。それほど夫が自分に家にいてほしいのなら、夫に合わせてあげようという気持ちがあった。そして金さん自身も気管支が弱く、体が疲れると咳が出て体調がすぐれなかったので、休みをとりながらゆっくりしたいと思った。伝統仏教では寺には行きたい時に行き、本を読みたい時に読むことができたが、佼成会ではそうではなく、緊張の中で「お役」をしていた。また、信仰の面でも整理をつけたいところもあった。入会して一八年になり、ここまで修行をしてきたのだから、家でも修行ができるのではないか、少しの期間休むだけならば、自分なりにやっていけるのではないか、家庭中心になれば、夫もいつか教会に出てくれるようになるのではないかということもあった[29]。一番思ったのは夫と一緒に教会道場に行けるようになりたかったことだという。

また、副支部長[30]の黄慶子さん（一九五六年生まれ、二〇〇一年入会、のちの総務部長）が、佼成会の活動を一生懸命やっているので、彼女に支部を預けて六カ月間休めるのではないかとも思った。支部の人々には夫に一生懸命尽くして、いつかは一緒に佼成会に行きたいと説得した。支部会員は安心して自分の修行を行い、まどわされることはなかった。

休む期間は六カ月ということは金さん自身で決めており、支部の会員もわかっていた。また、休んだといっても寒中読誦修行（一月の大寒の日から二一日間、毎朝六時〜七時二〇分）と命日（一日、四日、一〇日、一五日の月四回）は道場に行っていた。また、休んではいたが支部のことは副支部長や主任から報告を聞き、李福順教会長と連絡はとっていた。

金さんは六カ月間休んで気づいたこととして、次のことを挙げる。第一に、佼成会で長いこと修行していたから少し休んでも大丈夫だと思っていたが、家にいると我がでてきてしまい、自分の執着から離れられる「緊張した奉仕」[31]のありがたさがわかった。一人でいると私がやってあげたという心が出る。おかげさまでということはない。休んでいる時に、自分が夫に合わせてあげたという気持ちが出た。それまでは自分は良い妻、優しい妻だと思っていた。お役のおかげで夫に頭を下げることができていたのだとわかった。

第二に、支部が調和していたので、六カ月休めたことを実感した。自分ができない時もすぐ対応できる体制がある。支部会員に感謝する心がおきた。

金さんが六カ月休んだ時に、支部会員は動揺しなかった。それは、金さんが、なるべく夫に合わせようと努力するのを見ており、副支部長や教会長がフォローしてくれた。また、自分も休んだ経験から、道場に足を運んでいない人を成長していない人という見方をしなくなったという。

六カ月間休んだ後まもなく夫が腰をいためて一五日間入院したことがあった。病院に付き添い、夫に感謝ができた。李福順教会長から「腰は深いところにある仏様を意味するので夫を仏とみて、仏は何を求めているか考えるように」と言われた。そして夫に対してハイといえる自分になろうとした[32]。六カ月休んだ後は、夫との約束で一日おきに佼成会に行った。どうしても続けて出なければいけない時は夫に「お通し」をして行くようにした。出られない時は副支部長に任せた。

信者育成の仕方

金さんが六カ月間休んだことは支部の危機にはならなかった。金さんは道場当番こそ行かないが、月に四回は命日参拝をし、教会長や副支部長・主任などの支部会員との連絡は密に行っていた。

支部所属で教会の文書部長をしていた成淑姫さんは、二〇〇八年九月に城北支部の支部長に任命された。儀旺支部の副支部長の黄慶子さんは、二〇一〇年一月に教会全体の実務的な運営にかかわる総務部長に任命された。これは前年一二月に長年総務部長だった李幸子が教会長に就任したことを受けてのことだった。儀旺支部から教会全体にかかわる人材を輩出したのである。

支部が調和し、支部長不在でもカバーすることができたのは、金さんの育成の仕方がうまくいっていることを示す。金さんが病弱であることや夫との約束で佼成会に出る日程を制限している点もあるが、そうした状況を支部会員が認知し、支部運営を行っている。それでは金さんの会員の育成の仕方をその語りに即してみてみよう。

教会長や総務部長の教えてくれることを一つも逃さないでうけとって、主任、組長に伝える。報告・連絡・確認を繰り返すことで会員が育った。点検や仕上げの確認が難しい。一日が終わって最後の確認をして、これをやったかと聞くと忘れましたということがある。繰り返し行って習慣をつくっていく。会員からはうるさいとよく言われている。そう言われた時は自分自身の信仰を確かめる。佼成会の教えは、すべて自分と受けとめることなので、自分はよくやっているかと内省する。報告・連絡・確認と「お通し」(上位の人への報告)は韓国ではあまりない考え方なので身に着くことが難しいが繰り返し行う。

また、難しいのが組織活動だ。皆、勝手にやりたい。支部長―主任―組長のラインがはっきり分かれば、先輩、夫、親を立てるのも分かってくる。家庭の主婦はこうした組織活動に慣れていない。しかし、だんだん組織活動に慣れてきて、一生懸命やっている。組織が大きくなるにつれ、下まで行き届かなくなる場合があるので、それをきちんと把握して、手を差し伸べるためにも組織は必要と理解していると言うと、納得してくれる。

初めて来た人にこうしなさい、ああしなさいは嫌がる。最初から皆やりなさいとは言わない。方便を使う。教会によく足を運ぶようにと言うといやがるので、大きな行事での奉献の役につける。活発な人には当番修行を、苦の解決には先祖供養、話すのが好きな人には法座を勧める。新しい人には導きの親とその親を担当する主任が付き添う。手どりをすることによって、する側も育つ。

教えるだけでなく、まず自分から見せていく[33]。対人関係のトラブルがあった時には人を責めるのではなく、自分の中味をみる。しかし、最初から「みんな自分だ(自分に原因がある)」とは言わない。反感をもつ。反感をもたれたら、それも自分だと受ける。「寄り添って」連絡もして、相手がどうなっているかの「慈悲がけ」もする。自分を思ってくれると相手に

写真 3-13　信者の手どりに行く李福順教会長と儀旺支部幹部（2001 年 韓国立正佼成会提供）
左から黄慶子（のちの総務部長）、金美慶、李福順、会員、成淑姫（のちの城北支部長兼教務部長）、姜淑日（のちの儀旺支部長）

写真 3-14　儀旺支部法座（2004 年 筆者撮影）
胸に手をあてているのが金美慶

伝わる。幹部が支部長の話はこうなんですよと説明し、応援してくれる。

当番の時は家事の段取りをつけることが必要なので、支部で情報交換して、家事のやり方を教え合う。李福順教会長が料理を教えてくれた。当番の時は教会に出てくるが、それ以外は三人一組で手どりに歩いている。

幹部を育てるこつ

金さんは、自分の人を育てるこつは相手に振り回されない、現象に振り回されないことだという。これには伝統仏教の訓練も役立っている。出てくる現象に振り回されず、奥の奥をみる訓練をする、その人がそうやらざることをえなかった気持ちを見る。形、態度に振り回されない。相手を恨んだり、憎む心も長くならない。相手をいい悪いではなく、あるがままにみる。ふれあいの中で振り回されない。もともと怒っても声のトーンが通常と同じなのが役にたっている。そうなったのも母のおかげだ。母は感情的な人だったので、母との関係で苦労した。

二〇一四年時点の活動状況

二〇一四年時点では、金さんはひと月に二〇日間、佼成会に時間を使っている。教会にはバスで四〇分かかる。二〇一四年一月に儀旺支部は他の支部に比べて主任が多いということでABの二つのチームに分けた。儀旺支部が当番を担当するのは他支部よりも多く一二日間で、三〜四日当番を続ける。場合によっては、仕事があって週末しか出て来られない主任もいるので、その場合は臨機応変に対応する。平日の当番は導師一人、脇導師二人、放送一人、戒名当番一人の計五人で、命日の当番にはこれに太鼓二人と司会の役が必要なので八人になる[34]。金さんは当番が終わったら翌日は休む。これは、体が弱いので続けるのはきついということと、あまり続けて出ないという夫との約束による。

当番の時は八時から一六時まで、当番以外の日は九時二〇分から一五時まで教会にいる。休みの日以外は毎日教会長と支部長のミーティングがある(金さんが出られない時は副支部長が代行する)。主任たちから前日に報告されたことを教会長に報告する。それ以外にも信者の悩みを教会長に伝え、結んでもらうこともある。

道場当番と家庭との両立

佼成会では道場当番が重要な実践になる。当番について、支部会員は大変だと言うかという問いに対して、金さんは次のように答えた。「当番は大変だと皆言います。その時には大変なのはどのようなところかを聞き、自分も当番が大変だった時があったことを話した上で、当番に行くと充電させていただくという気持ちに切り換えるように言う。当番をすると法座に参加する。教会長の話を聞いて気根が高まるので頑張ろう」と励ます。当番が大変なのは、朝早く出て来なければならないことが理由の一つで、ほとんどの人が自宅から教会まで一時間以上かかる。また、夫から佼成会に頻繁に出ることに対する不満も出る[35]。これについては自身も経験があるので、前々日から夫に「この日は佼成会に出させていただきます」と「お通し」をして、「朝食、昼食を真心こめてつくり、昼の時間にお昼を食べましたかと電話をしましょう。家に帰る時は、今、教会を出ましたと連絡しましょう」と指導する。夫が外で勤めている場合も、「お昼はどうでしたか」と尋ねる。こうしたことを続けていくことは習慣になっている。夫の気持ちとしては、半分は佼成会に出ることを認めるが半分は認めない。しかし、佼成会の教えで、日頃から夫に「寄り添っている」ので、佼成会に出るようになって妻が変わったと皆言われている。たとえば金さんの場合は、「一つ何かがあったら拘泥するタイプだが、お役をしてから一つのことに執着がなくなり、余裕ができた。そういう姿を見て、夫の側からは妻が変わったと感じる。一つのことに拘泥すると周りが見えなかった自分から、その時その時に最善を尽くすようになった。そういう話を主任さんに分けてあげる」のである。

支部会員からの電話については、大変だなと思うほどには来ないという。その理由は、AとBと二つのチームに支部を分けているが、チームを担当する主任のチーフが二人いるので、まずはそのチーフの主任が話を受け、そのうえで支部長に伝える。また、当番に出てくることが多いので、その時、対面して話をすればよいということもある。

副支部長一人と一三人の主任のうち、一人が親の介護、四人が仕事をもっている、九人が主婦で、以前に比べて専業主婦層が少なくなっている。当番等を行う活動会員は組長までである。問題点は主任が忙しくなってきているので、導きや手どりが難しい。主任の中で「毎日組」は五人であるという。

法の習学・手どり・導き・法座

金さんが一生懸命やっているのは法の習学であるという。伝統仏教を長いこと信仰していたが、佼成会との違いは生活仏教であることにみている。会員との触れ合いの中で、法座で結んだり、その話を聞いていくうちに法が身につく。法によって自分が救われたことをみんなに分けていく。「自分の頭の中には四諦の法門（苦諦、集諦、滅諦、道諦の四つの悟り）[36]が入っていて、物事をそれに合わせながら見る。本来は仏性があるのに、妄想と執着で発揮できない。主任の育て方は、悩みが出た時、四諦の法門に合わせて聞く。法にあてはめて実践させる。八正道、六波羅蜜を実践するようにし、人さまの心配《しんぱい》行《ぎょう》をしていたらば、自分の心配もなくなる」と語る。

手どりには主任と一緒に行く。金さんが相手に話していることを聞いて、主任は見方、受け取り方を学ぶ。手どりに行く先は、あまり来ない人、主任が佼成会の縁に触れてもらいたいと思う人で、また、あの人はだめだと決めつけている場合も手どりに行くとそういう人ではないということがわかる。金さんが育成するのは主に主任に対してで、主任はまた組長を育成する。

問題は導きができないことだ。支部長になったころ(二〇〇三年)には導きが活発だった。主任は自分の信仰はしっかりしていても手どりに目が向かないのがつらい。導きがなぜできないのかという理由は、自分の生活でとまっていて、導きをする気持ちがない。当番で精いっぱいで導きに行くのはしんどいということが挙げられる。けれども導きや手どりが大変だと言っても、そのおかげで法に触れられることもある。

法座で出る話は、子どもとの関係に関すること(ニート、ひきこもり、親子間の断絶など)、夫婦間の問題(経済的な問題、夫が求める妻像にできない)、手どり、導きがうまくいかないなど、その時その時によって異なる。法座では相手の気持ちをよく聞く。意識的に相手を決めつけてありのままに見ることができない自分があるので、そうしないように接している。そうして法にふれさせるようにしている。できない時には教会長に執着をとってもらうように聞く。そうすると新しい見方で見える。人と合う合わないは以前は多かった。今はこの人はこういう状況だが、いずれよいお役をしてくれると見ることができる。こうしたように徐々に変わっていった。

佼成会活動と夫との関係

儀旺支部では、教会道場に毎日来る「毎日組」は五人いる。毎日組でなくても、当番をやる人は二〇人、命日に教会に来る人はこのほかに二〇人、当番には来ないが大きな行事に来る人は一三〇〜一四〇人いる。花まつりの提灯は五〇〇個集まる。佼成会に熱心になればなるほど、家をあけることが多くなる。韓国で夫が妻に求める像というのは、夫の言うことに従う、女らしい、いつも笑顔、酒を飲んできても温かく受け入れるといったことだという。妻が佼成会に出ると家にいないので、夫は不便を感じる。そこで、佼成会に出させてもらうのは妻側の弱みなので、夫に尽くすようになる。そうすることで、夫婦関係が好転した人もいる。家事もちゃんとやり、夫が少し手伝ってくれてもほめるようになる。

写真 3-15　教会発足 30 周年記念式典（2012 年 韓国立正佼成会提供）
金美慶は右手前列の左端で本部から来た局長の法話のメモをとっている。

写真 3-16　金美慶支部長退任式での記念撮影（2015 年 韓国立正佼成会提供）
机のところに座っているのは左から呉丁淑、姜埰仁、李幸子、金美慶、その隣は成淑姫、前列中央は黄慶子

金さんは一カ月に二〇日間佼成会のために使うと決めているので、その中で教会の中で活動のほか、外に手どりに行ったりする。一〇日間は佼成会の活動をしないのは、夫との関係である。金さんの夫は二〇一四年の時にはすでに仕事は引退していたので、家にいる。また、夫がずっと佼成会の活動をする金さんに合わせてくれていたので、一〇日間はフルに夫のために使う。また佼成会に行く日も食事は三食とも準備する。帰宅するのは午後五時三〇分ころである。

金さんは二〇代から仏教の教えを学びたいと願っていた。伝統仏教に通っていた時は自分が学びたいということだったが、佼成会のおかげで生きがいになったと語る。

二〇一四年二月の調査時に金さんは支部長をするのはあと二年だと述べた。夫との約束で六〇歳になったら支部長を引くと五年前に決めたという。夫は妻が佼成会に時間を使うことで、寂しい思いをしたので、これ以上は寂しい思いをしたくない、いつもそばにいてほしいということだ。体が弱いこともあるが、夫との約束で佼成会に出る日にちを限っている。儀旺支部では人材（総務部長、城北支部長）を輩出していること、主任の数も多く、支部を二つにわけて当番にあたっていることなど、人材育成においても金さんは力があり、常に教会長との連携のもとに活動を行っている。

なお、金さんは六〇歳になったら退任すると以前から言っていたように、二〇一五年一二月に退任式を行い、支部長の役を退いた[37]。後任の支部長には副支部長の姜埰仁さん（一九五五年生まれ）が就任した。

おわりに

これまでみてきたように、韓国佼成会ではここ数年の間に主要な役職の異動があった。日本からの派遣教会長の時代から現地の教会長へという流れの中で、元在日コリアンであった李福順が二〇〇二年一二月に教会長に就任し、ソウルに城北支部、龍山支部、儀旺支部という三つの支部が作られた。この三支部の試金石になったのが、はからずも二〇〇六年六月から二〇〇七年四月にかけての約一〇カ月間にわたる教会道場のリノベーションであった。仮道場への移転とそれにともなって集まる場としての広い道場の不在の中で、各支部長の実力が問われることになった。それに建築関係の仕事の受注ができなかったという要因が加わって、城北支部の朴鍾林は支部長を辞任することになり、また、龍山支部の支部長の盧承元も支部内での人間関係に軋轢が生じ、支部長の役を辞任することになった。唯一儀旺支部のみ、金美慶が支部長を継続した。後任の城北支部長には、文書部長の成淑姫(儀旺支部所属)が就任し、龍山支部の支部長には副支部長の呉丁淑が就任した。

支部制が敷かれて三年を経過した時期に、教会道場のリノベーションによって、従来の道場という空間がなくなったことで、支部間、すなわち支部長の実力の差があらわになった。ここで、支部長の交代が行われるが、在日コリアンに近い親族がおり、それが入会と密接にかかわり、総戒名、本尊、とりわけ日本の神社の形をした守護神の祀り込みにみられる日本式に抵抗がなかった人々から、教会長家族を除いて生粋の韓国人が佼成会を担うという新たな段階に入った。これは韓国佼成会の展開の歴史にとってもエポックを構成するものだと思われる。

教会全体にかかわるものとしては、二〇〇九年一二月に李福順が教会長から顧問に退き、佼成会の韓国布教の初期からかかわった総務部長兼教務部長の李幸子が教会長に就任した。総務部長の役職には、儀旺支部の副支部長だった黄慶子が就任、教務部長には城北支部長の成淑姫が兼任した。このように二〇〇八年から二〇〇九年にかけて、韓国佼成会においては人事の点で転換点となった。

教会長の交代は往々にしてやり方の違いで問題が生じる場合があるが、韓国佼成会の場合、前教会長の李福順と現教会長の李幸子は母娘の関係にあったので、問題はなく、むしろサポートがあった。李福順は教会長をやめても釜山の布教に携わる時以外は、道場には毎日出てきた。これまでは李福順は情（法座や個人指導）、李幸子は知（教学）という特徴に応じての役割分担があったが、李福順は李幸子の教会長への移行期において足りないところを補った。また、李幸子は総務部長兼教務部長で教会運営の中核を担っていたので、教会長への移行はスムーズだった。

二〇一二年三月には李幸子は日本の本部大聖堂で体験説法をした。また、教会長就任三年目ということで、他の三年目の教会長とともにインド仏跡参拝をした。七月にはサハリン道場入仏式の帰途、庭野光祥次代会長が韓国佼成会を訪れた。九月には韓国教会設立三〇周年の記念式典が行われた。二〇一二年は、こうしたさまざまな出来事があった。翌二〇一三年一月から李福順は体調を崩したので、三〇周年という大きな式典が李福順とともに乗り切れたことは幸いだった。

二〇一四年三月には、城北支部の前支部長の朴鍾林は、大聖堂建設五〇周年の晴れがましい式典で、韓国教会の布教功労者として表彰を受けた。また同年の春には、教会にしばらく出入りしなかった龍山支部の前支部長の盧承元の要望にこたえ、九星や四柱推命をみる相談役員という教会全体にかかわる役職を新設した。このように、退任した二人の前支部長は花道をかざり、関係改善と功績の尊重につながった。支部長辞任は本人から申し出たものとはいえ、当時教会長だった李福順や総務部長として教会運営に携わっていた李幸子の心に深くひっかかっていたことだと推測されるが、二〇一四年にこれらのことがうまく着地したと思われる。

注

1　リノベーションのための増改築費用一八億ウォンのうち約四分の一は本部からの寄付で、あとは韓国佼成会でまかなった。

2　朴鍾林の情報については、二〇〇四年の聞き取り調査、同年のアンケート調査による。また、彼女が支部長を辞めるにいたった事情や、支部のその後については、二〇〇九年に行った二代目の城北支部長になった成淑姫からの聞き取りと、二〇〇七年、二〇〇九年、二〇一四年に実施した李幸子からの聞き取りによって構成した。

3　佼成会では一九八二年二月には当時の韓国連絡所長の滝口文男の依頼で李福順が韓国に戻った。同年一二月、連絡所から教会に昇格、また在日コリアン会員による釜山布教、馬山布教の助成が開始した。さらに「韓国布教の集い」が本部で開催され、在日コリアン五〇人が出席したが、彼らに韓国での布教支援を呼びかけた。翌一九八三年には北九州教区で「韓国布教の集い」が開かれ、在日コリアン信者等六〇人が参加した(第一章参照)。したがって朴が入会した一九八三年という年は、佼成会で前年から積極的に在日コリアンに呼びかけ、韓国布教を推進しようとしていた時期といえる。後述の龍山支部の盧承元の母の沈淑日についても同様の時期に入会したことは、こうした状況と関連していると思われる。

4　ソウルオリンピックを契機として、一九八九年に海外旅行が自由化されたが、それ以前は日本にいる親族から招聘状をもらわないと日本に行けなかった。

5　韓国では守護神を祀っているのは、教会長家族の李家のほか朴家、沈家、盧家のみである。李家は元在日コリアン、朴家、沈家、盧家は近い親族が在日コリアンで佼成会の幹部でもある。日本に対する親近感があることで、守護神の祀り込みが可能になったと思われる。

6　二一日間の祈願供養では、毎日同じ時間に教会に来て、一〇時から供養、それから法座にすわる。法座にすわると教会長(李福順)が話の内容を聞いて結んでくれ(結ぶ＝法の指導)、問題解決に向けての実践のやり方を教える。二一日間という期間を区切ることによって、法座で人の話を聞いているうちに、本人自身感じるものがある。朴の場合、まずは導こうとする人を道場に誘い、教会長につないでいく。新たに来た人に対して李福順は四柱推命で運命をみ、鑑定することから始まる。

7　二〇〇四年に三人の支部長が同席して聞き取りをした時に、儀旺支部長の金美慶は、「朴支部長さんはサウナに入っても話をしてお導きをする。あきらめずにやる」と述べている。

8　花まつりは伝統仏教では盛大に祝われ、その際提灯が毎年奉納される(第二章参照)。提灯には供えた人の名前を書く。花祭りの提灯は、一つ三万ウォン(約三〇〇〇円)で約一五〇〇個奉納される(伝統仏教では一つ五万ウォンから一〇万ウオン)。このうちの一〇〇個を朴が集めることはその貢献の度合いがわかる。花まつりの提灯に対する布施は教会の運営費用においても大きな部分を占めている。

9　韓国では霊魂崇拝がある。ムーダンは問題があった時に先祖の中にこういう人はいないかと依頼者に尋ねる。しかし、ムーダンに頼んで供養するのには何百万ウォンと大きな金額がかかる。佼成会では「真心のお布施」でお金がかからず供養することができるというのも一つの魅力である。

10 理事長一名、監査二名、理事五名、それに常務理事から構成される。

11 朴が支部長だった時代は主任で、成淑姫に支部長が交代してから副支部長の役を担っている李英順(一九四八年生、一九九二年入会)は、朴について次のように述べている。「導きの数が多い。情が深い。影響力が大きい。物質的に人にやってあげようという気持ちが強い。ご利益を強調する。朴さんを通さないと裏で自分の悪口を言っているのではないかと疑うところがある。当番には一〇人近くの人数が集まっていたが、何か一言言われて、誰かが泣いているということが多かった。人を責めるところがあった。しかし、厳しいが、情が深かった。字の読み書きができず、それが劣等感になっているのではと思ったことがあった。自分がメモをするといやがる。新道場の工事中に報告書を書かなくてはいけなかったが、自分が代わりに書いた。」(二〇一八年六月の聞き取りによる)

12 当番に来なくなった人は支部長だった朴の顔色を見ていたのではないかと李幸子は推測している。城北支部は朴の力が強かったため、主任が育っていなかったという。

13 成淑姫が正式に支部長になって一年経過した二〇〇九年に聞き取りを行った。城北支部について感じたことについては、第四章を参照。

14 李幸子は朴を推薦するにあたって、以下の文章を会員特別表彰申請書に記入している。「一九七九年二月二五日、韓国で初めて佼成会の入仏落慶式が行われました。大阪で入会された舅さんのお勧めで、連絡所を訪問され直ちに入会され、その時から李福順(前教会長、当時主任)の手足となって、お導き、手どりと頑張ってこられました。ご主人は一九九七年に韓国立正佼成会理事会設立時から理事として二〇〇六年まで活躍されました。長女は一九九四年四月海外修養生第一期生として入林しました。朴さんは身命を惜しまず、慈悲心にあふれ布教に全力を尽くされましたので、推薦させていただきます」。

なお、入林とは学林に入ることを表す。学林とは佼成会付属の幹部養成機関で、海外修養生は一年目は日本語学校で日本語を学習し、二年目は教義等の専門科目、教会実習など佼成会のことを学ぶ。

二〇一八年の李幸子からの聞き取りによると、朴は、二〇一四年から二〇一五年にかけて李福順が入院した時に病院に見舞いに訪れ、建築関係の仕事が取れなかったのに腹をたてたのは、自分の欲だったと李福順にサンゲした。今は花まつり、盆供養、寒修行にも来ているとのことである。花まつりには提灯を一〇〇個持ってくる。追善供養を教会でやることもある。田舎からソウルまでは7時間かかるが、ソウルにまだ自宅もあり、行ったり来たりしているとのことである。

15 盧承元の情報については、二〇〇四年の聞き取り調査、同年のアンケート調査(母の沈淑日によるアンケートも参照)、および

16　二〇〇七年に行った聞き取り調査による。盧は、二〇〇三年一月に三支部制がとられた時に、教会にも近い地域である龍山支部の支部長になった。盧は支部長をおり、副支部長だった呉丁淑が二〇〇九年六月に支部長になった。二〇〇七年の調査は、盧が主任から反発を買い、その後弟のいる釜山に三カ月ほど行き、ソウルに戻り、教会にも出始めた時期のものである。したがって、気持ちの上では落ち込みと反省がみられた。また、二〇一四年に行った、龍山支部の二代支部長になった呉丁淑からの聞き取り、二〇〇四年、二〇〇七年、二〇〇九年、二〇一四年に行った李幸子からの聞き取りも参考にした。

17　年齢的な問題もあって、盧が支部長の役に就いたが、母の沈の導きも四〇人以上あり、そのサポートは大きかったという。盧が支部長になった一カ月後に沈は戒名室長という役についている。

18　龍山支部は地域的に教会道場にもっとも近い支部だったこと、盧の母の沈の導きも多かったことがある。また盧は手どりはよくやっていたとのことである。

19　李幸子総務部長（当時）からの聞き取りによると、盧は二カ月間会員から強い反発を受けた。支部会員から支部長のやっていることは納得できないとの苦情がきた。盧は酒好きで、酒に飲まれてしまう。くずれたところを見られてしまった。支部長という役についているからには、日常生活での「後ろ姿」を律することが大切だ。韓国では宗教者が酒を飲んだり煙草を吸うことについては厳しい。それに対して、盧は酒を飲む理由を「教会長が厳しい、儀旺支部の金支部長と比べられて差別された、それで自棄になり酒を飲んだ」と会員に言った。盧は派手好きで目立ちたいタイプで、金美慶と比較されて思い通りにならないので自暴自棄になった。

20　戒名室長だった沈が釜山に転居したので、城北支部、龍山支部からは主任各二人、儀旺支部からは三人が戒名担当になった。

21　サムルノリとは、韓国の民俗音楽およびそれを演奏するグループ。四物（サムル）は杖鼓・太鼓・鉦・銅鑼（どら）の四種の打楽器。ノリは遊び、または演戯の意味。一九七八年に男寺党（ナムサダン。放浪芸人集団）の子孫である四人の青年が現代の民俗芸術として再創造した。（ブリタニカ国際大百科事典）

22　二〇一四年二月の聞き取り調査では、呉丁淑は李福順教会長（当時）から支部長になるように言われたが、受けるのが重かったと語っている。呉は一九八二年に入会、二〇〇一年に本尊を拝受、二〇〇八年九月に龍山支部の副支部長になり、盧が支部長を降りたあと、二〇〇九年六月に支部長になった。盧に対する思いについては、第四章を参照。

九星とは、一白・二黒・三碧・四緑・五黄・六白・七赤、八白・九紫の九つをいう。これに五行（木・火・土・金・水）と方位を組み合わせ、人の生まれた年にあてはめ、性格・運勢・家相などの吉凶を占う占術。

23 金美慶の情報については、二〇〇四年の聞き取り調査、同年のアンケート調査、二〇〇七年、二〇〇九年、二〇一四年に行った聞き取り調査を元にしている。調査内容はかぶるものがあるが、二〇〇四年の調査については主に入会動機や伝統仏教との違い、信仰の受容について、二〇〇七年の調査では儀旺支部の主任や組長からみた金の人柄や指導のあり方について、二〇〇九年の調査は、特に二〇〇八年一月から六カ月間休んだことについての聞きとり、二〇一四年の調査は信者の育成についての内容が主である。

24 二〇〇七年の時点では、金は一日おきに教会道場に出ていた。これは夫との約束であるという。二〇一四年時点では月のうち二〇日出ていた。

25 現在は佼成会が日本の宗教であることへの抵抗はないが、金は導きをする時、佼成会が日本からの宗教とはあえて言わない。法華経を勉強するところで、伝統仏教との違いは実践できるところだと説明する。教会は日本のにおいはするが、サンガが強いのでつながると述べている。

26 金によると、伝統仏教に行きながら、むなしい感じがして、生長の家の『生命の実相』を読んだことがあるという。一時期「生活仏教の運動」が起こったとき、教材の一つが『生命の実相』で、寺で配っていた。

27 李福順教会長(当時)が具体的に生活で実践できるように教えるのに対し、それをもっと理論的に、学問的に裏付けするのが李幸子総務部長(当時)で、それでバランスがとれているのではないかと金は述べている。

28 二〇〇四年の聞き取り調査で、当時教会長だった李福順は、金が支部長をつとめる儀旺支部について次のように語っている。「他の支部長はできないけれど、認めてほしいという感じだが、金さんは認めてもらう努力をする。金さんの支部はお通し、約束を守る。支部長の受け取り方が違うので、金さんの支部の人はバリバリである。金さんは理と体験の両方でいく。」

29 前城北支部長の朴の夫と前龍山支部長の盧の夫は、韓国佼成会の理事だった。三支部長のうち金の夫だけが佼成会に出ていなかった。

30 李幸子によると副支部長をつくった理由は金の体が弱かったからで、それに伴って他の支部にも副支部長をつくった。

31 金韓国佼成会は何につけきっちりしている。これは李福順の指導であると思われる。時間はきっちり、やることもきっちりで、金は佼成会での緊張する奉仕が自分に辛かったと述べている。お役や行事で追われている時はよいが、ちょっと立ち止まると崩れる感じだったという。李福順や幸子からみると儀旺支部は他支部に比べてきっちりしている支部であると評価しているが、それは金に緊張を強いていた様子である。

32 李福順によると、夫が腰を痛めた時の金の対応はすばらしかったとのことである。

33 李幸子は金美慶について次のように語っている。「法で受けて何でも自分にもっていく。自分でもサンゲ(懺悔)しながら相手に伝える。自分の体験を法に合わせて言う。それが人を救うのに役立っている。」

34 二〇〇七年の聞き取りの際、金の支部の場合、文書担当、儀礼儀式、宝前荘厳(お盛りもの、給仕)、手どり(連絡)、当番の作法、放送、給仕(接待)をある程度教え込んである。これが朴と盧の支部との違いであると李福順は述べている。

35 二〇〇七年に行った儀旺支部の主任・組長からの聞き取りの中でも、当番をはじめ、佼成会に多くの時間を使うことに対して夫側からの不満があるとの声が聞かれた。ある会員は最初は夫に佼成会の動きを言えなかったが、活動内容を言うようにして、土曜日、日曜日は自分のために時間を使ってほしいとの夫の要望をいれ、話し合いの上、月曜日から金曜日は佼成会の活動日とした。また、別の人は、夫はよく言えば理解してくれるというか、妻が佼成会の活動をすることをあきらめているが、何か活動をするのにブレーキになるようなことを夫が言ったら、自分に何が足らなかったのかを考えるようにしているとのことである。また、子どもにとって母親がいなくて寂しいというのは少しあるという。

36 四諦とは仏教でいう人生の四つの真理。苦諦は苦悩の実態を直視し、見極める。集諦は十如是並びに十二因縁の法門に基づいて、苦悩の原因を反省し探求し、それをはっきりと悟る。滅諦は苦悩を消滅した安穏の境地、道諦は苦悩を滅するための菩薩道の実践[立正佼成会教務部二〇〇四:六二頁参照]。

37 二〇一八年六月の李幸子からの聞き取りによると、金美麗は毎月一日と一五日の命日は教会に参拝する。また、夫に気を使っているところがあり、夫が趣味の登山で家を空けたときには教会に来る。また実母の介護をしている。引っ越しをしてバスだと教会までは片道二時間かかるようになった。

第四章　韓国人幹部信者の信仰受容と自己形成

はじめに

第三章で述べたように、教会のリノベーション（大規模増改築）がきっかけとなり、龍山支部、城北支部、儀旺支部という三支部のうち、龍山支部と城北支部の二つの支部の支部長が交代に導かれた。支部長の空白期間ののち、二〇〇八年九月に、龍山支部の副支部長だった呉丁淑が支部長に就任、そして儀旺支部所属の教会の文書部長だった成淑姫も城北支部の支部長に就任（文書部長兼任。二〇一〇年一月からは教務部長と兼任、文書部長廃止）した。その後、二〇〇九年一二月には李福順から李幸子へという母から娘へと教会長が交代し、李福順は顧問に就任した。総務部長と教務部長を兼任していた李幸子が教会長になったことで、儀旺支部の副支部長だった黄慶子が二〇一〇年一月に総務部長に就任した。そして、唯一支部長を継続していた儀旺支部の支部長である金美慶は、二〇一五年一二月に支部長を退任した。そして黄慶子が総務部長に転任したあと、副支部長に就任していた姜埰仁が儀旺支部の支部長に昇格した。

このように、二〇〇八年以降、教会長はもとより、教会の幹部信者の交代という状況が集中的に起きた。支部関係では、儀旺支部から、総務部長、城北支部長（教務部長兼任）という人材を輩出し、龍山支部の支部長を除いて、儀旺支部の系統が占めることになった。初代の龍山支部長、城北支部長は日本にいる親族の在日コリアンルートで入会した人々であるから、生粋の韓国人に移行した。

韓国社会自体も変化している。二〇〇五年の民法改正による戸主制の廃止（二〇〇八年から実施）、女性の就労者の増加（就労率の上昇）、少子化（女性が生涯に産むことが見込まれる子供の数である合計特殊出産率は二〇一七年では一・〇五で、二〇一八年には一を割った）、晩婚化、三世代同居家族の減少、高齢化などさまざまな変化が起きている。

ここでは、まず調査を開始した二〇〇四年時点の状況（第一章の第一節参照）と比較しつつ、それから一四年が経過した二〇一八年の状況をその変化を踏まえてみていく。それから、交代した三支部の支部長と総務部長の事例を取り上げ、入会の経緯、信仰受容と自己変革の様相、生活実践のあり方などをそのライフヒストリーを踏まえて詳述する。

なお、李福順については、支部長（一九八六〜二〇〇二年）、教会長（二〇〇三〜二〇〇九年）、顧問（二〇一〇〜二〇一五年）と名称が変わっている。李幸子の場合も事務長（一九八六〜二〇〇二年）、総務部長（二〇〇三〜二〇〇九年）、教会長（二〇一〇年〜）と同一人物がその時々に応じて役職の名称が変わっている。両者に共通する名称として教会長があるが、煩雑さを避けるために、名前のみで役職名を略して述べているところがある。

一　韓国立正佼成会の現況（二〇一八年）

表2は、二〇〇四年から二〇一八年までの会員世帯数の推移を特記事項とともに記したものである。第一章の表1にあるように、二〇〇三年の会員世帯数は二六三三世帯であったが、一五年後の二〇一八年には三四〇四世帯（累積世帯数

表2　韓国立正佼成会世帯数の推移　(2004-2018年)

	ソウル	釜山			ソウル	釜山	全体	特記事項
	入会	入会	退会	合計	累計	累計	累計	
2004	122	27		149	2595	187	2782	庭野日鑛『心田を耕す』韓国語訳発行
2005	112	14		126	2707	201	2908	日本からの訪問参拝団の増加
2006	57	26		83	2764	227	2991	仮道場に移転。教会道場上棟式。世界サンガ開祖生誕100周年記念団参に153名が参加
2007	88	10		98	2852	237	3089	新教会道場入仏落慶式に360名が参列。庭野日敬『法華経の新しい解釈』韓国語訳改訂版発行
2008	68	27	-11	84	2909	264	3173	龍山支部・城北支部に新支部長任命。
2009	85	14		99	2994	278	3272	李福順教会長退任。新教会長に李幸子就任。
2010	54	10		64	3048	288	3336	新総務部長、教務部長、儀旺支部副支部長を任命。ソウルの教会道場での式典動画を釜山支部にインターネット配信開始
2011	56	12	-97	-29	3007	300	3307	地域法座を2カ所で開始。東日本大震災犠牲者慰霊・早期復興祈願供養
2012	42	7	-54	-5	2995	307	3302	教会発足30周年式典。直後、李福順、左膝痛に悩まされる
2013	25	1	-27	-1	2993	308	3301	李福順体調を崩す
2014	26	0	-1	25	3018	308	3326	李福順体調悪化。入退院を繰り返す。ホスピスに転院。「セウォル号」慰霊供養
2015	12	1		13	3030	309	3339	2月李福順逝去。12月儀旺支部長退任、新支部長任命。庭野光祥『開祖さまに倣いて』韓国語訳発行
2016	27	0		27	3057	309	3366	李幸子、立正佼成会評議員会の副議長に就任
2017	20	0		20	3077	309	3386	教会発足35周年記念式典
2018	16	2		18	3093	311	3404	青年部練成会開催

【注】

(1) 各年末の数字。

(2) 合計とは、その年の新規入会世帯数から退会世帯数を減じた合計を示す。

(3) 退会とは、それまで累積世帯数であった記録から、名簿整理によって判明した、すでに辞めた人、亡くなった人を削除したために発生したもの。その年に脱会が生じたという意味ではない。なお、名簿整理についてはソウルしか行っていない。

(4) 累計とは、各年の新規入会世帯数の累計を示す。名簿整理をした時の退会者も反映している。

(5) 馬山には5世帯会員がいるが、釜山の中に含まれている。

から、名簿整理による一九〇世帯を引いた数）で地道ではあるが着実に増加している。二〇〇二年一二月に李福順が教会長になり、同月に三支部長を任命し、翌二〇〇三年から実質的に三支部制が敷かれたが、新規の入会世帯が多いのは、その翌年の二〇〇四年で一四九世帯が入会し、支部制になって活気が出たことが伺える。二〇〇五年も一二六世帯が入会した。二〇〇六年には教会道場のリノベーションのため、仮道場に移転し、幾分入会世帯数は少なくなったものの八三世帯が、新教会道場が完成した翌二〇〇七年から二〇〇九年にかけては、毎年一〇〇世帯近く増加している。教会長が交代した二〇一〇年以降はその数は五〇〜六〇台になり、二〇一三年以降は二〇前後と減少していっている。なお、二〇一三年は韓国佼成会の三〇周年の記念式典があったが、そのあと、李福順が体調を崩し、韓国佼成会の布教にとって重要な役割を担っていた福順による四柱推命の鑑定ができなくなったこともその要因のひとつであると考えられる。

　地域的な拠点は、ソウルと釜山のみになった。馬山は五世帯のみになり、釜山支部に含まれている。釜山支部は事務長（男）七八歳、会計七七歳、戒名室長五九歳、主任が七〇代四名、六〇代後半一名、組長は七〇代二名である。釜山の幹部会員一〇名のうち八名が七〇代であり、高齢化が顕著である。

　ソウルにおける幹部の性別・年齢構成をみると、韓国佼成会の中核を担う、教会長の李幸子（女、六〇歳）、総務部長の黄慶子（女、六二歳）、龍山支部長の呉丁淑（女、六一歳）、城北支部長兼教務部長の成淑姫（女、六三歳）、儀旺支部長の姜埰仁（女、六〇歳）と六〇代前半に集中している。他の部長職では、壮年部長[1]の田在浩（男、五二歳）、青年部長の裵貞媛（女、二七歳）のほか、相談役員の盧承元（女、六一歳、前龍山支部長、九星や四柱推命をみる役として創設）がいる。壮年部長以外の役職者はみな女性である。

　副支部長・主任・組長については、龍山支部は副支部長六〇歳、主任五名（六〇代一名、五〇代三名、四〇代一名）、組長一二名（七〇代四名、六〇代三名、五〇代二名、四〇代三名）、城北支部は副支部長七〇代、主任八名（八〇代二名、七〇代二名、

六〇代三名、五〇代一名）、組長一三名（七〇代六名、六〇代一名、五〇代六名）、儀旺支部は、主任一二名（Aチームチーフは五〇代、Bチームチーフは七〇代で、これらを含め、七〇代三名、六〇代三名、五〇代四名、四〇代二名）、組長九名（七〇代一名、六〇代三名、五〇代四名、四〇代一名）である。主任・組長ともに全員が女性である。

全体としてみると、副支部長二名（六〇代と七〇代）、主任は八〇代二名（八・〇％）、七〇代五名（二〇・〇％）、六〇代七名（二八・〇％）、五〇代八名（三二・〇％）、四〇代三名（一二・〇％）の計二五名、組長は、七〇代一一名（三二・四％）、六〇代七名（二〇・六％）、五〇代一二名（三五・三％）、四〇代四名（一一・八％）の計三四名である。

すなわち、六〇歳以上が占める割合は副支部長で一〇〇％、主任で五六・〇％、組長で五三・〇％である。二〇〇四年の調査では四〇代が多く、年齢的には働き盛りの年代で、運営上心配はないと思われたが、一四年経過するとその主力は五〇～六〇代になっており、高齢化が心配されるようになった。また、自身の高齢化とともに、親の介護の問題も出てきている。さらに、五〇代以下の場合は仕事を持っている場合がほとんどで、ほぼ毎日教会道場で行われる道場当番という修行実践において、二〇〇四年の時点とは異なって、人数的にも困難な状況が生じているのである。

二〇〇四年から二〇一八年での毎月の行事の変化には、命日の変化がある。教会道場のリノベーションが完成してからは日本の本部に合わせて命日を一日（朔日参り）、四日（開祖命日）、一〇日（脇祖命日）、一五日（釈迦牟尼仏命日）とし、日数も七日から四日に、それも月の前半に集中することになった。

なお、道場への参拝者数については、二〇一七年の記録によると、命日参拝については、大体のところ、一日は五〇～六〇名、四日と一〇日は三〇名前後、一五日は四〇名前後の参拝者がある。大きな行事では、（韓国では旧暦で実施）五月の釈尊降誕会（花まつり）は約三〇〇名、九月の盂蘭盆会は約一〇〇名、一二月の合同水子供養は約一〇〇名の参拝者がある。

道場当番については六日、一六日、二六日の教会の休業日（家庭の日）を除いて毎日行われているが、二〇〇四年当時は五日連続して一支部が担当していたが、四日連続をへて、二〇一八年時点では三日連続して行っている。なお、二〇一四年一月から、儀旺支部は他支部と比べて主任の数が多いので、AチームとBチームに分け、各々にチーフがいる。儀旺支部に副支部長を置くかどうかという議論はあったが、信者との距離が遠くなるので、副支部長はおかず、二人のチーフとした。したがって、道場当番には、龍山支部、城北支部、儀旺支部のABの四つで回している。二〇〇四年時点には道場当番にあたっていなくても同じ支部の人々の応援があったが、二〇一八年においてはその数は減少している。また、社会状況の変化により、若手はほとんど仕事をもつようになり、専業主婦型をイメージとした役の遂行には困難が生じ始めている。

それでは、次に、現在の中核的幹部信者である三人の支部長と総務部長の事例をとりあげて、信仰受容と自己形成の諸相をみてみよう。なお、事例の順番は、入会年の早い順で、龍山支部長の呉丁淑(一九八二年入会)、城北支部長兼教務部長の成淑姫(一九九五年入会)、儀旺支部長の姜埰仁(一九九八年入会)、総務部長の黄慶子(二〇〇一年入会)とする。

各々の事例については、信仰受容と自己形成を各々のライフヒストリーの中でみるほか、各事例の特徴的なテーマに言及する。そして、支部長の場合は、幹部の高齢化、介護問題、仕事をもつ女性の増加などの「お役」遂行上の運営上の問題が発生している状況についてもみることにしたい。

叙述の仕方については、説明的な部分と、その人の語りを重視した部分があり、混在している。なお聞き取りについては二〇一四年、二〇一八年の両方に行ったもの(呉丁淑と黄慶子)、二〇一八年に行ったもの(成淑姫と姜埰仁)があるが、事例の年齢については二〇一八年の時点のものとした。

写真 4-1　韓国佼成会を訪問した庭野光祥次代会長と幹部たち（2012 年 韓国立正佼成会提供）

後列左から、呉丁淑、黄慶子、金美慶、李幸子、庭野光祥、李福順、田在浩（壮年部長）、前列左から鄭美愛（龍山支部副支部長）、李英順（城北支部副支部長）、姜垛仁、成淑姫

写真 4-2　法華経講義をする李幸子教会長（2014 年 筆者撮影）

二　呉丁淑（龍山支部長）の信仰受容と自己形成

属性

呉丁淑さんは、一九五七年一〇月に慶尚南道宣寧郡鳳樹面で、女三人男三人の六人きょうだいの五番目の三女として生まれた。六一歳（二〇一八年時点）である。鳳樹面は韓紙の産地で、父は農業のかたわら韓紙をつくっていた。しかし、小学校五年の時に父が死去したため、中学一年の時（一三歳）にソウル在住の長姉の家に預けられることになった。長姉とは二〇歳違いで、結婚していて子どももいた。ソウルに行ったのは、一番上の姉と仲が良かったこと、父が亡くなり、母が子どもを全部面倒みきれないこと、そして将来を考えて家族がソウルに出ることを勧めたことによる。

学歴は高卒である。学費は母と姉が出してくれた。高校卒業後五年間はセマウル金庫（日本の信用金庫に相当、窓口業務）に勤めた。結婚したのは一九八二年五月で、夫（一九五三年生）とは友達の紹介で、一年五カ月恋愛して結婚に至った。夫は当時建設会社の会社員だった。

一九八三年に長男、一九八五年に次男が生まれた。なお、長男は精神科の、次男は整形外科の医者である。

佼成会への入会と総戒名の自宅への祀りこみ

佼成会に入会したのは一九八二年一一月二五日、二五歳の時である。結婚してから六カ月たち、また当時は妊娠六カ月だった。夫には結婚前につきあっていた女性がいたが、この女性から夫の姉に電話がかかってきて、夫と会いたいと言ってきた。夫がそのことで悩み、自分に言った。このことを高校時代の同級生だった友人（申順子。品川教会所属の申点廉がソウルで経営していた工場の従業員。姓は同じだが、親戚ではない）に話したところ、通っているお寺で、相談してみようと言われた。

そこで連れていかれたのが、草創期の佼成会の場所だった。そこには滝口文男教会長と、滝口の依頼により韓国に戻っていた李福順がいた。福順から、「子どもがお腹にいるのだから、早く総戒名をご安置するように」と言われた。そういうものかと思った。総戒名の自宅への祀りこみには夫の反対はなかった。祀りこみには夫も参加した。義母も義理の家族も遠くに住んでいた。

しかし、総戒名を安置して修行しながら、次第にいろいろな心配が出てきた。人からおかしい宗教をやっているねと言われたわけでもなく、また、何かが起きたということでもなかったが、韓国では家の中に仏さまを祀る人は誰もいないのに、こういうことをやっていいのかな、と気になって心の葛藤がおきた。

そのころは行事に参加するぐらいだったが、一九八六年に夫の転勤で全羅南道に引っ越しした。ソウルには車で五時間かかるが、転居しても何か行事があった時には参加していたので、佼成会と縁が完全に切れていたのではなかった。また、転勤先にいても切れずに連絡をしてくれた。総戒名も返さなかった。一九九一年に、ソウルに戻ってからは命日参拝や、当番修行をした。ソウルに戻ってすぐ、夫は建築事務所を開業したので、会社がうまくいってほしいという気持ちもあった。なお、夫の仕事は建築設計で、机ひとつではじめたが、今は四〇人の従業員がいる。

佼成会でのお役は、一九九二年に班長、一九九五年に組長（二〇〇一年一二月に本尊拝受）、二〇〇三年に主任（三支部制になった時）、二〇〇八年九月に副支部長、二〇〇九年六月に支部長になった。

佼成会の教えの受容と信仰体験

宗教のことを何も知らずに始めたのが佼成会だった。仏教の教えを一つ一つ知っていくのが楽しかった。李福順（当時は支部長）の話や李幸子（当時は事務長）の説法もいろいろ聞いた。しかし、これが本当にあっているか確信できなかったので、ソウルに戻ってから、伝統仏教の僧の話を聞いたり、本を読んだりして勉強した。佼成会で教えていることは仏教の核心であることが確信できて、それから信じるようになった。因縁果報、縁起観、すべてが一つにつながっている、相手は自分の鏡だ、相手を変えるのではなく自分を変える、といったことは、言葉の表現が違うだけでお寺の僧侶が説法している話と同じだ。伝統仏教で言うことと佼成会で言うことは同じだと納得した。けれども、生活しながら日ごろ仏さまの教えと常に接することができるところは佼成会だと思う。また、総戒名をいただいているので、それを簡単に返すということも考えられなく、仏教で最初に縁があったのが佼成会でもあり、それを辞めるということは考えられなかった。自分の人生の生き方の助けになることに興味があった。

教えを学び、実践していく中で信仰は徐々に深まったが、夫のきょうだい家族とのことで体験がある。夫は十一人きょうだいの次男だが、長男が亡くなったため、長男の役割をしている。自分も長男の嫁としてチェサ（法事）やお盆、正月などきょうだいが自宅に集まる時には皆を温かく迎えるように心がけた。夫は弟や妹には自宅にあるものを何でも与えるので、それに不満を感じたこともあったが、佼成会では「まず人さま」ということや「菩薩行」を教えてもらっていたので、心を切り替えることができた。しかし、一九九九年ころ、どうしても割り切れないことが起きた。夫がすぐ下の弟夫婦に二〇〇〇万ウォンのお金を貸したが、一向に返してくれず、自分の心がおさまらず、弟夫婦に冷たい態度をとってしまうことがあった。けれども、そのような心の状態でいることが苦しく、法座で結んでもらったことがあった。そこで李福順支部長から「今回のことは布施させてもらったという気持ちに切り替えて、執着せずに忘れましょう。『布施』という種に『忘れる』という土をかぶせないと芽はでませんよ」と言われた。そして弟夫婦に対して、「ごめんなさい、許してください、ありがとう、愛しています」と心の中で念じるようにと言われた。責める気持ちが浮かんできた時にはこの言葉を心の中で繰り返し唱えた。するといつのまにか、貸したお金に対する執着が消えた。お金は帰ってこないがきょうだいと家族と

写真 4-3　追善供養の前に参加者にその意義を説く（2004 年 筆者撮影）

写真 4-4　戒名室での追善供養の導師をつとめる（2004 年 筆者撮影）

してつながることのありがたさを感じた。

　長男が高校三年で、受験生になった時に（二〇〇〇年頃）、大学受験の入試祈願のため、教会道場で一〇〇日祈願供養をした。説法を聞いたり、法座に参加するのが好きだ。

入会して自分が変わったと思う点

　信仰的に影響を受けたのは、李福順教会長と李幸子総務部長で、福順は生活実践を教えてくれ、心の世界のことをよく話してくれた。幸子は教えの知的理解を教えてくれた。

　初めの頃は、次のこと、そして次のことと計画してやっていたが、今では、ここで精いっぱいしたならば、おまかせで仏さまがやってくださるという気持ちになった。どうしようこうしようはなくなった。今、最善を尽くし、ありのままに受け入れ、プラス志向でやれるようになった。以前は正しい、正しくない、良い悪いで、自分中心に良し悪しを判断していた。昔は人間関係のことで決めつけた自分がいたが、今は決めつけない。その人にも可能性があるという見方ができる。以前は気に入らない人とは関係を持たず、寄り添うことをしていなかった。あまり人の世話をしなかった。今は自分の心に余裕がある。

　人に対して思いやりをもつことができるようになった。韓国では「自分が、自分が」というのが多いが、佼成会では「まず人さま」と相手を先にする。年をとるほど人に思いやりをもって接する人をみると素敵だと思う。お役をする中で、いろいろな性格の人とかかわり、触れ合う中でいろいろな見方が訓練でき、相手の気持ちや立場を理解できるようになり、心が大きくなったと思う。成長している自分に気づき、それがうれしい。また、仏教の教えや講話も好きだ。魂が成長するので、うれしくありがたいと思っている。

佼成会の実践で気に入っているのは、挨拶をする、履物をそろえる・椅子をいれる、呼ばれたらハイと返事をするという三つの実践だ。特に優しく挨拶することは大切だと思う。

前支部長のこと・支部長になって

前支部長の盧承元さんは、教会道場のリノベーション中に支部メンバーとトラブルが起きたので、二〇〇七年一月から釜山に行き、あまり出てこなくなった（第三章の三節参照）。副支部長の辞令をもらったのは二〇〇八年九月だが、それ以前も盧さんが出てこなくなったので、カバーしなくてはならず、精神的負担があった。盧さんのよいところは会員の手どりがすごくできる人だった。しかし一緒に支部のことをやって負担になることも多かった。支部長に期待があったので、失望したところもある。盧さんはいまも龍山支部に所属しているが、支部にはあまり来ない。支部にとってはそのほうがよいのではないかと思う。

龍山支部では、当番などお役をするにも人が足りない。龍山と言っても龍山区（佼成会の所在地も龍山区である）に住んでい

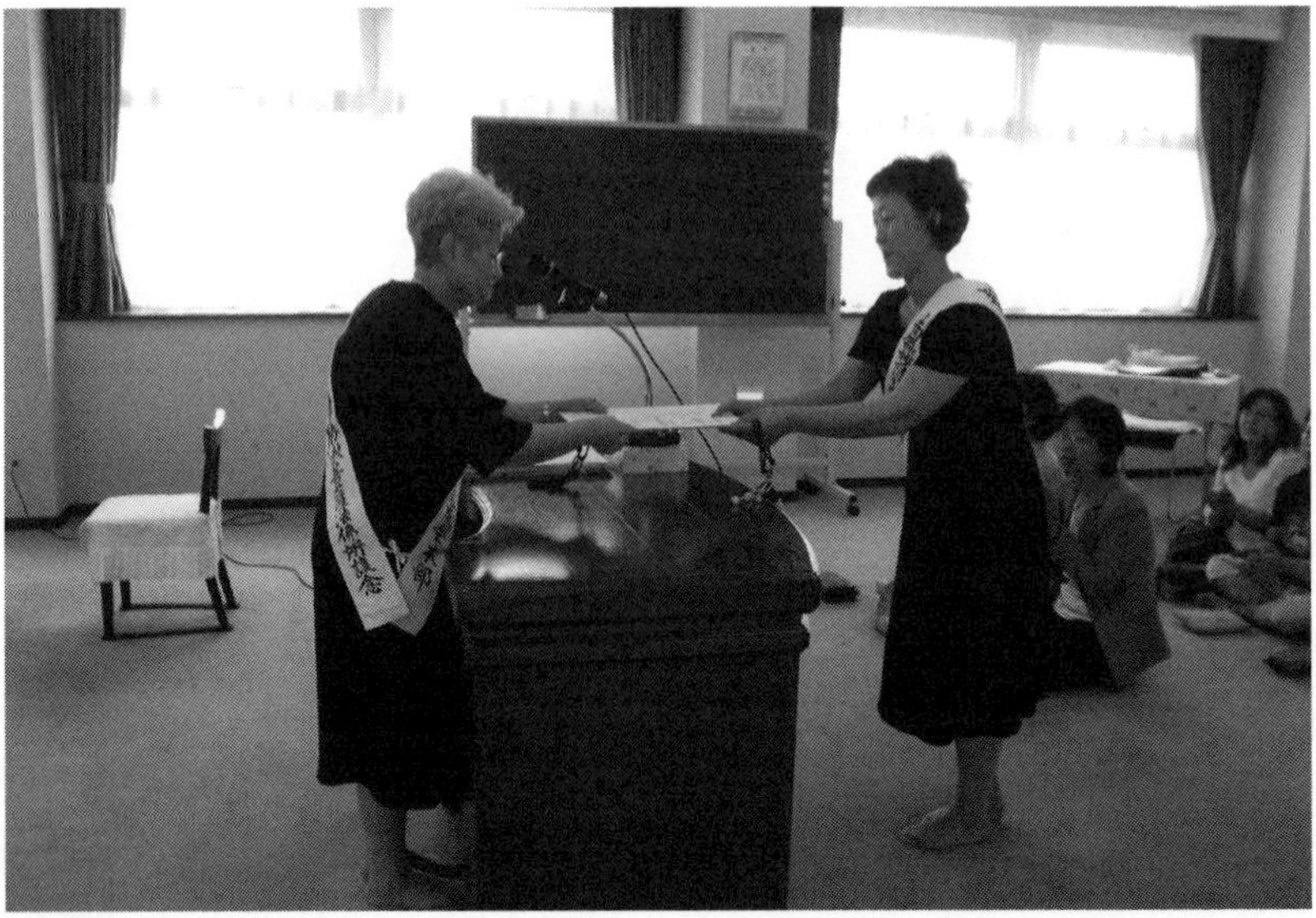

写真 4-5　副支部長の任命状授与式（2008 年 韓国立正佼成会提供）

る人は何人もいない。皆遠いところから来ている。李福順教会長や李幸子総務部長に伺いながらやりくりをしてきた。支部の人たちの間では、「よく出てこられない支部長とのご縁をいただいている私たちなのだな、そういう私たちってどういうことかな」という話をしたことがある。二〇〇九年六月に自分が支部長になって、その苦労もわかった。支部長の役は受けるのが重かった。副支部長とは違う。支部長は支部のすべてをみながらリードし、支部の責任をもつ役だ。

佼成会の場合、お役につけて法の線に乗せようとする。これについては、最初は負担に思う。しかし、そのおかげで教えを学べるのでありがたい。お役についていては大変だと思うが、大変なことをやり続けられることがありがたい。

佼成会に行く頻度と夫の態度

支部長になってからは、教会の休業日の六日、一六日、二六日以外はほぼ毎日行く。教会道場まではバスで四〇分かかる。最初は毎日教会に出るのが大変だった。しかし、毎日行かないと教会がどう回っているのかわからなくなる。

家族旅行の時は別として、佼成会が中心だ。土曜日は家族旅行などがあるので、当番でない時は出ていない。当番の時は八時から一五時三〇分まで、それ以外は九時から一四時か一五時までいる。九時二〇分に教会長、総務部長、支部長のミーティングがある。

佼成会に対して夫は反対していない。日本の本部から本尊を拝受する時には夫も一緒に行ったくらいだ。佼成会に対してはイメージがよい。しかし、佼成会に毎日行くことについては他の人に言うなと言われた。信仰に狂って財産をささげているように見える。だから言わないほうがよいと夫は言った。夫は仕事で教会には来られないが信仰心はある。

導いたのは、六～七人で、親戚、きょうだいを導いた。夫の妹も入会した。夫の妹は主任の役をし、その夫は韓国佼成会の壮年部長をしている。夫から、なぜ佼成会をやっているのかと非難されたことはない。友人も誘ったが、各々ライフスタイルもあるし、別の信仰をもっているので入会しなかった。

自分は仕事をしているわけではない。教会に行けば仏さまの教えを聞ける。菩薩行ができる。家族も反対していない。人として生きていくためには、自己成長のために何かをしないといけない。そこで佼成会は生きがいになっている。佼成会にはだんだんとはまる。勉強になる。同じ教えを聞いていても深まりがある。他の人の人生から学ぶことは多い。わからないことを知ることが好きだ。

日本から来た宗教であること

佼成会は日本の宗教だが、政治は政治、個人は個人、宗教は宗教で、つなげては考えない。日韓関係のことは最近ニュースによく出るが、政治的なことは嫌だ。個人個人の出会いでは、日本の人は相手に対して思いやりがある。佼成会の日本人しか会っていないが、いい人だ。

韓国に合わせて変えたほうがよい点ということは、自分は考えたことはない。日本のにおいがするという人もいるが、自分は他の宗教に行ったことがない。式服の黒い服にも抵抗がなかった。おたすきも抵抗がない。組織に入るとそれに合わせないといけない。合わせるのは何とも思わない。

二〇〇一年に本部勧請の本尊を受けに夫と一緒に日本の本部に行った。二〇〇六年の開祖生誕一〇〇周年の世界サンガ結集団参、二〇〇九年の教師資格拝受、二〇一〇年の国際伝道部主催のリーダー教育の二年目(韓国は特例として、一年目は韓国で実施)[2]、二〇一四年の大聖堂建立五〇周年記念世界サンガ代表結集団参にも行った。

佼成会でアピールしたらよい点は、仏さまの教えをしっかり学ばせてくれることと先祖供養にお金がかからないことだ。寺だとお金がかかり高いし、申請してやるにも時間がかかる。佼成会の先祖供養(追善供養)は、お金、お布施がかからず、「真心」でやるのがよい。

支部の状況と抱えている問題——道場当番・追善供養

法座では、現実の生活の悩みの話が出る。夫の給料が減った、ボーナスが入らないといった経済的問題の場合は、まず苦しい思いを聞いてあげないといけない。また、家計簿をちゃんとつけているか、無駄がないか、生活を見直しましょうと言う。子どもの成績があがらないといった問題には、その子には持ち味があるので、その子のもっているすばらしいところを見るように言う。

かつて李福順教会長の時代（二〇〇三～二〇〇九年）には、道場当番には一〇人以上が固定的に出ていた。自分が当番に当たっていなくても自分の支部が当たっているので、応援に来ていた。当時は、李福順教会長は仕事をやめて修行（佼成会活動）をするように言った。そして、自分の若いころは結婚したならば専業主婦になるというのがイメージだった。今は夫婦二人とも働かないとやっていけない。女性が仕事をもつことは当たり前になっている。ほぼ毎日働いている人は家計を背負っているという感じだ。

月六回支部の当番がまわってくるが、副支部長は今地方に住んで田舎とソウルを行ったり来たりしている。引っ越しする前は二人で楽しくやっていたのだが、転居してしまって厳しい。けれども彼女は毎月当番四回と命日二回の計六回は教会に来る。三つの支部のうち、龍山支部が一番人材的に厳しい状況だ。当番に主に来る人は決まっている。主任五人のうち三人が仕事をもっている。組長一二人のうちよく来るのは一人しかいない。当番で当てになるのは五人だ。支部長である自分、副支部長は当番月四回と命日二回、主任のうち一人は当番月六回と命日に四回来る。もう一人の主任は仕事をもっているが、当番月二回と命日に来る。組長一人は現在求職中で仕事をしていないのでよく来ている。（二〇一四年に聞きとり

写真 4-6　道場当番の時の法座（2014 年 筆者撮影）
当番は黒の礼服を着用する。

写真 4-7　命日の時の支部法座（2016 年 韓国立正佼成会提供）

をした時に育てたいと言っていた）一人の主任は、当時は仕事をしていなかったのでよく来ていたが、今は仕事で来ない。仕事をしていて、当番が土日に当たった時には来る組長は二人いる。

若い人で活動できる人を育成しなくてはならない。若い人は仕事をしている。その合間にお役をしてもらうようにしてはいる。以前は、主任はほとんど仕事をしていなかった。仕事をする人が増えたというともあるが、以前は仕事をしながらも出てきていた。三年くらい前（二〇一五年）から、仕事があるので、だめですと言うようになった。生活がかかっている問題なので、わかりましたと受ける。そして、スケジュールがわかっているので、仕事が休みの日に連絡する。しかし、仕事が休みの日には、その人自身の予定もある。そうだね、と認めてあげるようにしている。けれども、信仰する動機付与のためには、信仰できる縁をつくるように、引っ張り出してあげるようにすることも必要だと思う。

追善供養は月に六～八回ある。他支部は外でやっているが、龍山支部ではここ一年は、個人宅ではなく、教会の戒名室で行うことがほとんどになった。個人宅に追善供養に行くのには四～五人必要で、少なくとも導師・脇導師の三人は必要だ。追善供養にも自分はほとんど行っている。支部の中で動ける人は一〇人くらいだ。人が多かったら、交代でできるが、時間がタイトである。当番の期間中に追善供養が入ると外には出ていけないので、戒名室で行っている。けれどもまだ他支部に応援を頼むほど人手不足ではない。どうしても自宅でしたいという希望がある場合は、無理のないように日程を調整している。

呉さんの場合は、他宗教に行った経験はなく、初めて接した宗教が佼成会だった。佼成会の教えが正しいか、伝統仏教に行って比較して、確認し、そのうえで実生活の中で生かすことができることに魅力を感じている。また、結婚後は専業主婦だったが、佼成会のお役をする中で、視野が広がり、人に対する理解や自分自身が成長し、向上できたことに喜びを感じている。呉さんの家庭は夫婦円満で、経済的にも恵まれ、教育ママではないのに、二人の息子は医学部に進学して医者になったことで周囲からもうらやまれている。

三　成淑姫（教務部長・城北支部長）の信仰受容と自己形成

属性

成淑姫さんは、一九五五年一二月に全羅南道新安郡の小さな島で生まれた。六三歳（二〇一八年時点）である。一歳の時に父が二五歳の若さで亡くなり、母が都会に働きに出たので、母の実家に預けられ、祖父母によって育てられた。一〇歳の時、母は再婚したが、六人（二男、四女）の子どもがいる家に後妻として入ったので、その中で苦労するのではないかということと教育に支障がないようにということで、釜山（慶尚南道）にいる叔母のもとに預けられた。母が再婚して六年後に義父は子どものことを苦に服毒自殺し、母は三九歳で再度寡婦になった。母と暮らしたのは一六歳の時から結婚するまでの間である。母はチマチョゴリを縫う針仕事をして生計をたてていた。母との間は温かいものを感じたことはなかったという。きょうだいは、母の再婚後父親違いの弟が生まれた。

釜山大学の英文科を卒業し、イギリス系の自動車部品会社で秘書として二年間勤務したあと、一九七九年から一九八〇年まで釜山の英会話学院で教師をした。一九八一年三月、二六歳の時に自動車部品会社勤務の時に職場で知り合った夫（一九五五年生）と結婚した。結婚後は釜山から少し離れた慶尚南道にあるチャンオン（昌原）に転居したので、そこにある英会話学院の教師になった。一九八四年に夫の仕事の関係でソウルに出た。その当時、夫は自動車部品会社を辞め、建設会社勤務だった。一九八二年に長男、一九八四年に長女、一九八七年に次女、一九九三年に次男が生まれた。ソウルでは英会話学院（有名な学校）の教師になった。そこには一九八四年から一九八七年まで勤めたが、子どもが三人になったので辞めた。

現在は、夫と次女と一緒に住んでいる。長女は佼成会の学林という幹部養成機関を出、佼成会の国際伝道部の職員として日本にいる。次男は兵役に行っており、帰ったら就職のために家を出る予定である。夫には二号さんがいて、妾宅と自宅の二か所家庭があり、火木土日は自宅に帰って来る。夫は、自動車部品会社の会社員、建設関係の会社の会社員をへて、建設関係の会社、土木・防水の繊維を作る会社、自動車部品会社などいくつもの会社を経営したが、現在は無職である。

佼成会への入会と役職の変遷・お役に使う時間

佼成会に入会したのは、一九九五年七月一五日、三九歳の時である。総戒名は入会二日後に自宅に祀りこみ、総供養を行った。李福順支部長から総戒名を自宅で祀るように言われたので、素直に受けた。夫がどう言うか、子どもがどう言うかは考えなかった。あとで、自宅に総戒名を祀るという事柄が普通ではないと心配した。客が来ると戸を閉め、それが見えないようにしていた。

本部勧請本尊は一九九九年一二月に受けた。教師資格は二〇〇七年一〇月に取得した。

一九九五年一一月に班長、一九九八年一一月に組長、二〇〇一年一一月に主任、二〇〇二年一二月に文書部長、そして、二〇〇八年九月に城北支部長の辞令を受け、文書部長と兼任するようになった。二〇〇九年一二月には教務部長を兼任していた李幸子総務部長が教会長に就任したため、二〇一〇年一月に教務部長兼任となり、文書部長の役は廃止になった。

佼成会には基本的には六のつく教会の休業日以外は毎日行っていた。しかし、義母（姑）が病院に入院した二〇一三年一二月から二〇一五年一〇月に亡くなるまで、介護があった。入院者には終日付き添いをつけなければならない。自分が主にみたが介護には交代があったので、介護のない時は毎日教会に行った。夜に付き添いを交代する時は、午前中から午後にかけて教会に行くというように、介護の時も合間をぬって教会に出た。なお、二〇一八年二月から長男の子ども(九カ月、二〇一八年六月時点)の面倒を見るようになった。嫁が弁護士で働いているからである。嫁の母と一週間(月〜金)交代で、孫の面倒を見るときは教会に来られなかった。孫を見ながら、翻訳の校閲は行っている[3]。しかし、二〇一八年九月にめまいを発症し、孫の面倒をみることができなくなったことをきっかけにベビーシッターをやとうようになり、以降は、六のつく日以外は、毎日教会に来ている。

宗教歴

小学生、中学生のころはキリスト教の日曜学校に行った。高校生になって仏教に関心をもちはじめ、結婚後、義母と曹渓宗の寺に行き始めた。また、義母に連れられ、ムーダンに未来のこと、夫の事業のことを聞いたり、運勢を見てもらいに行ったこともある。佼成会に入ってからはムーダンには行かない。それは、未来は自分の心のあり方によって結果があるとわかったからである。

入会動機と抱えていた問題

佼成会に入会に導かれたのは、同じ団地に住む、子ども(長男と長女)の同級生の母親の金善子さんに誘われたからで、一九九五年七月のことだった。当時は夫の経営している会社が不渡りを出す寸前で、金銭的な問題と子どもの問題を抱えていた。善子さんから、四柱推命でよくみる女のお坊さん(李福順のこと)がいるので、一緒に行ってみないかと誘われた。李福順支部長に四柱推命で生年月日をみるためには会員カードを書かなくてはいけないといわれたので、すぐ書いた。この日はご命日で説法があるというので、ご宝前のある法座席にあがり、そこで聞いた「自分が変われば、相手が変わる」という話に感銘した。当時は、自分以外のすべてを変えたいと思っていたので、全く逆の言葉を聞いて心が惹かれた。これはただものではないと思った。「今、ここで、自分が相手とどのようなご縁を結ばせていただくかによって、いくらでも結果を変えることができる」という因縁果報の教えの法則を聞いた時には目からウロコが落ちる思いがした。また、外にある力をよりどころにするのではなく、「自灯明法灯明」という、自分を灯として真理を追究するという話がピタッときた。けれども、説いている法は立派ではあるが、南無妙法蓮華経の題目を韓国語読みであげていたものの日本語の発音のように聞こえてくるし、サンガの信者の顔の相を見ると、あのような人が来ているならば考えなければいけないなというところもあった。しかし説法は素晴らしかったので習わなければならないと思った。疑いの心が湧いた時は金美慶主任（の ちの儀旺支部初代支部長）が疑いの心をほぐしてくれた。導きの親は金善子さんだが、その時は導きの親子というタテの関係は知らなかったが、金美慶さんを導きの親のように思っていた。彼女はいつも教えを自分のものとして受け止める姿勢、そしてかみしめて、伝えてくれるところ、自分ができないスキンシップをして、手をさすってあげたりすることが上手な人だ。そういうやり方を習いたいと思ったが、自分のスタイルはそれではないと思った。金美慶さんは信頼するに値する人で、見習いたい人だと思っていた。

子どもの問題

その時は子どもの問題も抱えていた。経済的問題は儲けることができればそれですむが、子どもの問題はそうはいかない。長女は情緒不安定で、チック症状が出ていた。長男は口数が少ない。次女が嘘をつくということもあった。特に長女の問題が深刻だった。

長女は小学校の中でのけ者にされていた。そこで、自分ひとりでは学校に入れない。家では母親（成さんのこと）があまり怖いので、学校を休むということもできなかった。怖いので家を出るけれど教室に入れないから、次女が長女を教室の前まで連れて行って、教室に入れ込んだ。教室に入って座ったら立てない。立つとスポットライトがあたっているように見られると思って、それが怖いので、机を前に椅子にすわったまま、トイレにも行けずにがまんしていた。

夫に言わせると、夫に対しての不満を長女にぶつけたから、長女はああいうふうになったというが、妻の立場ではそうではない。夫に対する不満を子どもにぶつけるような人間ではないと自分では思っていた。夫が子どもたち、とくに長男、長女にものすごく厳しくするのに対して、自分は真ん中にいてクッションの役割をしていると思っていた。夫の厳しさや怒りが子どもに直接あたらずに、自分がクッションになっているから、このぐらいですんでいると思っていた。けれども振り返れば、自分は家庭の中で怖い顔をしているし、いつも怒っていた。

私は教育ママだったから、長男には宿題を終えてから遊びに行きなさいと言う。そうすると長男は早く宿題を済ませて遊びに行く。長女は一時間も二時間も宿題をやらずにいる。それに対して、遊びに行って後でやりなさいと言えない母親だった。長女はすごく気が強い。長女とは気がケンカしているような毎日だった。環境のいい団地だったから公園があって皆が遊んでいる声が聞こえる。早く宿題をやって遊びに行ったらよいのにと思った。行きたいし、行かれないし、長女の気持ちはどんな気持ちだったかと今思うと、辛かっただろうなと思う。長男はテキパキしていて勉強もできる。次女は頭がよい。その間にあって、長女は気苦労があったのではないかと思う。チックの症状が出て、目をパチパチしたりしていた。一緒にご飯を食べる時に、変な行動をすると指摘されるから一緒にご飯を食べるのもいやがっていた。子どもの問題で一番深刻だったのは、長女のチックだ。

けれども、そういう苦をもっていたのに、その当時、自分では苦だとは感じなかった。外から見ると苦のない家に見える。子どもがチックになっても、夫に見つからなかったなかったら、それでよかった。一緒にご飯を食べた時に長女がチックの現象を起こしたら、夫が文句を言う。その時は、子どもがチックの症状を出して、かわいそうだという気持ちよりも、それを見た夫が自分に文句を言うのがいやで、チックの娘を夫に見つからないようにしていたのが、その時の自分だった。「成さん、早く長女を病院に連れて行ったほうがよいのではないか」と周りから言われた。良いお医者さんを紹介してあげるからと言われ、紹介してもらった。はたから見れば子どもは問題の子だったが、自分は問題と思わなかった、それが問題だった。

チックになったのは、今思うと、母親である自分が温かい母親ではなかったからだと思う。長女を身ごもっているとき、チャンオンからソウルに来て、英語の会話学院の教師の採用試験を受けて、それからチャンオンで長女を産んで、赤ちゃんの長女を義母（姑）に預けて、自分はソウルで英会話学院の教師をしていた。長女をひきとったあとも、家政婦を使っていた。温かい愛情を与えられなかった。また、忙しい時はチャンオンの義母に預けたりしていたので、そういう影響がないともいえないと思っている。チャンオンからソウルには五時間かかったが、義母（当時五〇代）はしょっちゅうソウルにきて子どもの面倒をみてくれた。家政婦が用があって不在な時や辞めた時には、義母が来てくれた。そのため自分が英会話学院の教師ができた。

長男が無口というのは夫婦の間の問題とかかわっているのではないかと思う。母親がいつも怖い顔をしている。私は集中をしている時は顔色が変わってくる。佼成会に来て他の子どもの観察をして長男が無口というのがわかった。その前は学校に真面目に行っているし、成績もいいので何の問題もないと思っていた。団地の小学校四年生の子どもたちを集めて家で塾をしたときに、長男はその時三年生（一九九一年頃）だったが、その中に入れて英語を教えた。英語の本に顔を書くというテーマがあって、その時に子どもたちに家族の顔を書いてみなさいと言った。他の子どもの場合、普通お父さん、お母さんの顔が笑っている。ところが、息子の書いた絵は鬼みたいな絵だった。佼成会に入って、あれも問題だった、これも問題だったということがわかった。

挨拶をする、履物をそろえる、呼ばれたらハイと返事をする、という「三つの実践」をしただけで、子どもたちは、佼成会に入ってお母さんはやさしくなったという。それまでは母親というより家でも勉強するようにいう「先生」だった。

入会後二年間は教会道場に行けなくなる

入会して、説法を聞いて佼成会の教えをもっと学びたいと思ったが、二年間教会には行けなかった。義母が拠り所にしていたムーダン（韓国のシャーマン）から、ふつうの人が家に総戒名（紙の札）を祀ると大変なことが起こり、嫁がムーダンになってしまうと強く言われたので、義母はソウルに来て、総戒名を燃やしてしまった。また、「日本のお寺に行くと大変なことが起きる」とムーダンに言われたので義母は反対し、二年間教会に行けなかった。義母は田舎に住んでいたが、よくソウルに出てきていた。

教会道場には行けなかったが、金美慶主任が誘ってくれたので、近所の信者宅で行われる追善供養や法座に参加していたため、法の縁は切れずに済んだ。金善子さんは教会に連れてきてくれたが、雑貨店を経営していて時間がなかったので金美慶さんが手どりをしてくれていろいろな話もしてくれた。金美慶さんは仏さまの教えをそのまま実行に移す人で、すべての現象を自分に原因があると受け取ってサンゲしたり、学んだりしていた。時々冷たいなあと思うこともあった。けれどもやはり誰にでも温かい人だった。一番影響を受けたのは金美慶さんだ。

教会に行くようになるきっかけ

一九九八年に、近所に住む、心と体の原因不明の苦痛で学校に行けなくなっていた高校一年生の女の子をなんとかしたい一心で教会に連れて行った。義母に反対されても佼成会がすばらしいと知っていたし、佼成会で救われると信じていたので連れて行った。その時に李福順支部長がトーストをつくり、そして「あなたは今ここでありがたいことをどのくらい探せるかな」とその子に話しかけ、彼女は感謝できることを見つけた。そして、翌日から学校に行けるようになった。李福順支部長の温かいまなざしに惹かれ、また、「あなたも一緒に修行しないとだめですよ」と声をかけられた。義母と夫の機嫌を伺って、これまで教会に行けなかったが、この不思議な教えを自分のものにしたいと勇気を出して教会に通うようになった。李福順支部長のところに行って一言でも聞き漏らさずに、お言葉をいただきたいという気持ちだった。勉強したいという気持ちだった。法座も胸がわくわくするものだった。様々な問題について李福順支部長から指導を受けたが、その根本原因は自分にあると言われた。

夫婦関係の問題

夫とは職場での恋愛結婚だが、当初から夫婦関係はよくなかった。そして、三〇年前（一九八八年頃）から夫は別の女性と暮らすようになり、自宅と妾宅を行ったり来たりするようになった。その女性との間には男女二人の子ども（一九九二年生まれの二七歳男子、一九九四年生まれの二五歳の女子）がいる。末子の次男よりも一つ上と一つ下の年齢だ。

自分は子どもの時、一〇歳まで母の実家に預けられていたが、皆がよくしてくれたので、寂しいとか足りないとかの思いは全然なかった。だからある意味ではしつけもできておらず、わがままに大きくなったかもしれない。勉強もよくできた。「自分が」というのが強かったと思う。けれども、夫もわがままだった。

夫とは全然気が合わなかった。これが楽しかったと話すと何が楽しいのかと言われる。意見も合わなかった。対話をしようとしていろいろな話を出すと、「わしはお前の弟か、教えようとするのか」と気分を悪くした。長男に愛情をかけるとそれを見ていた夫が、「愛情をかける息子は、誰のおかげで産めたのだ」と言った。それと外で他の男ができたのではないかと疑いもした。今日どこに行ってきたのか、誰と会ったのかと疑って詰問する。それで自分が黙っていると、夫は一人で大きい声でしゃべって終わる。車の中の狭い空間で夫と二人になるのが一番いやだった。自分のほうも夫の性格がわかるので、こうしたらいやがるなということをやってしまう。そうすると夫は一時間も二時間も説教する。それがいやなので、会話はだんだん少なくなっていった。

夫はいろいろな会社をあちこちに持っていた。ある日、会社の車の運転手に挨拶したら、なんで挨拶したのか、取引先の社長ならば挨拶してよいが、運転手に挨拶したらいけないという。人間は平等なのに、職業で差別する夫がいる。人格的に問題があるのではないかと思って、いやになってきた。夫とのふれあいがいやだから、出張や実家に行って帰って来なかったら良いなと思っていた。留守の時が一番よかった。こうした時に女性ができた。

離婚ということも頭をよぎったが、子どもたちのために離婚してはだめだと思ったし、最後は子どもたちのために離婚しなければいけないと思ったこともある。離婚証明書を書いたこともある。条件は子どもたちを引き取るということだが、夫の親は引き渡さないだろうと思った。

入会後の夫との関係

夫が浮気するようになったのは、今から思うと自分が驕慢だったからだと思う。佼成会に入会する時には、すでに夫との問題はあったが（愛人に子どもが産まれていた時期）、うまくいってほしいという気持ちはあまりなかった。夫とうまくいきたいと思ったら、それは課題かもしれないが、うまくいってほしいという気持ち自体がなかった。

夫とのことは佼成会ではあまり相談はしなかった。一度、金美慶支部長に夫のことを言ったら、「うちの主人は倫理道徳がきちんとしている」と言われて、自尊心が傷ついたことがある。口では良く言ってくれても比較して、自分の夫は真面目で勤勉で、不倫などしない素晴らしい人だと思っているのかなと思ったら、それからは夫のことは言えなかった。

李福順教会長は言わなくても、自分の気持ちを汲んでくれたので、それだけで癒された。「子どものことを考えると夫婦の関係は重要なので、見直しなさい」と言われた。

佼成会の教えは好きで、教会に出たいのだが、夫の許可をもらわないといけない。行きたいので、夫の気持ちをおさめようとした。夫が好きとか夫の思いになってあげたいから夫に合わせるというのではなく、自分がやりたいことをやりたいから、一時的に夫に合わせるというのが多かった。そうやって佼成会に出させてもらうために合わせたことが、徐々に夫婦の仲がよくなっていくことにつながった。

教会に行くと言ったら反対されるので、言わないで出て行ったこともある。二〇〇五年に『法華経の新しい解釈』の改訂版を出すという話が出た。その時に、「午後六時までは翻訳の仕事をするので、教会に行くことの許可をお願いします」と夫に事情を話し、頼んだ。そうしたら理解してくれて、許可をもらったので、道場のリノベーションの時に、翻訳・校閲の仕事をした。李幸子総務部長が、日本語から韓国語に翻訳し、時には英訳も参照しつつ、日本語的な韓国語のところを正確な韓国語にした。夫は妾宅と自宅を行ったり来たりしていた。それを行くなとは言えなかったが、次第に夫との関係は好転していった。

因縁を悟る

夫との関係を法に照らし合わせて見ていく中で、その因縁を切り、子どもにまで伝わらないようにしなくてはならないと思うようになった。父は自分が一歳の時に亡くなり、一〇歳の時、母は再婚した。先妻が、よく往診にきていた医者と浮気をして家を出た後に、母は六人の子どもがいる家に後妻に入った。先妻は一年もたたずにうまくいかずに医者と別れることになり、戻ろうとしてもすでに母が後妻に入っていたので戻れなかった。再婚六年後に義父は服毒自殺し、母は三九歳で再度寡婦になった。

自分の家の事情を見たならば、夫が外に女性をつくったが、もし自分が嫌だと思って家を出たら、その女の人が家に入る。自分には四人の子どもがいるから、四人の子どもをこの人が面倒をみていたら、どのようになったかということを思った。母が面倒をみた六人の子どもたちには一人もまともな人はいない。一人は警察に詐欺師でつかまった。水商売をしている人もいる。後妻にきた母に感謝の言葉を言う人も一人もいない。子どもたちは皆変になってしまった。自分の家もしっかりしておかないとそういう風になるのではないかと思った。法の話を聞いたり、勉強したりして、教えの眼鏡をかけて見たらそういう風に見えた。家系図をかいてみると、実家の因縁がわかってきた。こうした業をみんな自分が受け背負って、それを法で清らかにして、その因縁が子どもにいかないように、法で受け止める修行をするしかないと心を決めた。おかげで因縁を浄化できるし、夫の相手の女性はありがたい人だなと思えるようになった。

また、夫の家も似たような因縁だった。夫のきょうだいは男四人と女一人で、女の子は事故で死んだ。男が四人がいるが、長男は二回結婚、次男である夫には二号さん（愛人、もう一つの家庭）がいる。三男も二回結婚した。四男はアメリカにいる本妻と離婚してはいないが、韓国で別の女性と住んでいる。これを見ただけでも自分の家と夫の家は似ているので恐ろしかった。その時に李福順教会長が、「成さん、頑張れよ、頑張れよ」と言ってくれた。それに力をいただいた。

夫婦関係の変化

佼成会に入って以前よりも明るくなった。自分が変わったというよりも自分が幸せになった。佼成会の教えのおかげで、自分が自分を手作りでつくっていかれる。このような自分になれたことが幸せだ。子どもは「お母さんがやさしくなった」という。

教えに触れて、夫への態度も変える努力をした。朝の挨拶もし、履物をそろえた。ハイと返事もするようにした（斉家として佼成会で奨励されている三つの実践）。李福順教会長から、「出た時はよそさまの旦那さまだけれど、家に帰ってきた時は私の旦那さまだから、精一杯尽くしなさい」と言われた。

今は、一週間のうち火木土日の四日間は自宅、月水金の三日間は妾宅である。夫婦関係がうまくいっている、いっていないは横に置いておいて、夫に対する期待というか、夫とはこうするべき、二世帯をもったらだめではないかという考えがなくなった。だから自分が楽になった。夫は年もいってきているし、今はお金もない。だから家で家事も助けてくれたりする。昔の性格もなくなってきた。それが自然の法則だなと思う。娘たちは、パワーもあり、権力もあり、社長という地位もあった父親がライオンの爪と歯が抜けたみたいな姿を見て、つらいと感じるところもあるようだ。なぜ父親は二つの家庭をもっているのかという気持ちを子どもたちはもっているけれども、そういうのは言葉には出さず、父の前では父に尽くすし、父を尊敬し、父には子どもとしての礼儀はちゃんとやっている。子どもが気を使っている。けれども、長女、次女ともに、父が浮気をして、別に家庭を持ったことがトラウマで、結婚することに躊躇があるようだ。

成さんについては、訪韓の折、何回も話を聞く機会があったので、ここで、これまでの語り主体のものに加えて、以前の調査もふまえて文書部長の役割、儀旺支部から出て城北支部の支部長になる経緯と心の動きについて述べておこう。

文書部長と城北支部の支部長を兼任する

このように成さんは夫婦関係の問題、子どもの問題など現実の問題と対峙しながら、佼成会の活動を行っていった。また、文書部長として、月刊『韓国佼成』、庭野日敬著『法華経の新しい解釈』の改訂版、庭野日鑛著『心田を耕す』、庭野光祥著『開祖さまに倣いて』という佼成会の主要書物の翻訳・校閲をした。李幸子総務部長が日本語から韓国語訳したものを校閲する役割だった。

月刊の『韓国佼成』には、その月の庭野日鑛会長の法話（機関誌『佼成』と『やくしん』掲載）、家庭教育研究所の本から抜粋した家庭教育に関する記事、『やくしん』掲載の法華三部経の勉強教材、たまに韓国佼成会独自の釈尊降誕会（花まつり）などの大きな行事での体験説法、『やくしん』掲載の体験説法、佼成新聞に掲載の大聖堂での体験説法をのせ、日本の本部で発信された情報を毎月掲載した。こうした翻訳・校閲の作業の中で、法を学び、法喜を味わった。「教会長さん（李福順）から聞いていたことが、ある時文章を読んでそれがこのことかとわかる。翻訳をやっている時間だけはうれしいいし、ありがたいし、幸せだ」と

写真 4-8　李幸子（右）と出版物の校閲をする成淑姫（左）（2018 年 韓国立正佼成会提供）

述べる。文書部長としてその役割を果たしていた成さんに城北支部の支部長になるという転機が訪れる。

二〇〇二年一二月に李福順が支部長から教会長になり、三支部ができた時に城北支部の支部長として朴鍾林さんが就任した。第三章で言及した教会のリノベーションと関係して、夫がその建築の仕事をとれなかったことで関係がこじれ、朴さんは教会に来なくなった。朴さんは導きの数は多く、城北支部は朴さんにつながる系統の人がほとんどであった。二〇〇七年一月に朴さんは支部長を辞任し、平会員になったが、城北支部では団栗の背比べのようで、支部長になれる人材を欠いていた。城北支部では支部長の不在が続いていたが、そこで目をつけられたのが儀旺支部に属していた成さんである。成さんは儀旺支部の主任ではなく、教会全体にかかわる文書部長という役職にあった。他支部の主任が支部長になる場合はもっと抵抗があると思われるが、部長職にあったことは、人選上ではメリットだった。二〇〇八年初めに成さんは城北支部の面倒をみるように李福順教会長から依頼された。しかし任命状なしではやりにくく、教会長に依頼して、二〇〇八年九月に支部長の辞令をもらった。

城北支部と儀旺支部の違い

二〇〇九年一月の聞き取り調査（成さんが実質的に支部長の役割として城北支部にかかわって一年の時点）では、成さんは城北支部について次のように述べている。「城北支部は儀旺支部とは雰囲気が違った。儀旺支部の法座では法を話せたのに、城北支部の法座では自分の意見を言うだけ、井戸端会議みたいで、すぐけんかをしていた」。また、城北支部の会員の特徴として、「起きてくる現象を『すべて自分』と受けとめるより、人に教えようとすることが多い、法統継承が弱い、自分を変えていくことに取り組ませることが大変だ」とも述べている。

主任は六人おり、その当時は一人が四二歳のほかは七〇歳以上だった。鍼に行って、翌日佼成会に行くという感じと述べている。「支部長にと言われた時には本当は行きたくなかった。けれども年配者がいるおかげで、母や義母の心を教えてもらった」とも言っている。支部長になって一年後の時点では、「パッとぶつかって火花が散ることはまだあるが、今は冷静」とも言う。

成さん自身は、文書部長に支部長という役割が付け加えられることによって、翻訳・校閲で学んだことを実際の人とのかかわりの中でかみしめていった。「信仰即生活。今は、出家の方が気楽だなと思う。けれども生活の中でぶつかりながら修行するのがもっと大切だと思った。人とのふれあいのなかで、法の動きがみえてくる。文書部長の時の蓄積が支部長になっていかせる。サンガの中でも法があるので、法に基づいた話ができるのは、我ながらすごいなと思う」。また、「今まで、すれすれで時間を合わせていた。支部長の役のおかげで、下の人が連絡してくれないと心配だというのは体験でわかった。韓国では日常生活ではこのようなことはない。子どもが無事つきました、これから行きますというのはなかった」。

二〇一八年の時点では次のように述べていた。「城北支部の人達は、全然知らない人で、自分より信仰歴が長い人たちだった。信仰歴が長いということで、ご法をしっかりつかんで長かったらよいが、自分なりの我の信心が強いので切り替えるのが難しかった。また、自分が一生懸命やったら子どもたちがよくなるので、子どもが信仰継承しなくてもよいという考え方だった。自分が変わろうではなく、体験をひきずって布教していた。マイホームをもてた、息子が就職した。先祖供養をして、徳を積んだらこうなったというご利益信仰だった。そのためには朝六時のご供養は徹底的にしないといけない、当番修行をしなさい。祈願供養に入って毎日佼成会に足を運びなさいというように功徳を積むことを勧める。金儲けに外に出ずに(仕事をせずに)佼成会一筋にすれば大丈夫だというのが、すごくパワーがあった。以前は李福順教会長さんも一生懸命佼成会のことをしたら、家のことはちゃんと仏さまがしてくれるから、仕事しないで佼成会に来なさいと言われたので、私たちもそれを飲み込んで、そこの家に行って説得させて、仕事を辞めさせたこともありました。自分自身も儀旺

写真 4-9　城北支部の法座（2009 年 韓国立正佼成会提供）

写真 4-10　会長法話の研修講師をつとめる（2018 年 韓国立正佼成会提供）
毎月一日の命日に、翻訳された庭野日鑛会長の法話をかみしめる。これは、教務部長としての役割である。

支部の時にそう言って人を説得したこともあった。それはいいのだけれど、それに城北支部は我流を入れて勧めるからあらっと思った。徳を積まなければいけないと人には説いているわりに、幹部さんは自分の都合で動いているところも見える。おかしいなと思った。新しい人が来て、当番に出て功徳を積んでくれたら、ありがとう、ご苦労様という一言を言ってほしいのに、あんたが徳積みにきたんだから、あんたの得でしょうと言った感じだった。それはちょっと冷たいなと思った」。

城北支部の場合、自分よりも年上の人が多くてやりにくいというより、年齢的な問題もあって、今までのものが切り替えられない。全然変わっていかないところがある。けれども、城北支部は、布施では三支部のうち一番で、布施の功徳というのは頭の中に根強く入っている。子どものために布施をする。花まつりの提灯も一四〇〇のうち六〇〇個くらい（全体の約四割）は城北支部が集める。

支部長になり、義母と母のことを思う

最初のころ、城北支部に支部長として皆の面倒を見ているときに、ふと母を思い出した。母が再婚して、六人の子どもいる家に入った。私も同じことをやっているのだなと思った。

城北支部で年配の人が多いので、接する中で義母や母の気持ちがわかった。また、城北支部には草創期に信心ひとつで修行してきた人たちが多くいて、個性豊かな一人一人は、なかなか変えられない。そこでは、自分の言動を、心を変える修行だった。そのおかげでなかなか変えられない自分の言動と心を変えることができた。また、そのおかげで義母との関係もよくなった。二〇一三年一二月、義母は頸椎腫瘍の除去手術後、首から下が麻痺した状態になって入院したが、真心をもって介護することができたのも、教えと修行のおかげだ。二〇一五年一〇月に義母は亡くなったが、約二年間のあいだ、朝夕、病室の義母の傍らで、三部経をあげ、肌と肌でふれあい、全身全霊で介護することができた。実家の母は義母が亡くなって四カ月後、食べ物を気道に詰まらせ、突然世を去った。母に対しては温かにしてもらったという記憶がなかったが、今思うと再婚して義父と死別してから、針仕事をして自分たちを養ってくれたのだと思う。これから親孝行をさせてもらえると思った矢先だった。けれども本当の親孝行は亡くなってからで、法華経に出会って菩薩行をさせてもらい、人さまに喜ばれる人間になることが一番の親孝行だという会長先生の言葉に救われた。

城北支部の課題

前の支部長の朴さんとは本音で話したことはない。お互いの深い心は出し合っていない。朴さんが来るのは三大行事の花まつりとかお盆とか、水子供養とか、新年の年賀などの行事だ。長男と次女宅の追善供養は教会の戒名室でやる。朴さんはいい人だが、自分の頑固な信仰を支部員に押し付けていた。朴さんは平信者ではいるが、たまに教会に来ると城北支部はみな自分の導きの子なので、リーダーのような感覚でいるところもある。今は自分なりに信頼を得ていると思う。

命日には教会で支部法座をするが、そこで出る問題は、家庭の中の問題、夫婦、子ども、結婚した息子の話、結婚した娘の話、孫の話、若い人の場合は、子どもの問題、教育の問題。城北支部は命日には一〇人以上くる。

支部の課題としては子どもたちへの信仰継承だ。法統継承してもらえれば問題がない。城北支部の副支部長は七〇歳、主任で一番若い人は五一歳、八〇代が二人、七〇代が二人、六〇代が三人と高齢化している。

成さんはまずは教えの知的理解に関心があった。最も影響を受けた人として挙げている儀旺支部の前支部長の金美麗さんも教学的理解にたけた人だ。また、二〇〇三年に文書部長になって以後、翻訳（校閲）に李幸子とともに携わっている。

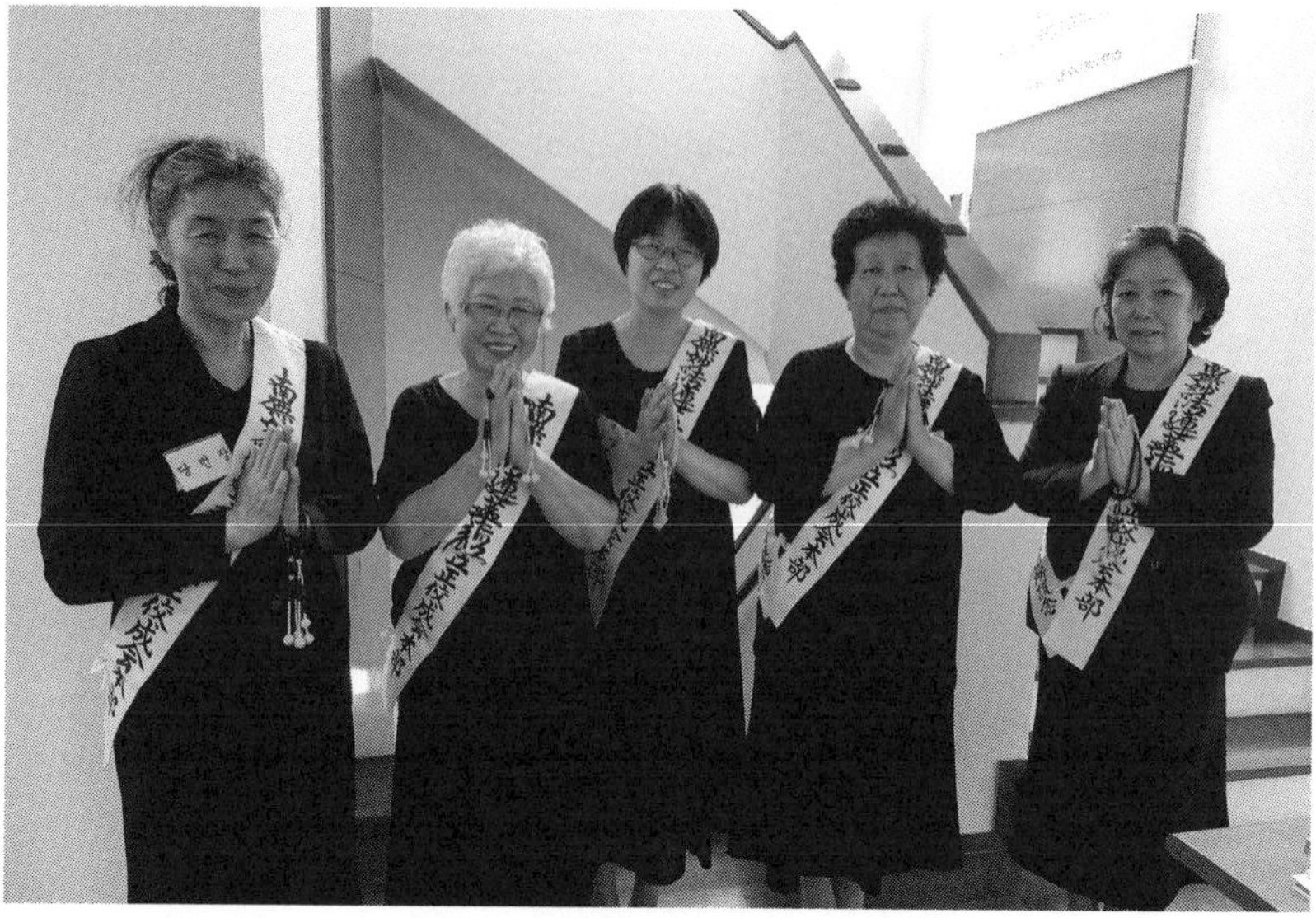

写真 4-11　城北支部の道場当番メンバー（2018 年 筆者撮影）
左端が成淑姫、次が副支部長の李英順

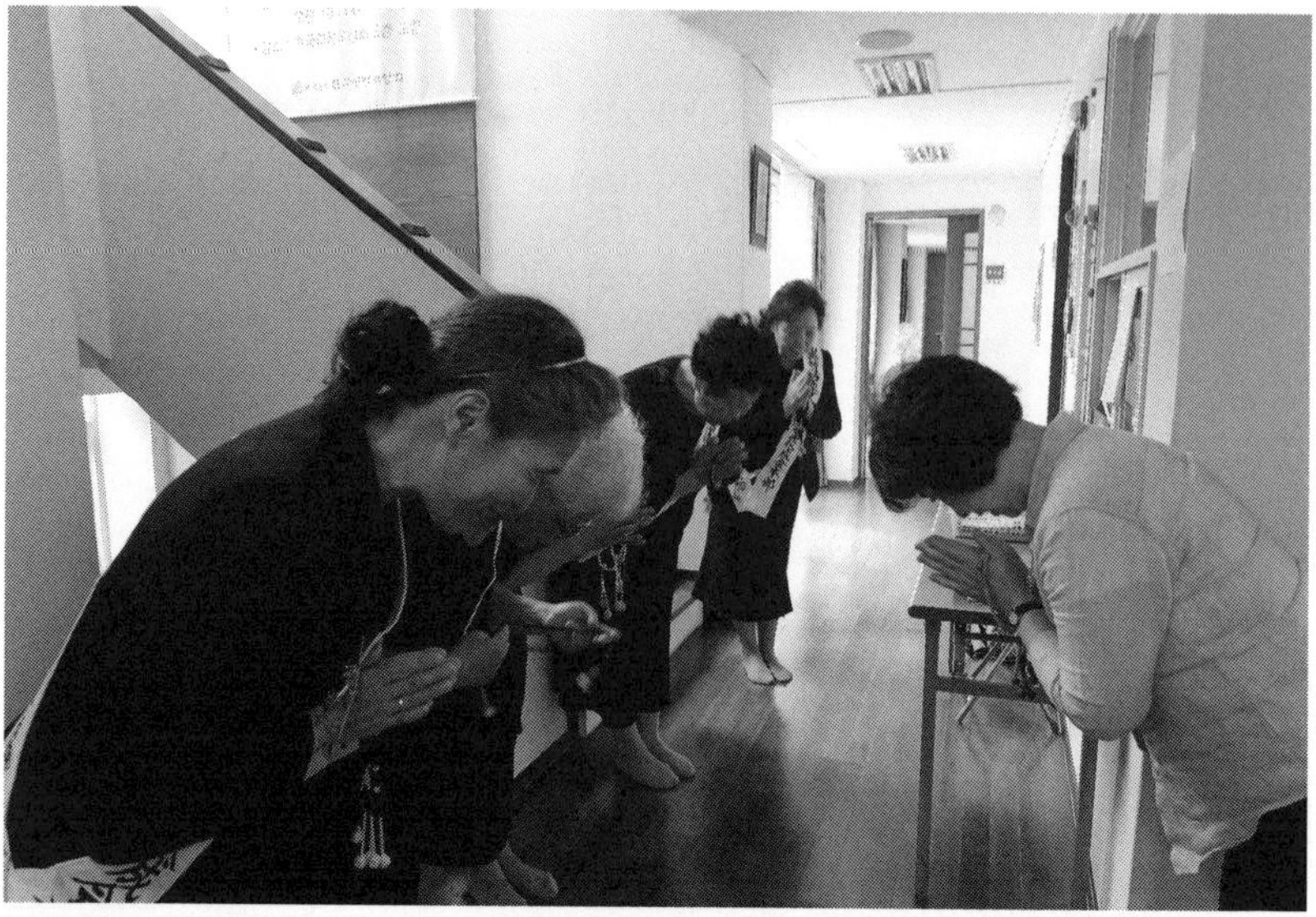

写真 4-12　教会長への当番の終わりの挨拶（2018 年 筆者撮影）

書物を通じての教えについての理解も深く、教学に関心をもっている。成さんは大学の英文科卒で英語能力も高く、イギリス系企業の秘書をへて、韓国で著名な会話学院の英語の教師もした。専業主婦でおわることはむなしいとも思っていた。家族内の人間関係の問題で佼成会にかかわり、具体的な実践をする中で、夫や子ども、義母に対する態度を変えることによって、徐々に結果が出てきた。子どもの中で一番問題だった長女は佼成会の学林で海外修養生として二年間学習し、その後、本科生としてさらに三年学び、現在は国際伝道部のスタッフとして正規職員になっている。義母とは介護を担う中で、和解した。夫は二世帯を往復しているものの、その関係は落ち着いたものになっている。また、成さんにとって、佼成会で自己実現をする場が与えられたことで、生きがいをもてるようになった側面もあると思われる。

四　姜垛仁（儀旺支部長）の信仰受容と自己形成

属性

姜垛仁さんは、一九五八年二月に慶尚南道の咸陽で、女三人、男一人の四人きょうだいの一番上の長女として生まれた。六〇歳（二〇一八年時点）である。生後四カ月の時に、父親の仕事の関係でソウルに引っ越した。学歴は大学中退である。父の事業がうまくいかなくなり、自分よりも弟を大学に行かせたほうがよいということになったため、中退した。しばらくしてから、地下鉄公社で三年ほど社長秘書として勤めた。夫（一九五四年生）とは同じ会社で会った。結婚が決まってからは仕事をやめ、しばらくして一九八四年に二六歳で結婚した。子どもは娘が二人で、長女は一九八五年八月に、次女は一九八七年三月に生れた。長女は結婚して家を出たため、今は、夫と次女との三人家族である。

佼成会への入会と入会時の問題

佼成会に入会したのは一九九八年一一月四日、四〇歳の時だった。二〇〇二年一一月に組長、二〇〇三年一一月に主任になり、二〇一〇年一月に儀旺支部の副支部長だった黄慶子さんが総務部長になったので、そのあと副支部長になった。そして金美慶支部長が二〇一五年一二月に退任したあと、支部長になった。本部で本尊の勧請を受けたのは二〇〇二年一二月、教師資格は二〇一二年六月に拝受した。

入会のきっかけになったのは、韓国経済の危機(一九九七年一一月に通貨危機になり、韓国はＩＭＦに支援要請)の影響で、夫が経営していた建築会社が継続困難な状況になり、さらに頼まれて夫の友人の建築会社の保証人になっていたが、その会社が倒産し、その借金もかぶった。そして夫の会社も倒産して、一〇億ウォンという大きな借金が残された。

住んでいた家は持ち家だったが、それを売って近所の団地に引っ越した。また、それ以外にも不動産をもっていたが、借金のかたに銀行にもっていかれた。入会した時は持っていた財産がみな銀行にとられて、残ったのは借金しかなかったので、経済的な苦しみが一番大きかった。

同じ団地に住んでいたのが、佼成会の会員の朴英姫さん(一九五三年生、一九九八年入会、成淑姫の導き)だった。ある日、家で先祖供養があるので、お坊さんも来るので来てみないかと誘われた。その日に出会ったのが、李福順支部長、金美慶さん(のちの儀旺支部長)、盧承元さん(のちの龍山支部長)、成淑姫さん(のちの文書部長、教務部長兼城北支部長)といった幹部である。その時に自分の置かれている状況を話したところ、李福順支部長から「明日教会に来てください。そうしたら悩みを解決する方法を教えますよ」と言われた。翌日朴英姫さんと成さんと三人で行った。そこで日本の宗教であることを知り、戸惑いや不安があったが、抱えている問題を話した。

その時はまずは家の借金問題が大変だった。そして、当時小学校五年生だった次女が学業についていかれない、外に出られない、道を一人で歩けない、人間関係が取り結べず、友達がいないといった状況だったので、夫の事業が倒産する前には塾に通わせ、カウンセリングを受けるなどしていた。けれどもそうした費用が捻出できなくなり、夫への不満を強めていた。夫や次女の問題に対して李福順支部長は、「会社の倒産は夫が家族を幸せにしようと努力してきた結果であること」、「次女の存在が家族の絆を強めていること」を教えてくれ、それに感動を覚え、入会した。近所に住んでいた成さんが、いつも声をかけてくれたので、教会に毎日行くようになった。二一日間の祈願供養もした。そして総戒名の祀りこみは基本信行であると勧められ、祈願供養をする中で自然と受け入れられたので、入会一カ月後には、総戒名を自宅に祀りこんだ。総戒名を置き、お経をあげて先祖供養をすることは一番苦しい時に心の拠り所になったので、家族は理解してくれた。

入会した頃は、こんなことがなぜ自分に起きてくるのだろうと悲観して、いやになって怒りばかりが湧き上がっていた。そしてその怒りを外には出さずに、何も言わずに家の外に出ないで、家の中に隠遁するという感じだった。お金に対する苦が大きかったので、家に一人でいたらば鬱になりそうだったので、土日以外は教会に行った。

夫は自分が教会に行くのはあまり好きではなかった。夫は給料とりになったので、夫が出勤してから行くとか、時間を決めて教会に行っていた。入会した当時に与えられたの役割はトイレ掃除だ。しゃがむトイレだった。家以外のトイレの掃除をするのは人生初めてで、人のためにやるという経験は新鮮でやりがいがあった。その時の感動が今でもある。

あの人の言葉が引っ掛かったかとか、気に入らないからと出てこなくなる人もいるが、そんな言葉に引っ掛かって行きたくないというのも自分のプライドが許さないので、言葉に引っ掛かった時があっても、そうでないふりをしながらずっと活動を続けていた。これまで活動を休むということはなかった。

夫婦関係

借金のことでゆとりがなくなり、次女のこともあって夫に不満がでたが、もともとの夫婦仲はよかった。経済的に大変な中でも、夫は一回も自分に対して、外に働きに行ってお金を稼いでこいとは言わなかった。この点について、夫に対していつも感謝の念はもっている。今でも夫はそんなにお金を稼いではきていないし、また借金の苦しみをもたらしたかもしれないが、自分にお金を稼ぎなさいと言わなかったので、夫は自分に対して大きな声を出せる。夫は死にたいと思った時もあったというが、そうしたら、妻と娘、女三人がどうなるか心配で、また頑張ろうと思いなおしたと言っていた。夫婦仲はよい。お互い言いたいことは言える関係で、秘密がない。

借金の問題については佼成会で相談はしなかった。命日に聞く法話とか、法座に座って人の話を聞いたりしながら、自分は夫との関係をどうしたらよいのかというのに視点があった。金美慶支部長は、「あなたは住むところがなくなったから、広場にテントをはって住もうと夫が言っても、あなたはたぶんハイといってついていくのだろうね」という話をよくしていた。そういうことを言われているほど、夫を信じて頼っていた。どんどん経済状態が難しくなってきていたので、アパートも小さなところまで引っ越しを経験したのだけれども、その時もハイとついていった。夫に従うということは、佼成会に入って変わったというばかりではなく、時代背景もあるが、自分の母が父に従っており、女が大きな声を出さず、夫に従うことが家で大きな騒ぎにならないことだという母の姿を見ていた。けれども夫婦が信頼の絆で結ばれていることは佼成会のお蔭だと感謝している。

膝の手術をして一〜二カ月休んだ時は教会に行かれなかった。お盆の休みの時には一週間くらい教会に行かなくなる。そうすると家の中でぶつかりが出てくる、夫と大きい声を出してケンカしたわけではないが、「いつになったら楽になって幸せに暮らせることができるかなぁ」と冗談っぽく言ってしまったことがあって、その言葉が夫の心にさわってしまった。夫から「教会に行っているのに、そういう考えにしかならないの」と言われる。佼成会に行くことによって、夫の心を刺したくなる気持ちを、もたないというか、忙しくてもつ暇がないので、家庭が幸せになっているかなと思う。

佼成会での実践と自己変革

導きは、次女の友達のお母さん、夫の友達の奥さん、自分の友達、妹など六人くらいした。

好きな実践はご法の習学だ。入会した当時は仏教のことを何も知らなかったので、八正道、六波羅蜜など一個一個の意味を知っていくのが楽しかった。教学については、本を読むと新しい発見があるし、李幸子教会長が総務部長時代の説法にも大きい影響を受けた。

佼成会では夫を立て、寄り添うように言うが、母が父に従うという家庭で育ってきたので、もともと夫との葛藤はあまりなかった。性格も女らしい性格で、育てられた家でも礼儀を厳しくしつけられてきたので、すべてにおいてきちんとしている佼成会のあり方も自分とよく合った。そこで、いろいろなことが自分はできるという思いがあった。一番変わったなと思うのは、相手の立場になって話を聞くことができるようになったことだ。今まではなんでも完璧にやりたいと思ったし、実際、何事も完璧にする人間だった。そこでサンガの人々や自分の子どもが、自分の思うような完璧さに至らないのを見ると、怒りが出てきた。「前よりは、その人の立場に立って柔らかく教えてあげるようになったね」と夫が言っていた。もう一つ変わったところは、大変なことにぶちあたっても、必ずこれを乗り越えられるという自信がついたことだ。教えと出会って、乗り越えていける、これは自分が通らなければならない道だと思うことができるようになった。

また、入会するまでは自分の家族しか知らなかったのが、今は大変な状況にある家庭をみると、あの人も大変だなあ、救ってあげたいなという心にならせていただけたことに、自分でも驚いている。

佼成会の魅力とほかの宗教の違い

「まず人さま」、「三つの実践」これはどこに行っても言えることだ。そしてご宝前を中心とした生活をする。佼成会の魅力の一番は先祖供養。先祖を過去帳に入れて朝夕ご供養ができることが一番の魅力だ。佼成会式の夫方妻方の両方の先祖を供養するというのは韓国では珍しい。しかし、女性にとって実家の先祖を祀れるのはとてもありがたく、感謝するところだ。

他の宗教はあまり行ったことはないが、伝統仏教の曹渓宗のお寺には、義母から今日は一日だから行きなさいとか盂蘭盆会だから行きなさいと連絡が来るので、大きな行事の時には行っていた。伝統仏教の寺に行くとお坊さんが話をしてくれるが内容がよくわからない。あまりグッとくるものがない。それに比べて佼成会ではみなが家族のようにつながっている。各自お互いの事情がわかる。どういうことで苦しんでいるのか、相手のことも知っているし、自分のことも知っている。自分をありのままに出せるということが佼成会は違う。相手の話を心から聞けるし、心から寄り添うこともできる。また、素直に相手と話をできるのは、お寺とは違う。

日本から来た宗教だということ

佼成会が日本の宗教だということは、導きをする時が一番たいへんだ。自分自身も入会した時に日本の宗教に入ってよかったのかどうかという悩みがあった。

前よりもお役のおかげで「日本の宗教」と言うのが楽になった。普段、教会長から釈迦牟尼世尊について教えてもらっているので、韓国の普通のお寺に行った時にいろいろな菩薩がいるが、私たちは釈迦牟尼世尊を祀っていると言えるようになったので、前より負担は減った。また、佼成会はどういうところかという説明として、単に日本から来た宗教だということだけでなく、釈迦牟尼世尊と法華経を所依の経典としている宗教と言えるようになった。それともう一つは歴史の話を一緒にしている。仏教はインドから中国、中国から韓国へいって、韓国から日本にわたった。日本で法華経が花開き、それが戻ってきたのだから、日本からというより、みな繋がっていて、韓国から日本に行き、そして韓国に戻ってきたと説明する。

支部長の役を受ける決心

金支部長はいつも「六〇歳になったら支部長のお役を辞める」と一～二年言い続けていた(第三章の四節参照)。その話を聞いて自分としては少しすねる思いがあった。なぜかというと自分の場合も夫の縛りが強かったので、金支部長が夫との関係で辞めるということを言うならば、自分だって同じだという思いがあった。金支部長とは二歳しか違わないので、それなら私も辞めなければならないのかと思った。

金支部長はご法によってサンガと触れ合ってきた。自分はもっと日常的にサンガとの触れ合いをしてきた。金支部長が二〇〇八年一月から六カ月、教会に出られなかった時に、現在の総務部長の黄慶子さんが副支部長としてやっていた。その時に、自分は黄さんを助ける役をしていた。また、黄さんが二〇一〇年一月に総務部長になってから、自分が副支部長になって金支部長と一緒にやってきた。二〇一五年一二月に金支部長が退任したので、李幸子教会長から支部長にとの言葉をいただいた。お役をとおして自分がたくさん変わってきたという思いがあり、そしてこれまで金支部長と一緒になってやってきたのだから、これからも学びながらやっていこうという気持ちで受けた。

写真 4-13　姜さんが副支部長時代の支部法座（2010 年 韓国立正佼成会提供）
中央の金美慶支部長の左隣が姜琛仁。青年が法座で発言している。

写真 4-14　儀旺支部の支部法座（2017 年 韓国立正佼成会提供）

お役にかける時間とお役をするための夫への対応

夫は佼成会には来ない。一番大きな行事の釈尊降誕会（花まつり）にも来ない。しかし、今は夫はお役に反対しない。頑張ってお役をするようにと応援してくれる。しかし、以前はけっこう厳しくて、夫の仕事が休みの土日は教会に行けなかった。また、支部長のお役をもらっても一〜二年は夫に隠していた。夫が絶対に不便にならないように家事は完璧に、それこそ一二〇％やっている。そうすると夫も気持ちが楽になるし、お役をするのにも夫の理解を得られるからだ。

支部長になってからは、お役のために一カ月に二五日くらい教会に行く。家を出発するのは八時半、家に帰るのが午後五時三〇分だ。教会に行くのには一時間かかる。六日、一六日、二六日の教会の休業日以外は、教会長、総務部長、支部長は毎朝九時二〇分からミーティングがある。支部の当番の時には頑張って間に合うようにしているが、それ以外はいつも遅刻している。時間を守れない理由は、妻が仕事でもないのに、時間を守らないといけないと朝から慌てている姿を見て、夫が耐えられないことを感じるからだ。それでもうちょっとゆっくりでいいですよという姿をあえてみせている。そうしていても夫が朝ご飯を全部食べおえるまで家にいることができずに、ごめんなさいと言って出ている。それで遅刻している。夫に気を使っている。夫は家族に対して、経済的に十分豊かにしてやれなかったことを心苦しく思っているので、たくさんお金を稼いでくれなくても、夫として称え、尊敬していることを伝えたいし、そういうふうにしてあげたいと思ってやっている。

夫は午前一〇時に出て、午後四時には帰ってくる。自分は朝早く教会に行って、遅くに帰る。夫が帰った時に自分はいない。今は次女に頼んで、前もって準備した軽食を出してもらったりしている。小学校五年生の時に悩んだのが、この子だ。

借金は二〇年間返したが、利子があるので、まだたくさん残っている。夫は六〇歳をすぎているが、一生懸命働いている。今は給料もらうというより、会社に所属し、プロジェクトに対する報酬をもらう。前よりも稼げるようになった。しかし、基本給はあるものの少ない。プロジェクト報酬は毎月もらえるわけではない。給料だけでは一カ月の生活費はまかなえない。人に借りて三カ月したらプロジェクトのお金が出るので、それで返したりしている。やりくりをしている。こうした状況でも夫が、自分に外に働きに出ろとは言わないことには感謝している。それで佼成会の活動ができる。

お役の上での課題

儀旺支部の場合、お互い協力しあうという努力がみられる。そして幹部の七割は経済的に恵まれている。人との人間関係もうまい。佼成会に対するプライド、自負心をみなもっている。自分のいる場所で教えを実践しようと努力している。チームワークがよい。朝のミーティングで各支部の報告があるので、その中に問題の報告もある。あの支部にはこういう問題があるのだな。そういう報告を聞いて自分の支部について思った特徴だ。

儀旺支部は支部長を含めて、一六名の幹部がいる。あんなに主任がいるのにもかかわらず、多くの人が仕事に行ってし

写真 4-15　教会長、総務部長、支部長の朝のミーティング（2018 年 韓国立正佼成会提供）

この時は当番で来ていた城北支部の副支部長（左手奥）も参加している。

まう。仕事をしているので月一回くらいしか道場当番に来られない。月一回しか出られなくても、お役に来た時にもっと温かく迎えてあげられたらよいが、それができないことが問題だ。仕事をしている主任を認めつつ、一回でも仏さまの話が聞けるご縁になるように、どうしたら道場に来てもらえるかを考えるのが支部長としての自分の課題だ。当番には主任と組長が入っている。仕事をもっている主任は当番を土日に入れている。

道場当番の抱える問題とそれへの工夫

道場当番の人は八時、遅くても八時三〇分には教会に来る。教会に来るのに時間がかかる人もいる。遠いところに住んでいる人は、朝六時三〇分に出発する場合もある。当番は龍山支部、城北支部と、儀旺支部はAチームとBチームに分かれているので、今は四つのグループが三日ずつ連続して当番を担当している。そのほかの日に手どりをするようにと言うと、「この前当番に出たからいい、疲れた」と言われる。当番は午後三時までいるが、手どりに行くという人は昼食を食べてから外に出るということはやっている。

儀旺支部は一カ月に一五日、当番が回ってくる。チーム長（チーフ）は三日間全部出ている。チーム長以外は自分がお役に入っている時に来る。他の人は三日のうち一～二日で、命日の参拝、追善供養のお役を入れて月に四～五回は出ている。Bチーム長（金透衣、一九四七年生、一九九一年入会）は六の日以外毎日来ている。

当番は、読経供養の導師・脇導師、放送の役、戒名室の役があるが、ご宝前にかかわる当番は一〇時には法座席に入ってご供養を始める。ご供養のお役でない信者が台所の準備をするが、その人達も本当はお経をあげたい、法座に入りたいと思っているので、寂しく思っている。弁当持参はなくなったので、昼食の準備もしなくてはいけない。掃除もしなければいけない。伝統仏教のお寺には給料を払って雇っている人がいる。食事の準備、掃除のために朝早く来てやらなければならない状況があるので、そうした人がいれば、来るにしても時間を短くできるのではないか。食事の準備、台所の掃除、キムチづくり、皿洗いなど台所の仕事を外注して、自分たちは法座の修行に入ったらどうかと思う。寺で出る昼食は、味噌汁とビビンバ。ビビンバと言っても野菜がひとつあって、それにコチジャンぐらいだ。キムチは出ないときもある。伝統仏教のお寺よりも佼成会のほうが食事の内容がよい。簡素化ということでやっていたが、それでも家から一品持ってくる。それを見るとほかの支部の人も持ってきて、結局戻ってしまう。主任がいつも言ってくる言葉がある。「当番のお役なしに法門だけ聞いて帰りたいな。そうしたら楽なのにね」と言っている。お寺はこの方式だ。

仕事をする人が増えたことによる人手不足がある。人によってはその人が家計を背負っていかなくてはならない人もいる。そういう人は外で働いていてもいいと思うが、そうでない人も外に働きに出たがる。もっとお金を稼ぎたい、というようにみえる。

支部法座で出る問題は、病気、お金、人間関係の問題で、人間関係の問題が一番多い。

支部長としてのお役の喜び

一番うれしいのは自分の成長だ。儀旺支部の副支部長だった時と、今、支部長でやっているお役の内容は変わらない。支部法座の法座主、ご供養のお役、支部の報告書を提出するとかやっていることは変わらないが、信者とかかわって、その悩みを聞くことをとおして、悩みを人のこととしてではなく、同じ心になって、自分の悩みと思って聞ける自分がいる。金支部長が「あなた方のお蔭様で成長させてもらいました」と言っていて、当時はなぜ自分だけ成長したのか理解できなかったが、今になってその言葉が理解できる。

写真 4-16　開祖生誕会での導師（2018 年 韓国立正佼成会提供）
11 月は教会長が海外教会長会議で本部出張するので、開祖生誕会に当番があたった支部長が導師をする。

写真 4-17　開祖入寂会での仏供膳（2012 年 韓国立正佼成会提供）
韓国では開祖生誕会、開祖入寂会、脇祖報恩会のみ、仏供膳をあつらえる。
韓国式の食べ物がのっている。

次女の結婚の功徳

佼成会への入会動機のひとつになった、当時小学校五年の次女についての悩みはたいへんなものだった。学校の中では自信がなく、いじめられていた。勉強もできなかった。夫は、あれは自分の娘ではない、自分の娘はあんなはずではないというくらい次女を認めなかった。本当に心配がたくさんあった子だったが、教えのおかげでよい子に成長してくれた。

次女は三二歳になったが、今年(二〇一八年)、結婚することになった。それも恋愛結婚だ。人間関係が本当に苦手だった次女が結婚まで至ることができた。もちろん結婚したから幸せだとかよかったということでもないのはわかっている。一生この子は私たち親が面倒を見なければいけないと思っていた子だった。そういった子が誰かと出会って自分の努力で結婚までいったことがうれしい。

次女は、短期アルバイトはしたことがある。しかし、全部合わせても五カ月程度だ。相手とは友達の紹介で出会った。結婚相手の家に迷惑をかけないようにしないといけないということは心配している。次女は、あるところだけを見てしまい、全体を見られなくなることがある。今は大変なことになってくると自分に話す。一から十まで話すので、いろいろアドバイスをして、本人も納得している。

娘のことはたくさん相談した。李福順教会長はこの子はとても頭の良い子だと言ってくれた。家族で、夫、自分、長女、次女は皆、同じ性格をもっていない。性向がみな違う。それをこの子がバラバラにならないように要になってくれていると言われた。

姜さんは、女性は男性に従っていくということを、実家の母をみて学んだ人である。通貨危機の余波を受けて夫の事業が倒産に追い込まれ、借金で生活が困窮することになるが、夫が外に働きに行くことを勧めなかったことに感謝している。

夫には気を使い、支部長になったこともしばらくは伏せており、ほぼ毎日、教会に出ることに対して、家事は完璧にやろうとしている。次女の問題も好転していった。佼成会の活動をとおして、専業主婦が自分の家庭内だけではなく、他人のことも心配できるような自分になれたことに成長を実感し、そこに喜びを感じている。

五　黄慶子（総務部長）の信仰受容と自己形成

属性

黄慶子さんは、一九五六年九月に、慶尚南道の釜山で、女三人、男一人の四人きょうだいの三女として生まれた。末子で、姉が二人、兄が一人いる。六二歳（二〇一八年時点）である。釜山大学工学部機械科を卒業し、卒業後、釜山で中学校の技術と物理の教師をしていた。就職して一年後の一九七九年五月、二三歳の時、大学時代にサークルで知り合った夫と恋愛結婚し、夫の仕事の関係で、ソウルに出た。釜山の学校からソウルの学校に転勤するのは難しく、また当時は結婚したならば仕事をしないのが普通であった。子どもは娘二人で、一九八一年二月に長女、一九八二年四月に次女が生まれた。

現在は夫と二人暮らしで、夫の仕事は家庭電器販売店の支店長である。

佼成会への入会と役職の変遷

二〇〇一年三月一五日、四五歳の時に佼成会に入会した。自宅に総戒名を安置したのは入会三カ月後の二〇〇一年六月で、戒名室に安置するのは問題なかったが、初めは自宅に祀ることには抵抗があった。おたすきには特に違和感があり、安置式にはおたすきをかけずに参加した。本尊を勧請したのは、同年の二〇〇一年一二月で、入会から本尊を受けるまでは一番早かった。教師資格を得たのは二〇〇七年一〇月である。

二〇〇二年三月に組長、三支部制になった二〇〇三年一月に主任になった。三支部のうち儀旺支部のみ、金支部長の体が弱かったことと夫との約束で毎日は出られなかったので、副支部長職をつくり、二〇〇八年九月に黄さんが副支部長に就任した。そして、李幸子総務部長が教会長に就任したのに伴い、総務部長に就任してほしいとの依頼があり、一カ月間の逡巡の末、その申し出を受けて二〇一〇年一月に総務部長となった。

お役に使う時間は、副支部長時代には六のつく教会の休業日以外は毎日教会に出、総務部長になってからも同じく、九時〜一六時まで教会につめている。入会した時は家から教会まで往復五時間かかり、副支部長時代は三〜四時間、現在は往復二時間半である。一年前（二〇一七年）から週二回次女の子ども（孫）の面倒をみるため、一三時二〇分に教会を出るようになった[4]。

夫は佼成会の活動を理解してくれている。ただ、総務部長は教会に毎日出て行かなくてはいけないということはわかってはいるが、夫は時々、寂しい思いをするので、複雑な思いをするらしい。けれども、妻が生き生きとして変わってきている姿を見て、今は、夫は大きな行事には来るようになった。壮年部の法座に行ってはいないが、行きたいと言っている。後から本当は寂しかったと告白した。しかし、教えを学んでよかったと思うと言ってくれた。寂しいなと思った時、仕事で自分自身も妻を寂しくさせたのではと思ったらしい。

佼成会に入会を導いたのは一〇数人で、親戚、夫の店の従業員、友達である。友達は自分が毎日教会に行っているのは知っている。夫の店の人には、佼成会の本をわたしているうちに自然と教会に行ってみたいという話が出た。また、追善供養の時のおもりものをもっていって、供物だからとかいうと皆喜んでもらっていく。そこには、ご供養が入っているので運がよくなるということで、教会でもらった供物を分けてあげると喜ぶ。

黄さんは二〇〇一年に入会以後、佼成会に時間も献身もしていくが、それではどのようにして入会したのか。また、教えを受け入れていったのだろうか。

佼成会への入会と不思議な体験

次女の学校友達のお母さんの金善子さんとは、一〇年も親しくつきあっていたが、お寺に行っているらしいとは思っていたが、彼女はそのことを言わなかった。けれども、次女が大学受験に失敗して、自分がパニックになって、寝込んでいた時に、自分の行っているお寺に行ってみようと誘ってくれた。これまで秘密にしてきたのに誘ってくれてうれしかった。その時は次女のことよりも、彼女が怪しい宗教をやっているのではないか、変なお寺に行っているのではないか、それなら、彼女をそこから脱出させなければいけないと思って行った。看板を見ると、在家仏教立正佼成会と書いてある。寺の場合は「寺」という文字が入るはずだ。「会」というなら寺ではない。彼女にここにいたらだめだというためには、どういうところか知らなくてはいけない。そこで、教会に一週間通ってみようと思った。ご宝前の横に開祖、脇祖の写真があることにも違和感があった。韓国の寺では座像なのに佼成会では立像である。おたすきもいやだった。疑問に思うことは質問して、その答えをもらいはした。六日目に、ご宝前席にいた時に涙が流れて大変だった。なぜ涙が出たかはわからなかった。昔は観音菩薩を念仏したこともあるし、南無阿弥陀仏、南無釈迦牟尼仏と念仏もしていたが、ここに来ると南無妙法蓮華経の題目に変わったが、それからこちらを向いてもあちらを向いても南無妙法蓮華経が心の中に出てくる。なぜか不思議で仕方がなかった。その時は涙が出るという不思議な体験は起きたが、教えはわかっていなかった。そこで、佼成会の教えを一回学んでみようと思った。

李福順教会長は、大法座で、諸行無常、諸法無我という教えを毎日のようにしてくれた。そして一番よかったのは、そこで、相手は変えられないということを学んだ。また、人生生きていく上で寂しくならない教えだと思った。教会長は悩みのある人が相談しに来ると、「できるからね」とその人に寄り添って一緒に泣く姿が印象深かった。影響を受けた人は、金美慶支部長、李福順教会長、李幸子総務部長、金善子さん（主任）だ。李福順教会長からは、法華経の勉強ができる人生は大当たりだと言われた。

伝統仏教と佼成会の違い

佼成会に出会う前、高校二年生の時から伝統仏教の曹渓宗の寺に通っていた。引っ越しをしても近くの寺を探して行った。長女の体が弱かったので、毎日寺に行って五体投地をしていた。娘の受験があれば、入試祈願ということで、一〇八回の五体投地を一〇〇日間したこともある。佼成会に行くようになって、寺には行かなくなった。考えてみると、伝統仏教は迷信的だった。祈って、祈祷してというものだった。我が家を幸せにしてくださいとそればかり頼んでいた。佼成会では「相手は変えられない、変えられるのは自分しかない」と

写真 4-18　花まつりの花御堂のそばに立つ李福順（左）と黄慶子（右）（2012 年 韓国立正佼成会提供）
花まつりでは式典が終わったあと、ひとりひとり花御堂の仏像に甘茶をかける。

いうびっくりするような教えだったから、佼成会に出会ってからは、伝統仏教に対して未練などなかった。入会してすぐ自分の求めるものはこれだと思って頑張った。すべてが佼成会、日常生活イコール佼成会でやってきた。金美慶支部長に法を求めた。勉強するのが好きだった。

途中で迷ったりしたことはないが、入会して間もない時に、サンガの中であの人はこう言ったああ言ったという話が出たことがあるが、そのようなことは嫌だった。人間関係のことで、ひっかかった部分もあったが、教えを求めていたので、引っかかって部分は横に置いておいて進んできた。

法座と精神科医療の比較

法座が好きだ。法座は精神科医療と似たところがある。長女（一九八一年生まれ）が小学校六年生の時、拒食症になった。きっかけは同じクラスの男子が娘をデブとからかったからだ。拒食症は三年間続き、娘が死ぬかと思って精神科の病院も行き、やれることはやった。精神科の医師は、親である自分が生まれ育った時の話をたくさん聞いてくれ、心の中の思いを話さなければいけないと言われた。そして、親がこのような人になってくださいと言われた話が、法座で言われることと一致することが多かった。精神科では医師に話を聞いてもらうのに何分でいくらとお金がかかったが、佼成会ではお金をとらずに法座をやっていたのにびっくりした。ある時、李福順教会長が「皆さんはなぜ佼成会に来ているのですか」と一言聞いた。その時に自分は、法座のことと「佼成会に来るとみな温かく受け入れてくれるので、寂しい思いをしないのがいいです」と言った。

伯母と母に対する恨み――内面にあるトラウマ

佼成会のサンガの温かさにひかれたのは、生育歴と関係しているのかもしれない。自分は後悔が多い、本音を正直に言えない人生を送ってきた。四人きょうだいの末っ子で、姉が二人、兄が一人いるが、七歳の時に、自分だけ伯母（母の姉）の家に養子に行った。戸籍には入らず、体だけ養子に入った。養子に行くようになったのは、母が何かにつけ相談していたムーダンが、ほかのきょうだいはよいが、自分と父母との運命の定めが悪く、三人が同じ屋根の下にいると誰かが先に死ぬと言われたからだ。伯母は、そういう運命になるのを救ってあげたのだからよいことをしたというが、夫が亡くなって一人暮らしで寂しかったので、自分を引き取ったのだと思う。母に対しては、ムーダンに言われたからという理由で、そして、自分の姉の寂しさを穴埋めするために我が子を養子に出すのはあり得ないのではないか。ほかのきょうだいの面倒をみていて、なぜ自分だけが養子に出されたのかと母を恨んだ。母と伯母の仲がよいので、自分のことで喧嘩すると困るから、言いたいことも言えずにずっと耐えてきた。何か言うと伯母が胸をたたいて、「お前がそんなことを言うと自分は死んでしまう」と言ったので何も言えなかった。実家に行っても、きょうだいといってもきょうだいでないような空気が混じりあっていた。長姉に対しては、きょうだいの感覚よりも親のような感覚で見ていた。高校までは伯母が出してくれ、大学は一番上の姉が学費を出してくれた。それもやっとの思いで出してくれた。今までで一番苦しかったことは、やりたい勉強もろくにできなかったことだ。医者になる勉強をしたかったが、夜、勉強する時には電気代がかかるからと電気もつけられなかった。そういう環境の中でやりたい勉強もできなかった。医学部入学はかなわなかったが、釜山では一番よい国立釜山大学の工学部に進学した。

教育ママ・子どもへの執着

二人の娘がいるが、子どもの教育には力を入れた。すごい教育ママだった。子どもの教育については、夫はみな自分にお任せだった。娘を勉強させるため、娘と友達の勉強を月曜日から土曜日まで一六時〜二〇時の間みるようになり、次女が九歳（一九九一年）の時から家庭教師もしていた。主婦だけだとむなしかったということ、そして、伯母のもとで、医学部を目指したかったのにもかかわらず、勉強できる環境ではなかったことへの思いが、子どもの教育にさらに拍車をかけた。

長女はソウル大学に行かせたかったが、梨花女子大学（名門女子大。女子大では最も偏差値が高い、韓国全体の偏差値ランキング七位）のフランス語学科に入学した。（その後フランスに留学した。現在は英語を教えている。）次女はもっと勉強ができたので、中学の三年間と高校の三年間、通学の送り迎えするために車を買った。勉強、勉強と言って全校で一番になった時は、商品券を買って先生に配った。勉強第一で、子どもには家庭のことはさせなかったし、教えなかった。次女にはソウル大学の医学部に行って、医者になってほしかった。けれども三年浪人したがソウル大学の医学部には合格せず、西江大学（偏差値ランキング四位）の生命工学部に行った。（次女は医者ではないが、結婚してから博士論文に取り組み、生命工学の博士号を取得して大学の教員をしている。）

佼成会に入会した時は、長女が梨花女子大学、次女が浪人中だった。自分の願い通りの道を子どもが歩んでいたら、自分は驕慢になっていたかもしれないと思う。佼成会に入って、実践しているうちに、自分の執着がとれた分だけ、娘の気持ちが楽になっていくのを目のあたりにし、やはり自分がそういう執着をとらなければいけないのだと思った。佼成会に入ってよかった。昔あまりにも子どもに対して、勉強、勉強と強引だったので、娘たちは息苦しかったろうとサンゲして、今は一生懸命やってくれてありがとうと言えるようになった。自分のあり方が変わったのは、継続的に佼成会の教えにふれて、それが染みついてきたからではないか。毎日の法座の中で、いろいろな問題が出る。法座での人に対する「結び」は自分の結びだと、それを自分のものとして受け止めるようにと教えられるので、自然とそのようになった。最初のころは李福順教会長の大法座だったが、その法座はすごかった。

子どもの教育に執着したのは、自分が医者になるための勉強をしたかったが、勉強の時には電気代がかかるのからと伯母に言われてやりたい勉強ができなかったという思いがあったからではないか。それが子どもへの執着であり、子どももその期待で苦しんでいた。佼成会に入って、自分が勉強、勉強と子どもたちに言っていたのに、子どもたちが合わせようとして、どんなに心を痛めていたかが分かった。自分の人生ではなく、子どもの人生だと佼成会に来て学んだ。

佼成会の魅力は、仏さまの教えを勉強できることと、それを生活の中で実践できるように具体的に教えてくれることだ。それによって、娘との関係も夫との関係もよくなった。

自灯明法灯明——伯母と母への恨み心の見方を変える

教育ママになったのは伯母の家での体験に根ざしているが、自分の心の中には伯母と伯母のもとに自分を送り出した親を恨む気持ちがあった。佼成会で教えてもらった「自灯明法灯明」という教えのおかげで、見方を変えることができた。自灯明法灯明とは、他者に頼らず、自己を拠りどころとし、法を拠りどころとして生きなさいということだが、この教えに出会って、佼成会で勉強しなければいけないということがはっきりした。これまでは母や伯母に対する恨みがあったが、法の教えで母や伯母を見たりすることができる自分になれた。昔の自灯明の自分は我の塊だから、「今に見ていろ、結婚して花開いて、子どもも成功させて、私はこんな人間だと見せるから、今に見ていろ」というものだった。昔は自分の思い通りにさせてくれなかった両親や伯母だったから、結婚して出世して、成功してざまあみろと仕返しをしようと思っていた。けれども、今は法のおかげで、両親にも心から感謝できるし、ありがとうと涙をながせる自分になれた。仕返しをするどころか両親や伯母に感謝もできるし、そのおかげで、という自分になれたのがすごくうれしい。

法座・法の習学

法の習学も好きだが、法座が好きだ。見る見方、受け取り方という言葉が好き。金支部長の体調が悪くて来られなかった時、副支部長だった自分が法座で結びをした。その時はあまりうまくできなくて、今も足りないけれど、だんだんと法座での結びに自信ができた。できないときは、「ここは教会長さんにご指導してもらう」と話すので、信者さんも信頼してくれる。

総務部長になると支部の所属がなくなるが、どこかの法座には入っている。ご命日では支部別の法座が行われるが、ほとんどそこの支部長さんがいるから、自分はただ座って聞いている。横で聞いていて、城北支部の成支部長には、あの時なぜあのような結びをしたんですかと聞いてみたりもする。なぜかというと成さんは支部長なので、その支部のことを知っているが自分は知らないので。成さんはそういうのを踏まえて結ぶからだ。成さんが介護をしていて、支部法座に出られなかった時には代わりに法座主をした。

自分のところに相談に来る人もいる。全部の人が自分の支部の支部長と主任と合うわけではない。儀旺支部から今の佼成会を担う人材が出たのは、なぜそうなったのかわからないが、李福順顧問と金元支部長との関係が信頼関係で結ばれ、金さんも素直にやってきたし、また育ててくれたからではないかと思う。

総務部長として

教会全体にかかわる総務部長という役になったが、支部に所属していないことの寂しさがある。儀旺支部の副支部長の

写真 4-19　支部法座（2013 年 韓国立正佼成会提供）
城北支部の成淑姫支部長が不在のため、代わりに法座主をつとめる。

写真 4-20　漢字の勉強会の講師をつとめる（2014 年 韓国立正佼成会提供）
黄慶子の発案で法華経の中の仏教用語の漢字を毎月 1 回教える。

時はサンガが周りにいた。その時に比べると寂しい。総務部長の仕事で困った時は、前総務部長の李幸子教会長ならどうやったかと自分で考えてやっている。しかしまた、大事な行事の時に教会長におそわりながら、それを成就させていくことはやりがいがある。

教会長が法にかかわることが主体なのに対して、総務部長は教会の事務的なこと、財の部分も含め、実務的な部分の全体をみる役だ。教会長と相談しながら、信者がどうやったら心地よく気持ちよい修行ができるかサポートすることが役割だと思う。

韓国教会の運営は一〇〇％布施で賄うことができる。会費は信者がピンとこないので、月一〇〇〇ウォン（二〇一八年現在の円との換算では約一〇〇円）の会費だが、強制はしていない。毎日の「お通し」（教会に来た時に布施箱に入れる）としての布施は一〇〇〇ウォン。しかし、五〇〇ウォン、一〇〇ウォンの人もいる。先祖供養（追善供養、年回供養、総供養、水子供養、ペット供養など）でのお布施が一番多い。追善供養は月に三五件はある。その際の布施は基本一回一〇万ウォンである。ついで花まつりの時の提灯の布施が一個三万ウォンで、それが一五〇〇個ある。

韓国佼成会は経済的には安泰だが、布教は停滞気味だ。その理由は四つあると思う。第一に、仕事をしている女性が増加したこと。第二に、活動できる人数が減少しているので、教会でやらなければならないことが増えていること。第三に、みな年をとってきている（高齢化）こと、第四に、支部の地域が広がっているので、手どりに時間がかかることだ。以前のように、自分は当番にはあたっていないが、自分の支部を応援するために来る人は減少した。追善供養には以前は会員以外の人も参加していたが、今はほとんどいない。これは手どり不足だと思う。青年部ができたらよい。青年婦人部がどのようにしたら活発になるかも課題である。

佼成会が日本から来た宗教だということは、布教上メリットはない。けれども過去の歴史問題や、過去の恨みつらみを

写真 4-21　行事や道場管理のことで打ち合わせをする李幸子教会長（左）と黄慶子総務部長（右）（2018 年 韓国立正佼成会提供）

写真 4-22　総務部長としての仕事（2018 年 韓国立正佼成会提供）

いつまでも心にもって、今、こんなにいいものがあるのに、逃すのはもったいないではないかと話す。

黄さんは親しい友人が怪しい宗教に入っているのではないかと疑い、目をさまさせなければと思い、そのためには敵地に飛び込んで観察しようとした。このあたりは黄さんの理知的な反応かと思うが、そこで、法則的な仏法の教えに納得し、実母の愛情が薄かった黄さんにとって、李福順教会長の温かさ、サンガの温かさは魅力だったのではないかと思われる。黄さんは、法座と精神科でのカウンセリングを客観的に比較したりもする。教育ママで、子どもの人生を自分の願いで強制していたこと、そしてその根にあるものとして、伯母のところに一人だけ養子に出されたことに対する親と伯母に対する恨みの心を認識し、それを法の目をもって見つめて、視点を転換することができた。総務部長として支部と離れたことに寂しさを感じているが、現状についても分析している。

おわりに

これまで、三人の支部長と総務部長の入信過程と自己形成のあり方をみてきた。ここで扱った事例は、三章で言及した在日コリアンに近い親族がおり、彼らとの強い絆の中で入会した人とは一味ちがっている。その意味で、韓国佼成会は新しい段階に入ったといえよう。現在の幹部は龍山支部の支部長を除いて、儀旺支部に連なる人々である。これらの事例からは、さまざまな苦しみの体験をし、その根を見つめ、自己変革していっている様相が見いだされる。韓国佼成会の場合、問題状況の解決をもとめての入会は多い。それは李福順が四柱推命を布教の方便として用いていたこととも関係するだろう。

ここで言及した現在の韓国佼成会を担っている四人の幹部の事例を検討すると、佼成会が彼女たちに与えている意味は二つに分けられる。成淑姫さんと黄慶子さんの事例と呉丁淑さんと姜埰仁さんの事例である。前者は、両者ともに地方の国立大学を卒業し、教員の経験をもっている。黄さんの場合は結婚で教員をやめ、成さんの場合は英会話学院に子どもが三人になるまで勤めた。この二人の事例からは、ある意味では専業主婦の枠に収まらない人が佼成会の活動をすることで自己実現している側面があることが示されている。また、呉さんと姜さんの場合は、ふたりとも高卒（姜さんは大学中退）で専業主婦志向であるが、家庭の中しか知らなかった人が、他者の心配をし、自らの視野を拡大し、実践する中で成長を実感できることに喜びを感じている。

また、これらの事例をみると、定位家族において、親とずっと一緒に暮らしていたのは姜さんだけで、呉さんの場合は父の死後、一三歳でソウルの姉のもとへ、成さんは、幼少時は母の実家に預けられ、母の再婚後は釜山の叔母のもとに預けられた。黄さんは七歳の時にムーダンの言葉を信じた母によって伯母のところに養子に出された。成さんと黄さんの場合は、母親に対して温かさを感じた経験がなかった。呉さんと成さんは年少時に父親を亡くしている。（なお、韓国ではソウルに出た親族を頼って、ソウルに出てくることはよくあるとのことである。）成さんと黄さんは家庭的に恵まれない状況の中で、「勉強」によって道を切り開いてきた人である。教育ママの度合いは黄さん、成さんは高い。佼成会に入会し、教えを受容し、実践をしていく中で、因縁果報の認識、そしてサンガの醸し出す温かい雰囲気、苦労人の李福順の苦を持っている人を抱えこむ人柄などで救われる思いをしたのではないかと推測される。韓国佼成会では方便として李福順が四柱推命を用いたこととも関係するが、人々は苦から入会し、それを祈祷信仰的にではなく、日々の具体的実践の中で自らを変えることに取り組んでいることがわかる。

佼成会の韓国布教にとって、日本から来た宗教であることは布教にとってはプラスには働いていない。むしろマイナスであるといってよい[5]。自分は気にしないが、布教の時にやりにくいと全員が語っている。当初、黄さんは友人が通っている宗教は怪しいものなのではないかということで、佼成会に潜入し、吟味したりもしている。姜さんの事例では日本の宗教であることで他者への説明の仕方でも苦労している様子が見いだせる。成さんは、入会後、総戒名と日本の宗教であることで、義母によって反対されて二年間教会に行くことができなかった。なお、総戒名を祀ることへ一般的には抵抗があるが、これら四つの事例では戒名室に祀りこんだ以降、比較的短期に自宅での祀りこみを行っている。いずれの事例も親とは同居していないことが円滑に祀りこみができた要因のひとつかもしれない。成さんの場合は、義母とは同居していなかったが、子どもの面倒を見てもらうことで、頻繁に義母が訪問していたことにより、義母の反対を深めたともいえるだろう。

社会状況の変化によって、専業主婦をモデルとした活動のあり方は岐路にたっている。韓国佼成会では、道場当番について休業日以外は忠実に日本スタイルを守っており、極めて真面目につとめている。教会長・総務部長・支部長が集まった毎朝の幹部会議の時、現在の韓国佼成会が抱えている問題をあげてもらった。いくつかの問題と解決方法の模索の取り組みについての意見が出た。第一に、仕事をしている主任や組長が増えた。したがってほぼ毎日行う当番には、仕事をしている場合、出られなくなってきている。仕事をしている人には土日に充てるような工夫はしている。しかし、一人暮らしの主任の場合は土日に出られるが、家族をもっている場合は土日はレクリエーションや家族の行事があるので参加しにくい。当番はやることが多いにもかかわらず人数が減少しているので、こなすのがやっとになっている。ふれあいが大切なのに、じっくりと話を聞く時間がない。一カ月に一度しか出られない人に対して、いつも来ているメンバーは忙しく、温かく接することができなかったという反省がある。主任が仕事をしていることが後ろめたいように感じさせるのではないような状況をつくり、佼成会の宝という認識が必要だ。いずれにしても、若手は仕事をしているので、従来のやり方ではお役に喜びをもってあたることが難しくなっている状況にある。第二に、当番のやりくりで、ゆとりがなく、手どりにさく時間が減少した。第三に、高齢化が進んでおり、なかなか人材育成がすすまない。お役はうれしくて楽しい思いでやっていても体が耐えられなくなっている。午後三時まで当番をやって帰ると疲れてバタンキューになる。第四に、信仰継承の課題を考えなくてはならない。しかし、結婚した場合、夫や婚家の義父母が反対することもある。第五に、命日は曜日ではなく、日にちによって決まっているので、平日にあたることが多く、仕事がある人は参拝できない。しかし、職場に行っている人が夜間に参拝できるようにしても、メインに動くのは自分たちであり、また、家族全員が参拝するような家庭ならばよいが、そうでない場合は夫をほったらかして出てくることになり、それも難しい。

現在の韓国佼成会では、このように、支部運営について、仕事をもつ女性の増加、介護問題、高齢化など、専業主婦を前提としたあり方は対応を迫られる状況が生じている[6]。

次の第五章では、韓国佼成会にとって極めて重要な役割を果した元在日コリアンである李福順のライフヒストリーをみておこう。

注

1　壮年部長の田在浩は龍山支部主任の林秀貞の夫である。入会したのは二〇〇一年四月で、二〇〇五年に支部壮年部長になった。教会全体の壮年部長がおかれたのは、二〇〇九年三月からで、初代の壮年部長が仕事と年齢がいってきたので、若返りをはかるということで二〇一六年三月に二代目の壮年部長に就任した。壮年部のメンバーは自営業の人、会社の社長、退職した人、求職中の人などである。毎月一日の命日に壮年部が導師・脇導師をしていたが、壮年部長の仕事が変わり午前中に出ることができなくなったため、日曜日が命日と重なった時に壮年部が導師・脇導師などの役をしている。活動メンバーは十数人であるが、大きな行事、特に花まつりにはかなり多くの壮年が参加しているとのことである。七〇代が多く、比較的若手の壮年は年配者と交わるのがいやで青年部に入っている人もいるという。韓国佼成会は女性が担っており、壮年部も妻が活動している人の夫である。

2　国際伝道本部主催の海外の会員のためのリーダー教育は、一人の人が二回（二年にわたる）受講することが求められる。一回にかかる日数は実質一二日間である。韓国の場合は主婦が自宅をその期間あけることは難しく、また韓国は日本から近いこともあって、特例として一年目の教育は三回にわけて韓国で実施、二年目（二〇一〇年）は教会実習や菅沼での研修を除いて最後の研修を本部で受け修了書をもらい帰国した。参加者は一〇名で、本章で取り上げた総務部長、支部長三名は受講した。

3　李幸子によると成淑姫は、翻訳関係が詰まっているときは一人でも残り、夜の八時までやっていることがある。来られない分、頑張っているとのことである。

4　孫は保育園から一四時に帰る。あとの平日の三日間は次女の夫の母親がみる。保育園に対しては、先生が子どもに暴力をふるうなどの報道がなされていて、良いイメージがなく、孫の世話を母親に頼む傾向がある。これはまた、若い世代では子どもをもっても共働きが増えている社会状況を反映していると思われる。

5　城北支部の副支部長の李英順（一九四八年生、一九九二年入会）の祖父の兄は、日本統治時代の独立運動家で、抗日運動をしており、日本との闘いで戦死した。西大門刑務所の中の独立運動家の位牌が祀られているところに名前がある。祖父も独立運動家だが、亡くなったのは一九七三年なので、そこには祀られていない。二人とも国に功徳を積んだ人ということで建国表彰をもらい、祖父は大統領の表彰をもらっている。このような家族の事情もあり、日本の宗教に入ることに対して、夫、息子、妹から反対され非難された。それは宗教弾圧と思うくらい激しかった。しかし、良い教えだと思ったので、あきらめるのはもったいないと思い、先祖の辛い関係、日韓関係の悪いところは、自分が民間で日韓に橋を架ける人にならなければいけないと思って頑張ったという。

　李英順にとって、人生を生きていくうえで何が正しいか、何が正しくないか、判断がつかないことがたくさんあったので、どう生きて行けばよいのかということに迷いがあった。佼成会で法門を聞いて、一人ひとり違うと疑問がとけたところもあるし、また、李福順が法座で結びをしているのを聞けば聞くほど真実だと思ってやめられなかった。家族からの反対に対しては、自分の「後ろ姿」で見せるしかないと思って、実践した。今は家族の理解も得られている。

6　同様な状況は日本でも生じている。むしろ日本の佼成会で先行して起きている出来事である。詳しくは、渡辺二〇一六で、仕事を持つ主任のジレンマについて言及している。

第五章　在日コリアン二世の女性教会長のライフヒストリー
——李福順の人生の軌跡と布教者・信仰者としての自己形成

はじめに

韓国立正佼成会の三代目の教会長で、初めての韓国人教会長であった李福順さんは、東京都中央区月島で在日コリアン二世として生まれ、神奈川県川崎市で幼少時を過ごし、三歳の時に大阪府堺市に転居、結婚後は大阪市生野区（在日コリアンが多く居住）に住んで洋服縫製の家内工業を営み、その後、一九六八年に家族で韓国へ引き揚げたものの、韓国に適応できず、なんとか家族を日本に戻したいという思いで、日韓を往復し、最終的には韓国に着地した。

福順さんの人生を考えるにあたって、佼成会の信仰の果たしている役割は大きい。福順さんは、日韓を行ったり来たりしている間に、一九七三年に大阪で佼成会に入会した。入会の理由は、家族を日本に戻したいということがきっかけだった。その後、佼成会の活動を活発に行い、日本では一九七八年に組長（教会長—支部長—主任—組長—班長というライン）になった。

韓国佼成会は一九七九年にソウルに拠点がおかれ、日本人の教会長が日韓を往復するかたちで維持していったが、ビザの問題、反日感情の問題などで、日本人を教会長として派遣することが難しくなった時に、主に日本に居住して、日韓を往復していた福順さんに白羽の矢が立った。長女の李幸子さんは初期から韓国佼成会にかかわっていた。

福順さんのライフヒストリーは、在日コリアン二世として生まれ、心の中は日本人アイデンティティをもっている人が、家族で韓国に引き揚げ、しかし、家族の中で一人だけ永住権を保持して、日韓を行ったり来たりし、さまざまな逡巡の後、韓国で永住していく過程、そして、韓国で主任、支部長、教会長と昇格していき、信仰者としての自己形成をし、韓国佼成会を担っていった一人の女性の軌跡である。そのさまざまな人生経験は、韓国でも多くの信者を育成した。

それでは、次に福順さんの人生の軌跡を追っていこう。なお、以下からは人名は敬称略とする。

一　生い立ちと結婚

父母のこと

李福順は、一九三六年八月二六日に、女五人、男一人の六人きょうだいの二番目、次女として生まれた。父の名前は李斗源（一九〇一―一九九三）、母の名前は金午令[1]（一九〇六―一九八六）である。父母は済州島出身で、日本の植民地時代の一九三〇年代に来日し、日本で結婚した。李一家は、日本では李ではなく古岡という通名を使っており、李福順は古岡福子という通名を使用した。福順は「日本名を使った。李と戸籍名には書いてあったかもしれないが、父はあくまでも古岡で通した」と述べている。父は親戚が経営していた鉄工所の工員をしていたが、その収入だけでは生活が苦しいので、母が女性服を仕入れ、家々を回る行商をしていた。なお、一家は在日コリアンの居住する地域には住まず、少し離れた日本人の居住地域に住んでいたという。福順は父について、「尊敬している。父は人にほどこしをする人だった。父はまっすぐな人で、苦しくてもくださいという言葉を言えない人だった。父の性格を尊敬している。紳士だった」と語っている[2]。

学歴・幼稚園の先生になる

堺市の小学校を卒業後、大阪市の建国中学校[3]に進学し、同校を一九五一年に卒業した。その後、堺市の定時制高校に進学、一九五五年に卒業した。定時制高校在学中の一九五三年四月から一九五六年一二月まで、堺市の花園幼稚園に幼稚園の「先生」として勤務した[4]。

花園幼稚園では、園長に気に入られ、養女になってほしいと言われた。幼稚園の園長は、福順の人生にとって影響を与えた人物である。福順は、園長の立ち居振る舞い、礼儀作法などの仕込みがなかったならば、今の自分はなかったとも思っている。また、養女に望まれたのに、そうしなかったことが人生の岐路であったとも認識している。幼稚園の園長との関係について福順は次のように語っている。

「堺市の幼稚園に三年間勤めた。園長先生には子どもがいなかったので、私を養女にしたいと思って、散々仕込んだ。玄関に入ったらただいまと言って、脱いだ靴をそろえる。畳のふちをふまずに、すり足で歩かないと怒られた。座布団の座り方も教えてもらった。その頃、百貨店に行ったことがなかっ

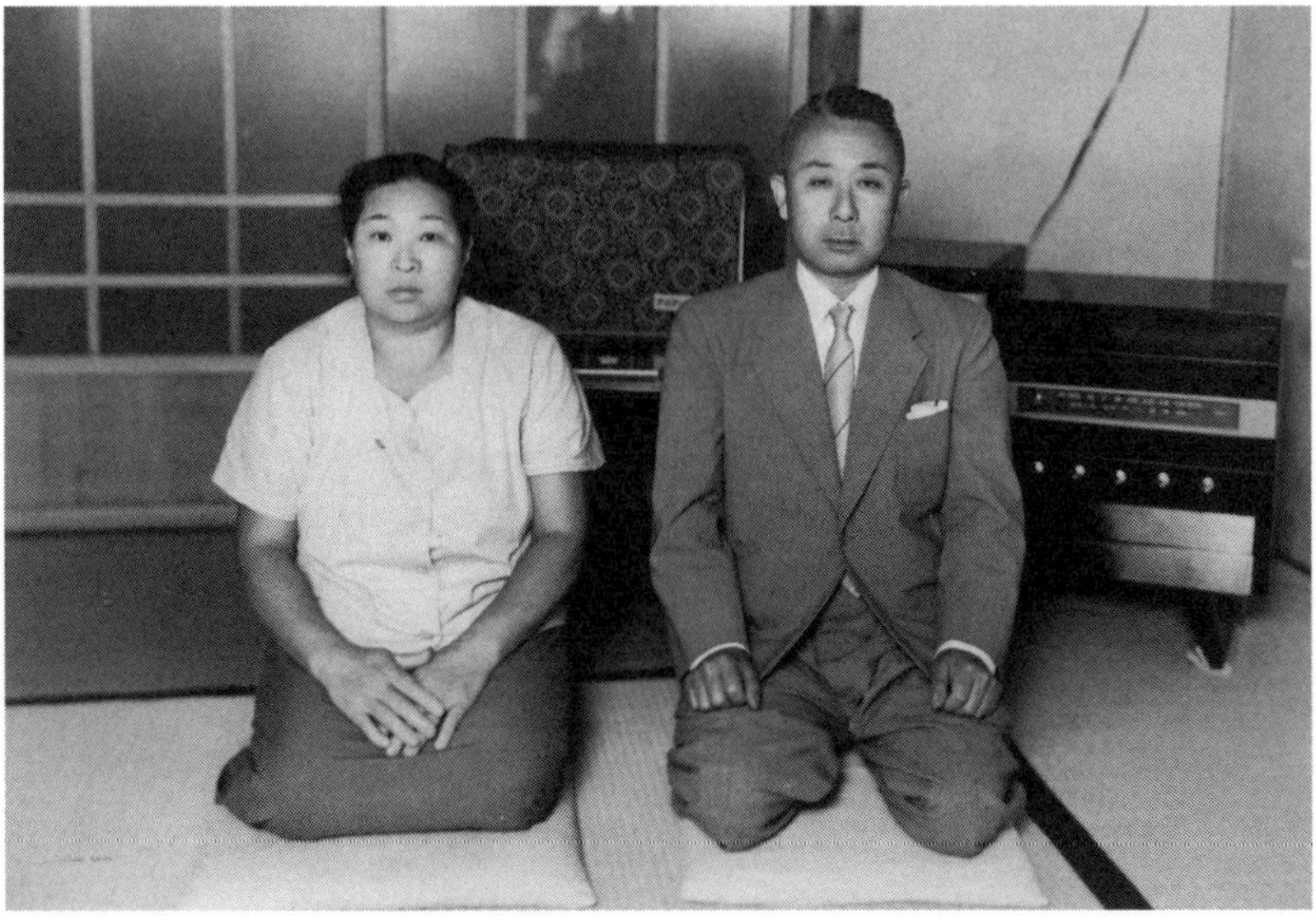

写真 5-1　李福順の父母（李幸子提供）

写真 5-2　花園幼稚園と園長の写真（李幸子提供）

写真 5-3　花園幼稚園の園児たちとの記念写真（李幸子提供）
左端が福順

たが、大丸に園長先生の甥が勤めていて、そこに連れていってもらい、食堂で食べたことがないものを食べさせてもらい、オーバーを買ってもらった。

二〇歳の時（一九五六年）、幼稚園の夏休みの一カ月間、園長先生のお姉さんの家（デパートに勤めていた甥の家）にお手伝いにいかされた。ベンツの乗用車がある金持ちの家だった。これはそのうちのお手伝いとしてというより、自分の娘にしたいので、お手伝いに行かせて仕込んだ。顔を洗ったらすぐトイレの掃除をした。下着は裏返して洗う、靴下は最後に洗うということを学んだ。お手伝いに行ってはじめてトンカツ、コロッケを食べた。あの時代、家でトンカツやコロッケをあげるというのはなかった。食べ物は豊富だった。トンカツソースとか私らは食べたことがなかった。まるで夢の世界だった。

園長先生はお金のこともみんな私に任せた。銀行にも行った。園長先生からかつおぶしを削って、醤油をかけて食べるのもおそわった。お茶の淹れ方、飲み方を教えてくれ、そして湯飲みをもてないほど熱いお茶を出してはいけないなど、しつけてくれた。私のことを園長先生は、『私の子ども』と言っていたし、後継ぎにしたいと他の先生にも言っていた。私の家は六人きょうだいで、女が五人もいた。幼稚園の先生をやっていて、園長先生が私を見込んだ。園長先生が私を養女にもらいたいと親元に三回来た[5]。父は賛成したが母は養女にはやれないと断った。あれが人生の分かれ目だった。お母さんはバタバタやっていて、子どもをしつけることはできなかった。

写真 5- 4　福順の姉が経営する洋品店
（李幸子提供）

養女の話を断ったあと、幼稚園を辞めた。結婚した姉が洋品店（女性の衣料や毛糸の販売店）を経営していたが、幼稚園は給料が安いから、自分のところに来たら、お給料を倍あげるとうちのお母さんをくどいた。そこでは店番や品物の仕入れを担当した。園長先生は堺から洋品店のある玉造（大阪市天王寺区鶴橋から一キロ）まで来て、もう一回戻ってくれないかと言った。園長先生は今でも恩師。日本の儀礼儀式はそこでおそわった。畳をふまず、座布団に座る時は感謝の気持で。頭の下げ方も教えてくれた。日本の礼儀作法を学んだ。だからこうできたのかなと思う。すごい先生だった」。

園長から学んだ日本式の礼儀作法は、後に福順が日本人の中で佼成会の活動をしていくのに力になった。

結婚

一九五六年一二月に、福順は幼稚園を辞めて、姉の経営している洋品店に勤めることになった。この洋品店に品物を卸しに運んできていたのが、のちに夫になる李奉雨（一九三七年五月一日生）である。福順が洋品の仕入れに問屋に行った時に、奉雨と問屋でも会うことが重なった。奉雨は日本では石原弘道という通名をつかっていた。在日コリアン二世である。奉雨の父母は、植民地時代に日本に来て、奉雨は大阪で生まれた。父母は日韓を行ったり来たりしていたが、奉雨が五歳の時に父が死去した。奉雨は一人っ子だった。父の死後、全羅北道の田舎で祖父母の面倒をみるため、母とともに帰国し、奉雨は小学校と中学校は韓国の学校に通った。奉雨は中学を卒業後、一九五三年に来日した。奉雨の亡くなった父には三人の姉（伯母）がいるが、一人は済州島に、二人は日本に在住し、母方のきょうだいもみな日本にいた。当時は韓国から日本に働きに行きたいという人が多く、日本に行けるのは幸運だと思われていた。日本に来てからは大阪市にある居留民団の高校（建国高等学校）に通った。卒業後、大阪市生野区鶴橋にある洋服や雑貨の問屋を経営していた伯母の店で、配達や仕入れの手伝いをした。その店は鶴橋でも有名な大きな問屋だった。（鶴橋はコリアタウンといわれるほど、在日コリアンが多

写真 5-5　福順と奉雨の結婚写真
（1957 年 李幸子提供）
アベノ近鉄写真室で撮影

写真 5-6　結婚式の集合写真（1957 年 李幸子提供）

写真 5-7　日本での縫製関係の家内工業（李幸子提供）
ミシンがけをする福順（中央）

い地域である。）奉雨は早くに父を亡くしたこともあり、親戚が親切にしてくれた。奉雨は無口で、おとなしく、ハンサムで、俳優の石原裕次郎に似ていると言われていた。

福順自身は、奉雨が日本に親戚がいるとはいえ母親が韓国にいて一人ぼっちだったので、いい人なのにかわいそうだという「同情結婚」だというが、幸子が福順の妹（三女）である叔母に聞いたところ、「熱い恋愛」だったという。福順の父母は、福順と奉雨の姓が同じ李で、本貫（祖先の発祥の地）も同じ古阜なので、同姓同本不婚という原則に反するので結婚に反対した。そこで、福順は父に頼んで、父の知り合いの慶州李の養女になった。一九五七年四月に福順は奉雨と結婚した。出会って五カ月後のことで、奉雨二〇歳、福順は二一歳だった。福順は結婚後は「石原福子」という通名をつかった。

結婚後は、生野区林寺町（鶴橋からは電車で二駅）で縫製関係の家内工業をはじめ、ベビー用品、ブラウス、ワンピースなどの婦人用衣料を製造した。一九五八年に長女の幸子、一九六〇年に次女英子、一九六四年に長男史好が生まれた。（次男の恭秀はのちに、一九七四年に日本で生まれる。）一階が工場で、二階が住居だった。奉雨は裁断、福順はミシンがけという分担で、五～六人、人を雇っていた。車もテレビも電化製品もあり、忙しくはあったが、それなりの生活をしていた。仕

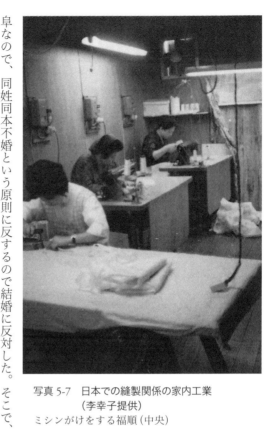

事が軌道に乗ってきている時に、親戚の勧めで韓国に引き揚げることになった。

二　韓国への帰国と苦難の始まり

一家挙げての韓国への帰国

一家は一九六八年八月一四日に韓国に引き揚げることになった。韓国では当時、服はあつらえるのが一般的だったが、既製服への切り替えの時期で、既製服はこれから韓国で伸びるから韓国に来て事業をおこし、一旗あげたらどうかと奉雨の親戚からの誘いがあったのである。また、全羅北道にいる姑（義母）の高貞珍から「自分は韓国で死ぬつもりだ。大阪で頑張るのもよいが、こちらに土地があるし、帰ってきたらどうか」という手紙も来ていた。姑は一九一九年生まれで、当時は五〇歳になろうとしていた時だったが、長男で一人っ子の奉雨は、いずれは母の面倒をみなくてはならないという気持ちも

写真 5-8　奉雨のパスポート用写真（1968 年 李幸子提供）

写真 5-9　子どもたちのパスポート用写真（1968 年 李幸子提供）
左から英子、史好、幸子

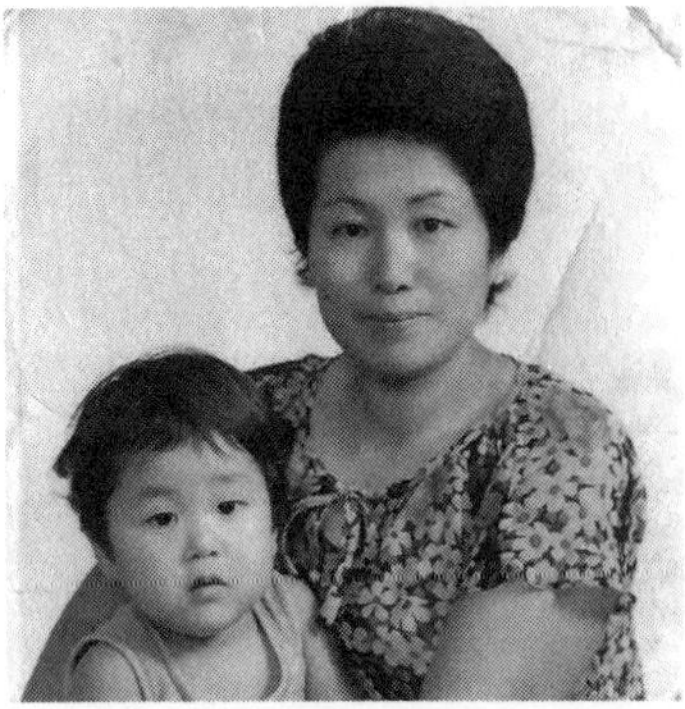

写真 5-10　福順のパスポート用写真（1979 年 李幸子提供）
福順 43 歳、次男恭秀 3 歳

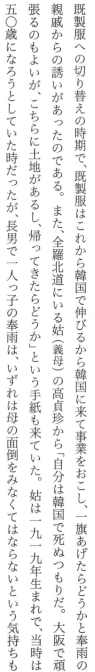

あった[6]。

奉雨三一歳、福順三二歳、長女の幸子は小学校四年生で一〇歳、次女の英子は小学校二年生で八歳、長男の史好は四歳だった。引き揚げのつもりだったので、ミシン二〇台、糸、チャック（ファスナー）、ボタン、そのほか家庭用電気製品などたくさん船便で送った。引き揚げ家族には荷物の優遇措置があった。一家は大阪から飛行機に乗り、ソウルについた。福順の父母は、朝鮮半島は南北に分断され、現在は休戦中とはいうものの、戦争がいつ起こるか分からず、またベトナム戦争に韓国からも派兵しており、今後どうなるか分からない状況だと言って帰国には反対したという。

ソウルで既製服の工場開業・一年後の倒産

ソウル市のヨンドンポ（永登浦）の工業団地で、既製服の工場を開業した。人件費が安かったので、二〇～三〇人雇って、事業をしたが、その当時は既製服よりあつらえの洋服のほうが値段が安かったため、結局、一年で倒産した。韓国の経済事情もほとんど分からず、言葉もできず[7]、タイミングも早かった。日韓を往復していた既製服製造を勧めた親戚は信頼できる人だったが、本人が面倒をみるわけではなく、人に頼んだがその人にもだまされた。

韓国に戻った時に、奉雨と子ども三人は永住権を放棄した（写真5‐11の帰国証明願参照）。福順だけは、日本に父母やきょうだいがおり、当時は永住権を放棄すると日韓を行ったり来たりすることが困難な状況であり、父母が日本の永住権を手放すのを反対したこともあって日本の永住権を残した。実際、日本の永住権をなくして韓国籍になった場合は、日本に行くには日本にいる親族からの招聘状が必要で、また韓国でも日本に逃げないことを保証する人をたてなければならなかった。

当時は、首都ソウルであっても日本との格差は大きかった。福順たちが韓国に戻った頃の日本は、一九六四年に東京オ

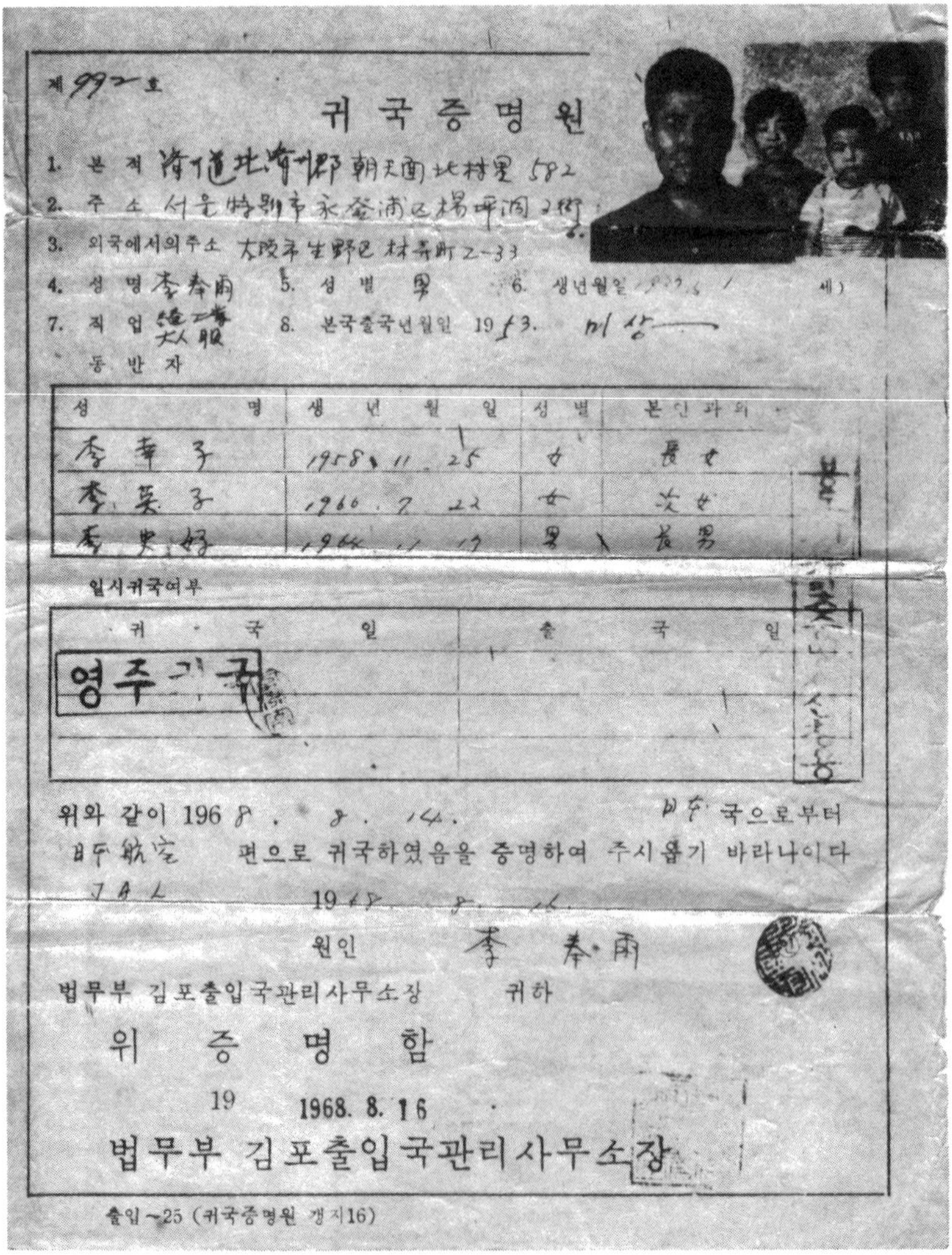

제 992 호

귀국증명원

1. 본적 済州道北済州郡朝天面北村里 582
2. 주소 서울特別市永登浦区楊坪洞 2街
3. 외국에서의주소 大阪市生野区林寺町 2-33
4. 성명 李奉雨　5. 성별 男　6. 생년월일 [illegible] 세)
7. 직업 [illegible]　8. 본국출국년월일 1953. 미상

동반자

성명	생년월일	성별	본인과의 관계
李幸子	1958. 11. 25	女	長女
李英子	1960. 7. 22	女	次女
李[illegible]	[illegible]	男	長男

일시귀국여부

귀국일	출국일
영주귀국	

위와 같이 1968. 8. 14. 日本국으로부터
日本航空 편으로 귀국하였음을 증명하여 주시옵기 바라나이다
JAL 1968. 8. 16.

원인 李奉雨

법무부 김포출입국관리사무소장 귀하

위 증명함

19 1968. 8. 16

법무부 김포출입국관리사무소장

출입-25 (귀국증명원 갱지16)

写真 5-11　帰国証明願（李幸子提供）
以下の順で記載されている。
1. 本籍　2. 住所　3. 外国での住所　4. 姓名　5. 性別　6. 生年月日　7. 職業　8. 本国出国年月日
同伴者（3人の子どもの生年月日、性別、続柄）・一時帰国理由（永住帰国）
上記のごとく1968年8月14日　日本国から日本航空JALで帰国したことを証明してください。1968年8月16日　李奉雨
法務部　金浦出入国管理事務所長　貴下
　上証明する　1968年8月16日　金浦出入国管理事務所長印

リンピックがあり、東海道新幹線が開通、一九六八年には日本のGNP（国民総生産）が世界第二位になり、一九七〇年には大阪で万博が開催されるなど、高度経済成長まっさかりの時期であった。一方、韓国は一九五〇年代の朝鮮戦争によって壊滅的な打撃を受け、深刻な窮乏と南北分断の状況にあり、休戦中とは言え緊張状態であった。当時は一人当たりの国民所得からみて最貧国の一つだった。ベトナム戦争に韓国軍も兵士を派遣しており、また、経済状況も日本とは比べ物にならないほど遅れていた[8]。

長女の幸子は当時の様子を次のように語っている。

「日本と比べて、見るもの、触れるもの、すべての質が落ち、劣悪な状況だった。裸電球で暗かった。市場に行っても品物は少なく、ノート、鉛筆も品質がよくなかった。また、北朝鮮のスパイを見つけたら申告するようにという貼り紙があり、そのためのポストがあちこちにあった。乗り物や市場の人の多いところでは、スリが多かった。父も母も私たちきょうだいも何回もスリの被害を経験している。乞食も多かった。貧しかった。生活必需品が日本のように多く売っていなかった」。

幸子は学校ではいじめにもあった。「私なんかも韓国人だけど、日本帰りということで、日本人、日本人とみんなから、からかわれ、いじめられた。小学校四年の二学期から入ったんです。中学校に入ってからは韓国語が達者になったので、日本帰りというのが分からなかったけど。最初の頃は石を投げられたりした。日本人だと指さされた。日本から来たということで珍しいので、みなついてくる。トイレまでついてくる。持っているものが日本製なので、ジロジロ見られた。お父さんはやさしい人だから、なんでも、しょうがないじゃないかと言う。お母さんはそういうお父さんがはがゆい。韓国ではお母さんは言葉も通じないし、親戚もいない。大阪に行くと言葉には不自由しないし、隣近所、親戚、友達もいっぱいいる」。

夫の田舎に移る・田舎での不適応

事業が倒産し、韓国に来て一年後、姑がいる全羅北道井邑郡古阜面という田舎に移った。農業の経験がなかったので、姑の農業を手伝うことから始まった。姑の家の宅地は六〇〇坪あり、田畑もたくさんもっていて田舎では金持ちの部類だった。

韓国での生活、とりわけ田舎での生活に福順は適応できなかった。それについて福順は次のように語っている。

「日本と比べると、天国から地獄に落とされた感じ。日本ではピューと押したらガスが出たでしょ。湯沸かし器でお湯が沸くでしょ。ここは井戸から水をくみ、薪でご飯を炊く。お風呂もないし、苦労した。風呂場をつくってなんとかしようとしても風呂を沸かす機械がない。電気は通っていたけれど、電気では高くてお湯を沸かせない。それだけの知恵もないし。逃げようという一念が強かった。なんとかして日本に帰りたい。言葉は分からない。環境が全然違う。経済が遅れているので、日本と全然違う。そして現金収入がない。働くところがない。なんでもしたいができない。まず、日本人と見られるから怖い。

田舎の家は、みんながうらやましがるくらいの地主だった。九〇マジキという日本では九〇反（一反は三〇〇坪）にある田圃があった。こんな土地はちょっと持っていないんですって。財産があったけど、私は見向きもしなかった。そんなことより日本にみんなを連れて帰りたいというその一心。田舎にそんなのがあったって何にもならない。お金にしたってなんぼにもならないんだけど、田舎の人にしたらすごい金持ちでしょ。お姑さんは一人で人を使ってそれだけに増やした。一人だったからやっていけたが、私ら家族がいっぺんに行ったから、一人で食べていくのと違って、五～六人が食べるのはやっていけない。それと、田舎は一年に一遍、収穫の時しか収入がないんです。現金がない。またお店もない。魚など食べ物もみな売りにくるんですよ。行商人が来たら買うんです。日本から持っていったテレビや冷蔵庫があるのは、うちだけ」。

福順は、ともかく韓国、とりわけ田舎には適応できなかった。福順がかつて暮らしていたのは大阪という大都市で、人に囲まれ、歩けばすぐ店があった。日本では電化製品も豊富で、便利な生活だった。また、言葉ができず、文化習慣も違った。夫や子どもは日本の永住権を放棄したが、福順は父母やきょうだいが日本にいた。いったん永住権を放棄したならば、日韓の往復はとても難しくなることもあり、福順のみ永住権を保持していた。また、ビザの切り替えに、はじめは三カ月、次は六カ月、ついで一年と、一度は日本に帰国しないといけなかった[9]。

長女の幸子は当時の福順の様子を次のように語っている。

「お母さんは韓国には頭から適応できない。来たとたんに不渡り手形をつかまされてだまされたから、もう不信感でいっぱい。いいかげんだし、無鉄砲だし、自分のものは自分のもの、人のものは自分のもの。一九六八年というのは貧しい時でしたから、どろぼうも多かったし、北朝鮮からのスパイも来ていた。そのうえ、一年後には事業に失敗して田舎に行くことになり、そこではやったこともない農業をしなければならない。母は祖母が期待している農業をテキパキこなす嫁ではなかった。電気釜（炊飯器）は持っていったが、他の人は持っていない。ご飯は外で薪で炊く。また、李家の家族に手伝いの女性二人、農作業を手伝うために泊り込みで来ていた男性三〜四人というと、電気釜で炊いて間に合う量でもなかった。手伝いをする人からは、『奥様は何もできません』と馬鹿にされた。祖母は家族が増え、長男である父が戻ってとても喜んでいたかもしれないが、母が韓国になじめずに、日本の実家に帰ったり、日本で暮らしているような暮らしぶりが贅沢に見え、息子（父）に苦労をかけると思っていた。塩をなめても夫婦は一緒に住まないとだめだ、なぜできないかと母を責めていた。祖母は節約をするのが当たり前で、本当につつましく暮らしていた。財産も増やした。祖母は悪い人ではないが、無駄遣いはしない人で、キリスト教のプロテスタントの信者で、村の教会が建てられるくらい寄付をしていた。

写真 5-12　田舎での姑と家族（李幸子提供）
左から幸子、英子、福順、史好、奉雨の母の高貞珍、奉雨

写真 5-13　田舎の家の縁側に座る姑と英子（李幸子提供）
縁の下に鶏がいる。

母に対する不満は派手にお金を使う、しょっちゅう日本に行っているというものだった。あの時は日本は高度経済成長期で、日本ではきょうだいも親戚もいい生活をし、在日の人は無視されたくなくて、高級な格好をしていた」。

また、福順は「韓国では在日コリアン、日本帰りはあまりよく見てくれなかった。反日感情も強く、日本人は過去あのようなことをしたと言われても、日本で生まれ育ったので分からなかった」と述べる。福順自身は、日本に対してはよい印象をもっている。「日本では母が日本人から朝鮮人と言われていたのは覚えているが、幼い頃、日本人の友だちの家に行ったら生活が豊かだったので日本人であればよかったのにと思った。日本ではよくしてもらってかわいがられた」。

日韓を行ったり来たり・日本での仕事とミニ貿易（運び屋）

福順は、ビザの関係もあるが、日韓を行ったり来たりしていた。事業が失敗したので借金もあり、日本では家内工業を営んでいた妹のところで働いたり、「お手伝いさん」をしたり、いろいろなアルバイトをして稼いだほか、日韓を往復して、ミニ貿易（日本製品の運び屋）をした[10]。韓国では海外旅行の自由化以前は日本製品の輸入が制限されていたので、個人的に頼まれたものを日本で買い、それに儲けをかけて売ったり、韓国の日本製品を扱う業者の注文を受け、日本で品物を買ってきた。洋服、傘、化粧品、薬、電気製品などである。象印のポット（魔法瓶）や電気釜は一人一つしか持ってこられなかった。電気製品は時代によって違うが、ソニーのウォークマン、ナショナルのくるくるドライヤー、テープレコーダー、カメラなどを持ってきた。同じものをいくつも持ち込むと、売買していると疑われるので、自分が使うという名目で持参した。税関でそれらの品物を没収されてしまったこともある。日韓のミニ貿易も利益があった時やなかった時、税金がかかって赤字になった時、取り締まりが厳しく一時休まなくてはならなくなった時もあった。あまり頻繁にやると目立つのでよくなかった。また、個人的に頼まれて持ってきたのにいらないと言われたり、値段が高いので買えないと言われたことも

写真 5-14　井戸まわりと福順(李幸子提供)
真中にある白い筒状のものは井戸水の汲み上げ用のモーター。
このモーターや蛇口は福順が日本から持ってきた。

写真 5-15　冷蔵庫と奉雨(李幸子提供)
冷蔵庫とコーヒーカップは日本から持ってきた。
部屋の奥の本棚には日本の百科事典がおさまっている。

あった。

幸子によると田舎にいた時は、福順は一カ月に一回ぐらい日本に行っていた。日本にいた時間の方が長く、田舎にはちょこっと来て、頼まれた品物を渡し、家族の顔を見て帰るという具合だった。福順はこのようにして、家族の生活を支え、借金を返していった。しかし、家族にとって、特に子どもたちにとっては寂しいことでもあった。

長女と次女は学校のためソウルに出る

一九七〇年には長女幸子と次女英子がソウルに出た。田舎には奉雨と長男の史好が残った。福順は主に日本にいたので、家族は日本、ソウル、田舎という三カ所に別れて住んだ。

この間の事情は幸子によると次のとおりである。

「母は私たちが田舎の子の格好をし、全く田舎の子になっているのを見て、たまらなくなって、いやだったようだ。また、田舎では学校で勉強するより、家の手伝いが主だった。そこで母は私たちをソウルに出さなければいけないと思った。以前ソウルにいた時に、学校側の配慮で、日本語のできる先生のいるクラスに入ったが、その先生に母が相談すると、その先生の家に下宿させてもらえることになった」。

幸子と英子は、一九六八年八月に韓国に着き、九月一日、二学期にソウルの小学校に転入した(幸子四年生、英子二年生)。そして翌年一九六九年の夏休みには祖母の住む田舎に移った。一九七〇年の三月からソウルの小学校(幸子六年生、英子四年生)に転校した。

幸子と英子は小学校の先生宅に下宿していたが、一年後に先生宅を出、福順が借りた知り合いの一軒家の一間(一部屋と台所)で、田舎からつれてきた若いお手伝いさんと一緒に生活をした。当時、人件費は安かった。お手伝いさんは若かったので、工場で働きたいと言いだし、二〜三人変わった[11]。時々、奉雨が子どもたちを見にきていた。

一九七三年八月に福順は、隣の家が売りに出ているのでどうかという親戚の勧めで、ソウルに一戸建ての家を購入した。土地は三七坪である[12]。子どもたちがソウルで学校に通っていること、安定した住まいの必要性を感じたことで福順が決断した。お手伝いさんを置いて、ここに幸子と英子が住み、史好も翌一九七四年に小学校四年の時、ソウルに出てきて学校に行くようになった。奉雨は田舎にいて、たまにソウルに来るというものだった。家のローン、ソウルでの子どもたちの生活費、田舎の夫への援助など、福順の仕送りは続いた。幸子は、「私たちの生活費と住宅ローンの返済金をお母さんが郵便局に送金してくれたものを私が家計簿をつけて管理した。お父さんが田舎から持ってくるお金は多くなかったが、でも米は豊富だった」と言う。

奉雨の仕事

福順は日本ではアルバイトをし、日韓を往復して日本の製品を運び、韓国での家族の生活を支えた。奉雨は、幸子によると商才はなかったという。奉雨は母親の農業を手伝うことからはじまって、徐々に農業を機械化させていった[13]。「田舎で農業をしはじめたら、日本では田圃に苗を植える田植えの機械ができていたから、韓国にもそういうものを持ち込んだらどうかということで、母が稼いだお金で日本から田植えの機械や耕耘機を持ってきたりして田舎に投資した。初めて在日コリアンが農業機械を持ってきたということで、ラジオや新聞で取り上げられた。韓国の農林部の長官がきて表彰状をもらった」と幸子は語る。一九七〇年から韓国でセマウル運動(農村振興運動)が始まっていた。福順は奉雨から頼まれ、日本からいろいろなものを取り寄せた。幸子によると、「父は農業でも新しいことをやる。しかし商才はない。父は手をつけるが長続きしない。日本の何々がほしいと言うと母が送る。それにも母の稼いだお金がつぎ込まれる。そんなことば

写真 5-16　耕耘機と奉雨（李幸子提供）
日本の耕耘機に荷車を連結した。
前にある小さなタイヤは福順が日本から送ったもの。

写真 5-17　ビニールハウスと養鶏と福順（李幸子提供）
当時、韓国ではビニールハウスは珍しかった。

かりだった。父は人によくだまされる。無口で、人の悪口は言わない。頼まれたらいやと言えない。家のことはほうっておいても、人のことをやる。離れて暮らしていたので母は家族に最善を尽くしていた」という。その後、奉雨は盆栽、ビニールハウス栽培、養鶏、養豚、野菜(トマトなど)の栽培、ブドウ栽培などもした。一番長く続いたのがブドウ栽培だった。結局は土地も、連帯保証人になってみなとられてしまった。今は本当に少ししか残っていないという。

奉雨は一九七七年からは、田畑を人に貸して、ソウルに出て、知人の経営する輸出用の洋服工場に勤務し、アドバイスをしたり裁断を教えたりした。

一九八〇年に英子は高校を卒業したが、大学受験に失敗し、ソウルと祖母のいる田舎とを行ったり来たりしていた。知人が小物のサンプルを英子に持ってきて、知り合いに配りたいので五〇個作ってほしいが作れるかと尋ねた。そこで、作ってみたところ、評判がよく、仕事としてやってみたらどうかと勧められ、まずはミシン一台から始めた。英子は手先が器用で日本語ができるので、日本の小物が載っている本を見て注文を受け、近くにある空き工場を借り、中古ミシンを置き、家内工業的に始めた。そこに奉雨も加わった。英子のデザイン感覚と奉雨の技術がマッチし、小物入れから始まってカバンを作るようになり、数人の人を雇用した。ソウルの南大門市場や東大門市場の店に製品を置いてもらい、委託販売をするまでになった。福順からの仕送りはカバン工場が軌道に乗るまで、家族の主要な収入だったが、それが軌道に乗ってからは、生活費は奉雨と英子の商売によるものが主となった[14]。

それでは、ここで、福順と佼成会について目を転じよう。

三　立正佼成会大阪教会への入会と活動

佼成会に入会する

福順は日韓を行ったり来たりし、日本で働いたり、日本製品を韓国に運んだりすることで収入を得、それを幸子に送り、幸子が家計を管理した。福順の願いは、ただただ夫と子どもを日本に連れ戻したい、日本に引き揚げさせたい、ということだった。福順は「韓国にいったん帰ったが、とうていついていけない。みんなを日本に戻そうと思った。佼成会への入会動機もこれだ。その願いが叶うという方便で入会した。日本にみんなを招聘して、日本で住みたいという申請書を日本大使館に六回出したが、夫が韓国にいるのでだめだと却下された。お金もかかったがあきらめた。でもこの問題があったおかげで佼成会と出会えた。解決していたら佼成会と出会えなかった」と語る。

佼成会には一九七三年九月に入会した。所属教会は大阪教会である。福順を佼成会に導いたのは、福順のすぐ下の妹の太田俊子（在日コリアンと結婚）である。当時、佼成会の班長だった。幸子によると、「母の妹が導きの親。あまりに苦労するので、佼成会に行くことを勧められた。行くと初めに鑑定するみたいですね。鑑定したらしい。その時に家族を日本に引き戻したいということを言ったら、一生懸命やったら願いが叶うと言われた。そこで一生懸命やった」とのことである。

佼成会に入会した一九七三年は、ソウルに一軒家を購入した年でもある。この頃の悩みの深さについて、福順の日記の中にあらわれているので見てみよう。

一九七三年一一月一九日　やっと念願の主人と一緒に日本に行けた。八月三〇日、飛行機に乗って。主人は日本の大阪がどう変わっていったと受けとめたかはわからない。でも私はやろうとしたことに対してやれた。人間しようと思えば、努力すれば可能であると私は悟った。約二カ月の旅行であったが、とても忙しい毎日だった。二カ月の旅を終え、田舎に帰って来た。一一月四日に田舎に着く。約二週間すぎた。今日は一一月一九日である。私の気持ちは落ちつかない。何故だろう。私の生きていく運命に、毎日不平不満なことばかり言っては生きぬいているみたいでならない。性格がそうなのだろうか。じっとしていられない性質なのか。何かしていないとたまらない。主人もいるし、子どももいるのに……。

一一月二〇日　晩に胃が痛む。少し過労のもよう。食事が進まないところをみるとどこか故障らしい。人間は無理をするとすぐダウンである。特に私の身体は微妙なところがしばしばある。長生きできないかも……。でも人間、生きている時、出来るものはしておかないと。じっとしていてはだめだ。努力しなくては。主人にばかり苦労をかけてはいけない。夫婦ともに努力せねばならないのだ。やっぱり私がソウルなり田舎なりを往復せねば、私が駅馬車になり勇気づける人とならなければ。あゝ私の人生よ、私の運命よ、そんなにあばれ馬の様にあばれず、じっとしていればよいのに。いくらあわててみても、出来る時こそできるものであって、時期が来なければだめだ。でも、いつも前向きになってかまえる姿勢はわすれずに……。あゝ今年もあとわずか。このまま何事もなく過ぎてくれることを祈りつつ、私のできるだけ努力をさせていただき、良き知恵と勇気を与えてくださいますよう。

一一月二一日　朝めざめた。主人が入れてくれたコーヒー、パイをおいしくいただき、主人はそのまま豚と鶏のえさをやりに部屋から出る。そのあとなんとなくすまない気持ちで胸がつまる。ふと日本に居る親や姉妹を思い出す。そうだ、なんとかして主人をこの田舎から脱出させる方法を考えねばと頭の中で何かがひらめいた。そうだ、この田舎の土地は誰か正直な人を見つけて貸してあげよう。お義母さんは子どもと一緒にソウルに住んでもらうようにして、主人と私は行けばいいのだ。私は誰かに揉まれながら生きていかなければいけない人。生き甲斐のある人生を送りたい。主人もこの田舎には大切な人かもわからない。またこの田舎にいることによって多くの人が助かるかもしれない。そのかわり私達の家庭はムチャクチャである。家庭を大切にしてこそ、社会に役立つと私は習った。私は私の考え方、想像力を実行に移して見たいと思います。どうぞ勇気と力をお与えください。

一一月二二日　主人は午前一〇時過ぎに家を出て井邑（注・近くの大きな町）に行きました。親睦会らしいです。午後七時にもなろうとしているのに、まだ帰ってきません。もう少しすると終バスもなくなるのに、お酒でも飲まされて気分でも悪くなっているのかしら、それとも何かあったかしらなど、いろいろあぁでもないこうでもないと心配している私。いつもこんな心配ばかりしている私。私はいつもこんな思いで生きていかなければならないのかしら。いつも悩み、愚痴をこぼし、必死に考え、挙句の果てに祈り、いつも佼成会にしがみつく自分。本当にいつもありがたいと感謝しています。これからはくよくよせず、がんばります。

一一月二三日　主人と一緒にソウルに行くつもりである。……キムジャン（注・初冬に行われるキムチを漬け込む行事）に使う唐辛子を頼まれたので、ソウルへ持って行ってあげないといけない。……田舎もだいぶ寒くなった。ソウルも寒くなったと思う。子供達がかわいそうだ。父母の愛情なしに育ってくれているのが何よりありがたい。でも史好が一番案じられる。末子であると同時に、生まれた時から親の縁の薄い子である。いまだ父母と一緒に一年（三六五日）一緒に住んだことがない。今年の誕生日（注・一一月一七日）は汽車にのってオバサンといっしょに田舎へ来てしまった。でも明日、来る二五日は幸子の誕生日。その日は史好も一緒に祝ってあげよう。あわれである。特別ごちそうはないけれど、父母に囲まれてハッピーバースデーでも歌ってあげたい。ゴメンネ。いつも忙しい忙しいと逃げ回る母親を許してください。

これらの日記には福順の悩みが出ているが、子どもたちにとっても母親と別れて暮らすことは寂しいことだった。幸子は長女として、家計のこともやり、妹や弟の面倒をみていた。しっかりしているようだが、それでも心の中は寂しかった。「お母さんは日本に引き揚げようと思って色々情報を探していた。どうやったら永住帰国した人をもう一回日本に戻すことができるかと。いつかは家族で日本に住めるようにと頑張ってくれていた。そういうことはわかっていても、お母さんがいなくて子どもとしては寂しい。来ても一〇日くらいしかいない。韓国に来ても、お母さんはまた日本に帰るのではないかな、日本に行ってしまうのではないかと不安だった。お母さんに韓国を好きになってもらいたい。日本のものをお母さんが売っていたら、お母さん、韓国でもこんなものを売っているよ、と韓国に根をおろせるように言ってみたりした。お母さんは、ゴメンネ、幸子頼んだよ、と言って日本に戻っていった。お母さんがいないので自分がしっかりしなければと思っていた。愛情が欲しい年頃だから、史好が一番辛かったのではないかと思う。お母さんが日本で佼成会の組長をしていた時は、韓国に来ても(日本にいる)導きの子の心配ばかりするんです。はよ帰らなあかん、と。お母さん、どちらの子どもが大切なの？と喧嘩したこともある」。

長男の史好(一九六四年生まれ)は次のように語る。「お母さんとは余り一緒に住んだことがない。中学生、高校生の思春期のころ、たまに韓国に来ては日本に帰る。いつもは帰る時は空港まで見送りをしていたが、寂しいので今日は家で見送りをします、と言ったら、お母さんの目が真っ赤になって、しかし笑顔を返してくれた。お母さんは、ゴメンネ、すぐ帰ってくるからね、と言った。その時お母さんも苦労しているんだなと分かった。高校生の頃だった」。

佼成会の組長になる

福順は家族を日本に戻したいという理由で入会し、活発に活動を行っていった。一九七八年九月に、福順は大阪教会堺北支部の組長になった（石原福子名で）。一九八〇年五月には本尊を拝受した。一九八二年一月には、大阪教会で一年間勉強をして（佼成会の選名の石原通衣という名で）教師補の資格を得た。

福順の所属する大阪教会は、西日本の布教拠点としての意味合いをもつ教会だった。福順が入会した一九七三年には関西本部修養道場としての大阪普門館（東京の本部にある普門館に対応する名称）の地鎮祭が行われ、組長になる前年の一九七七年には落慶式が行われた[15]。すなわち、福順が入会したのは、大阪普門館建設に向けて、積極的に布教が行われた活発な時期であり、組長の役についた一九七八年は、組長の練成会が開かれる等、布教組織の拡充と積極的な人材育成がなされた時期だった。

福順は次のように述べる。「組長の時は一生懸命、導き、手どりを頑張った。教学の勉強もした。日本で導いたのは一〇〇人以上になる。佼成新聞を配った。道場当番もした。主任さんのもとで、総戒名の安置や年回供養にも、お供修行をした。佼成会の教えはすごいなあと思った」。

次男の誕生、母の介護と佼成会活動

日本と韓国を行ったり来たりしている間に、一九七四年一月に次男の恭秀を日本で出産した（次男は特別永住権がある）。福順は日本にいる時は大阪の堺市にある父母の住む実家に住んでいたが、次男が生まれてしばらくしてから実家の母が中気（脳卒中）で倒れた。そうなると仕事には行けない。それまでは日本にいる時は、家内工業をしている妹のところを手伝ったり、さまざまなアルバイトをして働いていたが、介護のためアルバイトもできなくなり、ミニ貿易（運び屋）で頻繁に日韓を往復することもできなくなった。福順は子育てをしながら、母の介護をし、父の面倒もみるようになった。母には貯金があった。また長男である弟はその当時不動産関係の仕事をしており、商売は順調で父母に毎月仕送りをしていた。そこで、母の面倒をみるかわりに定期的に母の貯金と弟の仕送りの中から小遣いをもらうことになった。福順は母の介護をしながら、佼成会の活動をした。父の面倒をみるといっても、父はまだしっかりしていたので、父に母のことを頼んで佼成会の活動をした。教会には出してもらった。ある意味で佼成会の活動をするには好都合だった。

幸子訪日し、佼成会と出会う

一九七七年一一月、高校を卒業した幸子は、韓国に帰国後初めて、招聘状を得て日本を訪問した。福順は熱心に佼成会の活動をしていた。この時のことを幸子は次のように語っている。

「高校も出たし、日本に一度行きたがっていたから母が招聘してくれて、一〇年ぶりに堺に住んでいるおじいちゃん、おばあちゃんの所に行った。その時にはお母さんはおばあちゃんの面倒をみていた。中気で倒れたおばあちゃんの面倒をみながら堺市の北支部の主任さんの右足、右手になって一生懸命布教していた時期だった。『石原さん、頑張ったから、娘さん来たね』なんて、佼成会の教会長さん、事務長さんやみんながかわいがってくれた。

大阪普門館に行った時に、大きな行事をやっていた。その時に、制服を着た学生が不良から立ち直ったという体験説法をした。その話がとても共感する話だったし、説法会が終わって法座をやるんです。私はお母さんについて、お母さんの地区の法座に入ったら、『祈願供養の満願に娘が来た』とみんなに私を紹介してくれました。そうしたら、みんな泣いて喜ぶんですよ。そんな姿みたことないんですよね。そういう人のうれしい出来事を泣きながら喜びを分かちあうとか、なんだかすごく温かい雰囲気が私にバーッと入ってきて、佼成会が韓国にあったらいいなあと思った。その時は韓国にあるともないとも聞いていなかった。ただ韓国にあったらいいなあと思った」。

福順とともに幸子は、その後、韓国佼成会を担っていく人材になるので、幸子のこの体験は重要である。幸子は二カ月間、日本に滞在して、一九七八年一月末に帰国した。幸子は大学受験を控えた妹英子、中学生の弟史好の母親役をしていた。

一九七八年一〇月に、友達の家からの帰りにバスの窓から「立正佼成会」という大きな看板を見かけた。一二月に福順がソウルに来た時に一緒にそこを訪ねたところ、開所に向けて準備している最中だった。福順は自分が大阪教会所属であることを述べ、「娘です。日本語もできるし、韓国語もできます。何かお役に立てることがあれば使ってください」と言った。それで翌日から幸子は事務所の手伝いに行くようになった。このようにして、幸子は佼成会の韓国連絡所の初期からかかわることになった。

四　韓国布教を担うようになる経緯

韓国佼成会の概要と日本人が布教することの困難

幸子は韓国佼成会に開設当初から関与することになったが、福順が韓国に戻り、韓国佼成会にかかわるようになる背景の理解が必要である。そこで、韓国佼成会の展開について繰り返しになるが、概観しておこう（詳細については第一章を参照）。

一九七九年二月に佼成会の韓国連絡所の入仏落慶式と開所式が行われた。一九八〇年一一月には連絡所という名称が誤解を与えるということで、在家仏教韓国立正佼成会と名称を変更、一九八二年一二月に教会へ昇格した。一九八三年五月に大韓仏教法華宗佼成寺として末寺としての寺院登録をした。一九八八年五月現在地に自前の教会道場完成、一九九七年五月に任意団体として登録、翌一九九八年一二月に自主独立団体・在家仏教韓国立正佼成会として、日本の佼成会本部と姉妹結縁した。韓国佼成会の展開過程を規定するものとして、その底流にあったのが、日本と韓国との関係、すなわち反日感情に起因する布教現場での困難で、日本からの派遣教会長に対するビザの問題がからんでいた。

一九七九年に日本から滝口文男が布教師兼連絡所長として派遣された。滝口はビザの関係で短期間の滞在しかできないため、日韓の往復を繰り返さざるを得なかった。韓国佼成会の初代教会長になった滝口の時代は、ビザの点からみると、短期の観光ビザでの日韓を往復した時代（一九七九—一九八二年）、大韓仏教法華宗の傘下に入り、長期の研修生ビザでの布教時代（一九八三—一九八五年）という時期に分けられる。当時の韓国では、宗教はもとより日本からの文化の流入に対する警戒があり、日本の宗教が合法的なかたちで布教活動をすることは困難で、また日本の植民地支配に起因する反日感情の問題など、日本にルーツがある宗教が韓国で布教することには問題を抱えていた。そのため、一九八三年には便宜上、大韓仏教法華宗の傘下に入った。

一九八四年一〇月に滝口は一年のビザが切れるため延長申請を行ったが、その時、入国管理局による調査が行われ、法華宗研修生としてのビザであるのに、研修以外の活動、すなわち布教をしているということで、滞在目的違反に問われた。結果としては六カ月の延長許可がおりたが、当時、外国人布教師に対する動向調査が一斉に行われた時期で、一九八五年三月一五日に、入国管理事務所審査課職員が調査のために佼成会を訪れ、布教している現場を押さえられた。翌三月一六日に滝口は出頭を命じられて、調書をとられた。そして一九日には滞留資格外活動を行っているという理由で、滞留期間の期限である四月二一日までに出国するように申し渡された。

滝口は、いったん出国して日本に帰国したが、また六カ月の研修生ビザを取得して、一九八五年六月に韓国に入国した。滝口は韓国佼成会の単独登記の可能性や教会長滞留ビザ取得の件について弁護士や行政書士に調査を依頼し、また、今後の布教のあり方を教会運営会議で検討した。本部には、韓国人による韓国布教の体制の確立を要望した。一一月には警察が佼成会に調査に入り、滝口は入国管理法違反（滞留資格外活動）という理由で帰国命令が下り、一二月二〇日、日本に帰国した。翌一九八六年一月に滝口は観光ビザを申請するが却下され、要注意人物としてブラックリストに

写真 5-18　在家仏教韓国立正佼成会の看板の前の李福順
（1982 年 韓国立正佼成会提供）

写真 5-19　大韓仏教法華宗佼成寺時代（1983 年 韓国立正佼成会提供）
左から李福順、佼成会本部海外布教課長林總太郎、滝口文男教会長

載っていることが分かった。そこで本部での検討の結果、今後の韓国布教は現地人による現地布教という基本方針が策定され、韓国での布教を推進することになる。

福順に対する韓国への帰国の要請・韓国主体の居住となる

日本人が韓国で布教をすることの困難さを認識した滝口は、在任中、大阪教会で組長として活動していた福順に対して、韓国に戻り布教をするように説得した。福順が韓国に戻った場合、仕送りができなくなるので、その点で逡巡していたところ、滝口が嘱託として本部から給与が出るように交渉すると言ったことが、韓国に戻る大きな決定要因となった。しかし、一九八二年に韓国に帰国したものの、嘱託としての給与が出るようになったのは一九八六年のことになる。この頃には夫と次女がソウルでカバン工場を始めており、仕事が順調に行くようになって、経済的にはそれで生活はできるようになった。また、家族を日本に戻したいという福順の願いは、夫が韓国にいるというケースなので実現不可能だということが分かった。「日本にみんなを招聘して、日本で住みたいという申請書を日本大使館に六回出したが、夫が韓国にいるのでだめだと却下された。お金もかかったがあきらめた」時期でもあった。また、福順が七年間母親の介護をしてきたが、三人の子育てが一段落したということで、弟の妻が父母の面倒をみることができる状況になったことも帰国を可能にした。

福順は一九八二年二月に日本で生まれた七歳の次男とともに、家族のいる韓国に戻った。次男は小学校二年生から韓国の小学校に入った。日本を出る時、当時大阪教会の教会長だった庭野公利から、「組長というより、教会長の気持ちで」とはなむけの言葉をもらった。一九八二年一月に日本で教師補資格(石原通衣名で。石原に対しては佼成会の選名が通衣)を得ていたが、同年六月に韓国で入神の資格(戒名を書くことができる資格)を得、その時、李福順という名前に対して、日本の佼成会から李京子という選名を授かった。一九八四年二月に、福順は滝口から主任の役をもらった。当時、幸子は事務長だっ

写真 5-20　韓日宗教学術会議に出席するために訪韓した庭野日敬会長へ代表して記念品を贈呈する李福順（1983 年 立正佼成会提供）

写真 5-21　金浦空港での庭野日敬会長との記念撮影（1983 年 韓国立正佼成会提供）
右から２人目が李幸子、３人目が李福順

た。この頃のことについて福順は、「滝口さんがいた時にはカバン持ちでただついていくだけだった。教会長の手伝いをするという感覚だった。戒名は付けてみるようにと言われて、本を見ながらつけてはみていた」と語っている。

一九八二年に韓国に戻ってからも福順は、日本の永住権や父母が日本にいる関係で、年に一～二回は日韓を往復した。なお、一九八三年一一月には佼成会の会長（当時）庭野日敬が韓日宗教者学術会議に出席のためソウルを訪問、ホテルで会員の集いが開かれた（写真5‐20・5‐21）。

一九八五年一二月に入国管理法違反で滝口が帰国したが、それについて福順は「子が親から捨てられた感じがした。それまではいずれは韓国に帰っておいでと言われても、韓国で骨を埋めるとは思っていなかった」と述べている。

本部は日本人による布教は難しいことを認識して韓国人による韓国布教の方針を決定し、一九八六年にソウルで開催されたACRP（アジア宗教者平和会議）に来韓した庭野日鑛（当時、次代会長）から、直々に福順は支部長の任命状（六月一日付）をもらった。また、本部の嘱託として給与が支払われるようになった。しかし、福順が支部長に任命されたとはいうものの、幹部は全くいなかった。一九八八年のソウルオリンピックの翌年、一九八九年に海外旅行が自由化され、招聘状なしに日本に自由に行くことができるようになり、本部での本尊拝受者が出てから、主任を任命することができるようになった。

教会長は不在であっても、本部はすでに教会道場建設を決定しており、一九八六年三月には会員所有の土地を本部が購入した。一九八八年五月には庭野日鑛次代会長の臨席のもと、新道場の入仏落慶式が行われた。掛け軸型の絵像ではなく仏像の本尊に変わり、信者は喜んだ[16]。

福順は「滝口教会長が帰って、自分たちがやるしかないと思った。しかし、この教会道場ができる前（一九八八年以前）は、気持がどっちつかずで、日本に帰りたいし、かといって捨てておくわけにはいかないという感じだった」と語る[17]。

本部団参と本部からの講師派遣の意味

ソウルオリンピック開催年の一九八八年には現地韓国人（釜山）で初めて一名の本尊勧請者が出た。同じ時に李福順も守護神を拝受した。翌年の一九八九年には海外旅行が完全に自由化され、招聘状なしに日本へ渡航できるようになった[18]。本尊を受けるためには日本の本部に行かなければならないが、これによって本尊勧請者も増え、創立記念日、お会式といった行事にかけての本部団参（団体参拝）が始まった。

一九八九年以降、年に三～四回、日本から講師が派遣され、研修が行われた。本部からの講師派遣は、会員のみならず、福順と幸子にも意味があった。それまで研修をあまり受けていなかったので、幸子は通訳をしながら勉強した。そこで話の持っていき方などのテクニックを学んだ。レジュメの作り方も参考になった。また福順にとっては、自分たちが話していることが間違いなかったと確認できることも大きかった。

一九九一年六月の虚空蔵菩薩命日式典には、本部大聖堂で福順が説法をした。同年一一月に行われた庭野日敬会長（法統継承式以後開祖と呼ばれる）から庭野日鑛次代会長への法統継承式では、幸子と史好が献灯献花を行った。一九九二年には教会発足一〇周年記念式典が挙行された。また、呉愛鳳が釜山支部長に任命され、ソウルと釜山と二支部体制になった。

法人取得をめぐる問題

韓国佼成会の長年の懸案事項に法人の問題がある。法人格取得の問題は、正式なかたちで安心して布教をしたいということと、日本から教会長を派遣してもらいたいという福順と幸子の願いによる。

一九九三年九月には、八年ぶりに教会長として中川貴史（九州の田川教会長兼任）が派遣された。一九九二年に再度法人[19]を申請し、とれそうな状況になったとの判断で、教会長の派遣を依頼したためである。しかし法人格取得の願いはかなわず、一九九四年の一二月に中川は退任し、帰国した。

一九九六年に入国管理法違反の容疑で、韓国佼成会が地元警察の取り調べを受けるという事件が起きた。押収された書類の中に、佼成会からの支部長任命状が見付かり、日本の支部であるならば、外国人団体登録をしなければならないと言われた。また、日本の本部からの財の支援が問題になった。この事件によって、日本の本部から送金はできないということになり、管理費（釜山支部の管理費・人件費）と福順の給料が打ち切りになった。これについて福順は、ショックで悲しくモヤモヤした気持ちが五年くらい続いたと述べている。支部長になって本部から手当が出るようになり、信じて任せてくれている、自分も信頼にこたえたいと、教えを生き甲斐としてやってきた福順にとって、給料がなくなったこと自体よりも、仲間から外されたようで寂しかったのではないだろうか。

日本の支部として外国人団体登録をするようにと言われたため、手続きをしようとしたが、韓国人ばかりで、外国人がいない韓国佼成会は外国人団体に当てはまらないと言われた。またさまざまな交渉をした結果、法人を取ることはできないということが明らかになった。それまでは何らかの方法で法人を取得し、教会長を日本から迎えたいという希望をもっていたが、ここで福順と幸子は、自分たちが佼成会を担うという肚が決まったという。

一九九七年五月に韓国佼成会の理事会を設立し（理事長・李奉雨）、任意団体として文化体育部に登録した。翌一九九八年一二月に、日本の立正佼成会と自主独立団体としての韓国佼成会（在家仏教韓国立正佼成会）は姉妹結縁した。幸子によると、独立したとはいえ、戸籍から抜かれたようで複雑な思いがあった。理事会で韓国教会を守って頑張ろう、そんな雰囲気だったという。

なお、釜山支部については、一九九二年に二派に分裂したので、一九九五年から二〇〇〇年の間布教を停止し、二〇〇一年からソウル、すなわち福順の主導のもとに仕切り直しをした。

二〇〇二年一〇月に韓国佼成会では教会設立二〇周年式典が行われ、同一二月の韓国佼成会の理事会による決定で、理事長（李春吉）により支部長の李福順が教会長に任命された。そして、ソウルに龍山支部、城北支部、儀旺支部という三支部がつくられ、翌二〇〇三年一月から動き始めた。

福順は日本の佼成会の会長から正式に教会長の辞令をもらいたいと念願していたが、二〇〇七年一一月、海外教会長会議で訪日したおり、庭野日鑛会長より辞令の授与があり、涙を流して喜んだ[20]。（写真5－22、5－23）

李一家と佼成会

日本からの派遣教会長の滝口が去ったあと、韓国佼成会を担ってきた李一家の役割は大きい。福順は主任、支部長、そして三代目の教会長となり、退任後は顧問として、幸子は事務長、総務部長（教務部長を兼任）、そして福順が退任後は四代目の教会長として、教会を支えた。奉雨は任意団体として「在家仏教韓国立正佼成会」が設立された時には、理事長に就任したが、一九九二年に福順が教会長に任命されることになったため、理事長が同じ一家から出てはいけないのではないかということで、理事の李春吉と理事長を交代した。

奉雨は教会道場の管理人として、陰役で地味ではあるが、教会にとって重要な役割を果たしている[21]。教会の管理をかつては二人体制でやっていたが、そのうちの一人が一九九三年に仕事を始めるために辞めたところに、奉雨が入った。道場では二人で交代に宿直をしていたが、もう一人の人が高齢でもあり病気で倒れたので、自然と奉雨一人で管理を担当することになった。奉雨は建物管理、消防の管理としての資格も取得した。

しかし、一人では宿直の交代要員がいないので、李家の家族が交代で教会に泊まるようになった。（奉雨は宿直の間。福順と幸子は応接間で）。自宅から教会道場にはバスで約一時間三〇分かかったが、そこには次女の英子一家が住んでいる。夜

写真 5-22　庭野日鑛会長から教会長任命状を受け取る（2007 年 韓国立正佼成会提供）

写真 5-23　念願がかない涙ぐむ李福順（2007 年 韓国立正佼成会提供）

に信者も来るので、信者中心に合わせた。しかしプライバシーがなくなってきたので、二〇〇二年一二月に福順が教会長になったのを機に、教会のそばのマンション（1LDK、約六五平方メートル）を借りて住むようになった。

奉雨は誠実、正直な人柄で、争いを好まず、でしゃばらず、無口で、噂や人の悪口を言わない人であった。しかし、人をよく観察していた。また福順や幸子のやることを応援した。福順と幸子が日本の本部や釜山に布教に行く時も、安心してあとを任せることができた。奉雨は教会でも家庭でも徹底的に陰役であるが、韓国佼成会にとって重要な役割を果たしている。

それでは、次節では福順が韓国でどのようにやってきたのか、その内容に視点を転じよう。

五　李福順の困難・葛藤・自己形成

福順の人生にとって、佼成会の果たした役割は大きい。言いかえれば、佼成会の信仰や韓国佼成会を担う使命感によって福順の人生が規定されてきたともいえる。そしてまた、韓国佼成会にとっては福順、そして幸子という人材を得たことは幸いであり、彼女たちがいてこその韓国佼成会であるともいえよう。今日、佼成会韓国教会は海外教会の中で最も堅実かつ着実に布教が進展している教会になっている。

福順の人生にとって佼成会との出会いは、その一生を決めるものになった。再度概観しておこう。福順は韓国に来て不適応になり、日韓を往復するなかで、日本に家族を連れ戻したいという一心から一九七三年に日本で佼成会に入会した。一九七八年からは日本では組長として活動した。日本人の韓国布教がビザの関係で難しい状況になり、福順に白羽の矢がたち、教会長の滝口から韓国に戻ることを依頼され、一九八二年に韓国に帰国した。一九八四年には主任の役をもらった。

写真 5-24　李家の宝前の前での李福順（右）と李幸子（2007 年 筆者撮影）

一九八五年末には滝口が入国管理局の取り締まりを受け、日本に引き揚げざるを得なくなった。一九八六年から本部は現地人による現地布教を方針として、同年六月に支部長に任命された。教会長不在のまま、福順と幸子は佼成会を担っていく。しかし、この時期は追い風もあった。日本人教会長はいなかったが、一九八七年から教会道場建築に入り、希望をもった。また、一九八八年に道場ができて、うれしく、やりがいがあった。そして一九八九年から海外旅行が自由化され、日本の本部に行くビザがとれるようになったことで、本尊勧請者が出、福順が一人支部長であった時代から主任の役をする人が出た。講師が日本から派遣され、教理を学んだ。そして、一九九三年から日本人教会長が派遣されたが、法人をとれないことが分かり、一年後に退任した。そこで、福順と幸子は、韓国立正佼成会を自分たちが担う肚を決めてやりはじめた。一九九七年には在家仏教韓国立正佼成会として任意団体として登録した。そして翌一九九八年に日本の佼成会と姉妹結縁した。二〇〇二年一二月には福順が教会長に任命された。

福順は日本では組長までだったが、韓国で教会長になった。日本での組長時代の体験をもとに、韓国での文化的な相違を認識し、工夫を行った。福順は幸子とよく協力しあって、日本の本部からの講師派遣による研修や日本での研修、機関誌・紙から学びつつ、二人三脚で韓国佼成会をつくりあげていった。

福順にとって、有利な条件は、永住権をもつ在日コリアンだったことで、日韓を行ったり来たりできた[22]。また、福順の人生経験、料理上手、四柱推命による鑑定、そして日韓両国語ができる幸子という存在も力になった。

在日コリアン二世である福順は、幸子の言うように、アイデンティティは日本人だと推察される[23]。韓国佼成会の道場に入るとその雰囲気には日本的なものが感じられる。また信者の立ち居振る舞いも日本的である。しかしまた、韓国佼成会では、韓国の文化に合わせて日本の佼成会にないものを採用している(第三章参照)。

次に福順の心の葛藤も踏まえ、韓国でどのような点に文化の差を感じ、また人を育成するとともに自己形成していったのかをみていきたい。また韓国佼成会は長らく事務長のちに総務部長をつとめ、二〇〇九年一二月には教会長に就任した長女の幸子との共同での取り組みでもあるので、福順のみならず、幸子にも着目する。福順が法座や個人指導を担当しているのに対して、幸子は教学や運営部門を担当しており、いわば福順が情であるなら、幸子は知といった相補う役を果たしている。

福順の困難・言葉の問題

福順は、「大阪の時には自分が変われば人も変わるというところまではいっていない。一生懸命やれば病気が治るとかといった、交換条件の信心の時代。ご利益信仰だった。自分の本当の修行は韓国に来てから」と述べる。

福順が佼成会を担うにあたって困難だったこととして、まず挙げたのは言葉の問題であった。福順は在日二世ではあるが、日本では通名を使い、また、生まれ育った家庭でも父母とは日本語で話していたので、知っている韓国語はオモニ（お母さん）、アボジ（お父さん）くらいのものだったという。福順は「私の苦労は言葉」と繰り返し述べている。福順が韓国にほぼ定住するようになったのは一九八二年、四六歳の時であるから、人の心の機微をわかり、韓国語で指導できるようになるには、大変な苦労と努力を重ねたのではないかと思われる。

「どのようにして佼成会の教えを伝えられるか。それにはまず言葉。言葉が豊かに使えると、その人にふさわしい方便力が自由にできる。そうすると韓国人の心をつかむことができる。言葉で伝えられるようになって、反応があった。私の言うことはこういうことなのだけれど分かる？という思いが常にあった。悩みへの説き方は基本的には日本と同じ。日本と韓国は似ているところがたくさんある。教えを言葉で伝えられるようになって、法座で結べるようになった時はうれしかった。その前は幸子に聞いてやった。韓国人と一体になるには、まず自分が韓国人にならなければならない。そのためには、まず言葉。そして、何でも好きになること」と福順は語る。法座は、はじめから言葉がチンプンカンプンの時からやっていたという[24]。

新道場ができた一九八八年頃は、福順はまだ韓国語で教えを説くのは無理だった。言葉は幸子から習い、福順の言葉の足りないところは、幸子補足した。福順は、幸子と親子だったからここまでこられたと述べている。しかし、言葉のことは福順にとってストレスだった。「法座のやり方は大阪でやったそのままをやってきた。当時の大阪教会は生き生きとしており、法座には迫力があってすぐに結果が出た。今の韓国教会もそうだ。しかし、（結果ばかりでなく）心が救われていかなければならない。心を育てる。仏心をつくる。成仏とか人格完成という前に、心の使い方、思い遣り、目配りが大切だ。夫や子どもが何を考えているかビンビン分かるように」と言う。

法座は実生活と結び付いた相互作用によるものだが、福順が苦手としたのは説法であった。「以前はご命日の時に説法台に立って話すのはいやだった。仏教の用語を韓国語に直す時、訳をよく忘れて言葉がでなかった」のである。「心が定まっ

写真 5-25　初期の道場で降誕会「花まつり」の説法をする李福順（韓国立正佼成会提供）

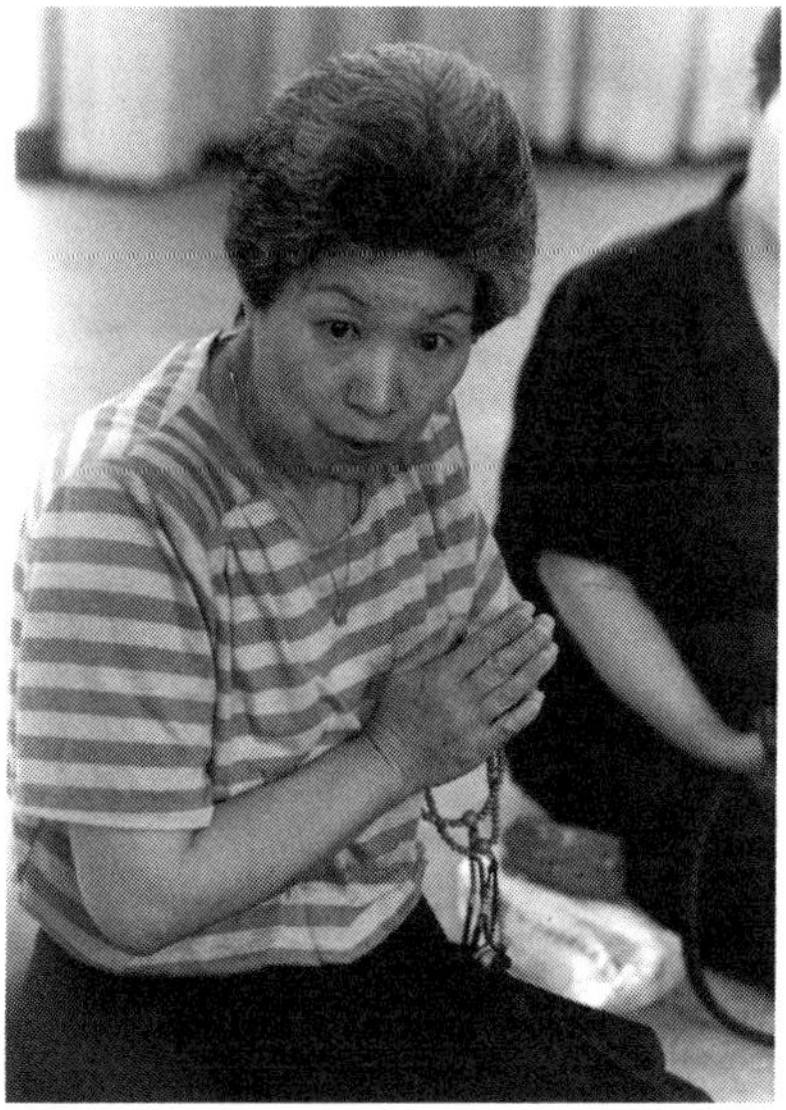

写真 5-26　法座で指導する李福順（1990 年頃 韓国立正佼成会提供）

たのは言葉ができるようになってから。伝えたいことは心にいっぱいあっても相手に伝わらないのが辛かった」と述べる。福順は、「信者は体験したことは聞く。人間は体験しないと人は救えない」と言う。言葉の問題がなくなった時、在日コリアンの夫と日本で結婚し、韓国に戻った後の事業の失敗、借金苦、嫁姑の関係、夫婦の関係、親子の関係、さまざまな人間関係の問題、家族と離れての生活など福順の人生上のさまざまな苦労が、むしろ資源として、信者の心をとらえていった。佼成会が日本から来た宗教であることは、はじめから言う場合と言わない場合がある。しかし、人間の抱える苦についてならば、日本も韓国もないのである。

四柱推命を用いての布教

福順が布教の「方便」として用いたのは、四柱推命（四柱とは生まれた年・月・日・時）である。韓国人は運命を鑑定してもらうことに関心があり、巷には哲学館とよばれる、四柱推命の鑑定所がある。佼成会には九星という鑑定法（気学）があるが、そこでは生年月日を用いる。四柱推命ではこれに生まれた時刻が加わる。福順は大阪にいた時に、九星を使う支部長に出会って関心をもち、勉強したことがあった。また福順の父は、韓国の僧侶からもらった本で、四柱推命を使って人の運勢を鑑定していた[25]。こうした基礎のもと、福順は四柱推命を布教に使用した。

福順は次のように語っている。「一〇〇ウォンで、すごくよくみてくれるところがあるといって、始めたのが布教です[26]。こういうかたちで方便を使ったのは大きいです。信者さんがそういう方便を使って人を連れてきてね。四柱推命で運命をみる。よくあたるんです。最初から法を説いても分からないから、この因縁をなくすには功徳を積むしかないと言うんです[27]。入り口はこれですよ。まず四柱推命をみてもらったら、法座ですね。法座に座ってもらっているうちに、先祖供養、家庭での実践、がんばって当番に入ること、徳を積むこと、これが全部勉強できるんです。そういう風にもっていったこ

写真 5-27　四柱推命の鑑定をする李福順（2009 年 韓国立正佼成会提供）

写真 5-28　李福順による四柱推命の鑑定カルテ（2015 年 韓国立正佼成会提供）

とが、私は多かったですね」。

福順はその人だけではなく、問題によっては家族全員の四柱推命をみた。また、一回みるだけではなく、繰り返し問題が起きるたびにみるので、その数は多数に及ぶ。四柱推命をみる場合は、支部組織体制がきちんとしてきてからは一対一ではなく、導きの親、所属支部の支部長、主任など、その人の面倒をみる人を立ち会わせている。福順は四柱推命を方便として用いつつ、言葉を学習しながら法座での結びを行っていった。また、法座のあと個人指導も行っている。個人指導については、信者から「結んでほしい」と言われた時に対応する。個人指導も一対一ではやらず、「証明役」を伴わせる。これは教会になってから、二〜三年後に問題が出たので、複数の人を同席させるようにしている。しかし、四柱推命や九星はあくまでも方便で、よく当たっているので入会するといっても、入ったあとは現場の主任や支部長が根気よく「手をとる」(面倒をみる)しかないとのことである。

佼成会の教えや実践について、分かりにくいものは何かとの筆者の問いに、「分かるまではみな分かりにくい」と福順は答えた。佼成会の教えや実践の中には独特のものや日本的なものもある。日本とは異なる文化の中で、また反日感情が根深い中で、日本的なもの文化的違和感を減少させる必要もある[28]。以下では佼成会の教えと実践の根幹にかかわる先祖供養と在家仏教について、福順がどのように説明しているのかについてみてみよう。

先祖供養と祀り込みの困難さ

韓国佼成会で直面した課題のひとつに先祖供養の問題がある。佼成会に入会したらやるべきこととして、総戒名を祀り込む、朝夕の供養をする、法座にすわるということを福順はあげる。しかしながら、佼成会式の先祖供養は韓国人にとって分かりにくい。文化的に異なる。佼成会では入会したならば総戒名(現在は額装本尊)を自宅に祀り込む。しかし、これが韓国では実に難しい。そのこと自体に大きな抵抗がある。韓国では儒教に基づく先祖祭祀を重要視するが、これは父系男系の先祖祭祀である[29]。

佼成会の先祖供養は双系の先祖を供養する。これに対して福順は次のように説明している。「子どもにはお父さんの血だけではなく、お母さんの血もつながっている。それは科学的にも説明されている。それに、嫁いだ先だけでなく、実家も一緒にご供養してもらえると言ったら、実家のお母さんの供養をしたかったので、ありがたいと言う人もいた。これは女の人たちで、男の人はそんなの関係ありませんと言う。韓国の風習では長男がその家の先祖を祀る。次男や三男が入会した時に、先祖を祀れと言ったら、長男が祀っているので私たちはいいですよ。ちゃんと長男がしていて、私たちは命日に行ってそこでちゃんとしていますから、と言った時には、また説明を付け加えますね。それは儒教のしきたりとしてはそうだけれど、佼成会で言っている先祖供養は、お経をあげて先祖の成仏を願うことだから、五人子どもがいれば五人のうち誰がやってもかまいません。娘でも息子でも。これは親孝行をする方法の一つです、と」。

こうした説明の追い風になったのは韓国の家族の変化である。核家族になったこと、少子化傾向は著しく、子どもがいない家族、子どもに男子がいない家族も増えた。財産も長男だけではなくすべての子どもに分配するようになった。長男がキリスト教徒になり、先祖供養をしなくなったなど、かつてとは違う状況になった。

それともう一つ抵抗があるのは、総戒名を家に祀るということだ。それについて福順は次のように言う。「なぜ、かたちとして祀らなければいけないのか。まして長男がご供養しているのに、なぜ私がしなくてはならないのかという問いが出る。今では四柱推命をみたら、すぐに総戒名を教会の戒名室に祀り込むけれど、自宅に祀り込むのは難しい。自宅に祀ると鬼神が入る。悪魔が入る。なぜ静かに眠っている霊を呼び起こすのか[30]。家にそのようなものを祀って、たたりがあったらどうするのかと言われる」。

写真 5-29　旧教会道場の戒名室で行う各家の追善供養（2004 年 筆者撮影）
右端のダルマが置いてある下の引き出しに総戒名が納められている。

写真 5-30　総戒名を書いている福順（2009 年 韓国立正佼成会提供）

韓国では自宅に仏壇を置き位牌を祀る習慣はなく、また総戒名は短冊状の紙で、線香立て、蠟燭立てといった仏具を置き、祭壇をつくってそれを祀るので、それがムーダン（韓国のシャーマン）の祭壇を連想させ、霊を使って何かをしているのではないかと思われるため抵抗がある。

個人宅に総戒名を祀ることへの抵抗感を減じる方策として、韓国佼成会では教会にある戒名室で個人宅の総戒名を預かるという方法をとっている。戒名室とは、戒名をつけたり、総供養（三代までさかのぼった先祖の供養）、追善供養（個人）をする部屋で、日本の佼成会にはなく、韓国独特のものである。そこには引き出しのある箱があり、各自の総戒名はそこに封筒に入れて納められており、追善供養や総供養の時は出して供養する[31]。自宅に安置することは難しいが、総戒名を祀り込んで、戒名室に安置するということは受け入れられるようになった。それはなぜかというと、これをやったら結果が出るという方便を使うからだ。戒名室に総戒名を安置するようになったのは、本格的には一九八八年以降（教会道場ができてから）である。なお、戒名室では総供養（複数の先祖の供養）、個人の追善供養を行うが、「信じてやれば、結果が出ますよ。総供養というのはすばらしいですよ」とその功徳を語ることのできる「証明役」がいるとよいという。

在家仏教・法座・サンガ

韓国仏教は出家仏教なので、在家仏教を認識させるのが大変だった。伝統仏教では旧暦の一日と一五日が参拝日で、僧侶の説法会があり、それを聞いた後、寺で昼食を食べて帰ってくる。その時持っていくのが米と蠟燭と布施である。ところが佼成会では、命日、道場当番、法座修行など教会道場に出てくる日が多い。非会員からは、「なぜお寺に頻繁に行くのか」と尋ねられる。そして、僧侶に供養してもらったり、受け身で話を聞くばかりでなく、佼成会では自分たちで読誦供養し、また法座を行う。佼成会は伝統仏教ではなく、「現代仏教」「生活仏教」で、出家ではなく在家だと説明する。

法座は佼成会の命といわれる。「伝統仏教には聞いたものをみんなで具体的にかみしめ合って、どうやって生活化するかという法座はない。それが佼成会にあるからみんなすごく、すっきりしたみたい」と幸子は言う。韓国佼成会では本部に準じて六の付く日は休業日だが、それ以外は毎日法座がある。朝一〇時から経典読誦供養、四〇分に終わって、それから一二時まで法座をする。一日と命日では支部ごとに分かれるが、それ以外の日は福順を法座主とする大法座が行われた。海外では毎日法座を行うところは少ないが、韓国佼成会はほぼ毎日やっている。また休業日以外は道場当番があり、三支部に分かれて各支部が月に九日程度担当していた。当番以外の人も道場に来るが、韓国佼成会では命日は支部長が法座主になって支部別法座を行うが、通常の時は、道場当番の導師(主任)が中心に座って、その隣に福順が座る。福順が法座主となる大法座が開かれる場合もある。支部長は福順のフォローをする。三支部になってからは、支部長は、六日、一六日、二六日の休業日以外は基本的に毎日二〇~四〇分、教会長の福順と総務部長の幸子と三支部長がミーティングをし、手どりの報告を聞き、心構えや、本部から打ち出されたことを福順から伝える。このような綿密な連絡とかかわりをもっている。福順と幸子は休みなしに献身的に佼成会の活動をしてきた。午前中、福順は毎日法座に出、午後は個人相談を受ける。支部に分かれたとはいえ、福順と信者の距離は近い。

それではここで、筆者が観察した法座での福順の結びの例をあげよう。二〇〇七年八月四日の開祖命日の時の大法座である。福順は「佼成会ではサンガ(信仰の仲間)が宝だ。私もサンガのおかげで生きがいを感じて生きている。開祖さまご命日のお役をしてくれてありがとう。すべておかげさまという気持ちで、心の温かい人、素直な人になれるようがんばっていきたい」と述べた。次いでその日の供養で脇導師として木鐘の役をしていた人が、「木鐘のお役は他の時はやっていたが、ご命日でのお役は初めて。やっていて背中から汗をかいた。こうしたお役をするのはありがたい。間違えなくできた

写真 5-31　李福順による大法座（2009 年 韓国立正佼成会提供）

写真 5-32　立春の日にその年の九星と心構えを教示する李福順（2010 年 韓国立正佼成会提供）

か心配だった。けれども緊張が人を成長させるので、お役が来た時には素直に受けてやっていかなければならないと思った」。太鼓の役の人がそれをフォローする。「私もご命日のお役で緊張した。太鼓の打ち方にドキドキした。二〜三日前からがんばろうと思って、練習もたくさんした。練習の時、みんなが大丈夫だと言ってくれた。お役を受けた時は感謝の心でがんばる」。こうした当日の当番の役の人の話を皮切りに次のような話が出た。

「娘は小学校五年生だが、自分が外に行くと心配する。電話がしょっちゅう来る。電話代がかかるのでそれを夫が怒った。娘は行方不明になった人のニュースを見て不安になって、お母さんは本当にお寺にいますかと心配する」、「(福順)娘さんがお母さんを心配するというのは、どういうことか。これは娘さんではなく、ご主人が心配しているのをみせてくれているのではないか」、「娘には、お寺に行っていると説明している」、「(福順)娘さんにだけではなく、今日お寺に行きましたとご主人に言いなさい。そうしたら大丈夫だと思う。これは夫婦の間のことだと思う。最近変わっていっているので、ご主人が心配しているのではないか」、「主人には電話やメールで伝えても反応がない」、「(福順)娘さんがいつも不安を感じるということは、ご主人が妻に対して不安がある。ご主人に対して徹底的に尽くしてみたらどうですか。あんた、おかしいのかと言われても、一度やってみたらよいのではないか。そうされたら、ご主人もうれしいんじゃないですか。一回やってみましょう。学んだことを家庭にもっていって。本当に行をやっていくのは家庭だから。朝の挨拶からがんばろう。今日は開祖さまのご命日ですが、開祖さまが生活に役立つ法を説いてくださらなかったら今はない。本当に感謝させていただきましょう。娘さんじゃないですよ、ご主人さまですよ」、「主人は私に不満も疑いも多い」、「(福順)ご主人のほうに心を向けたら、娘さんは大丈夫ですよ。娘は嫁に行ったらいなくなるのだから、最終的には夫婦が仲良く生きていかないとだめ。子孫が追善供養してくれると思ったら、生きていても死んでいてもありがたい。中有の中で迷わずいいところにいけるように。自分の心配は仏さまにあずけて、人さまの心配をしましょう」。

これは一つの事例であるが、娘の話から、その奥にある夫婦間の問題をえぐりだし、その対応を示した。これに支部長、主任などサンガがフォローし、「手どり」をしていく。

福順は、「地球のどこでも佼成会に入会すればサンガです。佼成会のサンガは親子のようなものですね。だから安心します。遠慮もしません」と述べる。「日常生活に戻ると人間、限界がある。やろうと思っても顔を見たとたんやりたくなくなったりする。そんな時にはサンガが、『どうだった？　今日できた？』『できなかった』『それじゃ明日またがんばろうね』とか、『祈っているよ』とか、アップする人もダウンする人もいろいろあるけれど、アップしている人がダウンしている人に力を与え、励ましたりする。お互いに持ちつ持たれつでやる。入会したらサンガですよ」と語る。

しかしながら、このようなサンガをつくるには、それなりの苦労があった。そこには韓国人の価値観や行動様式の違いがあった。現在の韓国佼成会をみると非常に日本的でもあるし、ホウレンソウ（報告・連絡・相談）が行き届いている。また大変きちんとしている。このようになるまでには、さまざまな気づきや取り組みがあった。

韓国人と日本人の価値観・行動様式の違い

福順は韓国で信者に対応するにあたって、日本人と韓国人の違いを感じた。福順は両国を比較して次のように述べる。

「日本人は団体行動がすごい。団体の結束を重視する。韓国人の場合、一人一人は強いけれども団体行動は苦手。日本人はその人の前ではあまり言わないが、裏で言う。韓国人の性格はストレートで言いたいことはみんな言う。けれどさっぱりしている。裏ではあまり言わない。ぱっと喧嘩をしても、すぐ仲直りをする。韓国人は盛り上がるが、すぐさめる。情は深い。弱い人には同情する。弱い人を助けてあげる。最初はつきあいにくいけれど、心を開いたらいい。いいかげん。適当。きっちりするということに慣れていない。時間の約束ができない」。

特に時間の感覚について福順と幸子は苦労した。そのことについて福順は次のように語る。

「時間にルーズ。午後行きますと言ったら、一時から八時のあいだ。私の場合は日本の感覚だから、午後といったらそのまま待つんですよ。何時と言っておいたらよかった。来ないので電話を入れたら、すみません、明日にします、と平気なんです。今は午後の何時に来ますかと聞くようになった。○時ならいいけれど、○時からはいないから、その間は別の仕事をするから、とも言えるようになった。日本はあんまりきっちりしすぎています。特に佼成会は。一〇時にきっちり始まって、一〇時何分にお題目とか決まっている。韓国の信者は時間に遅れても言い訳を言って、すみません、がない。一〇分前に座っているのが日本帰りの人たち。遅れても、失敗しても当たり前、へいっちゃら。一時、時間の感覚が違うのでボーッとしてしまったことがあった。けれども今をみると二〇年間耕してきた土が柔らかくなった。今はみんな時間をきちんと守る。そうでないと時間を殺してしまいますから」。

また、もう一つはホウレンソウ、すなわち報告・連絡・相談である。今はホウレンソウも行き届いているが、そこに至るまでは大変だった。

幸子は次のように言う。「教会長さん（福順）が法座で結んだあと、次の日に、教会長さんが昨日の結んだ答えどうだったの？と聞く。結んでもらう時は藁をもつかむ気で来ていたのに、次の日、みんなケロっとしているわけですよ。その時教会長さんから言われて御守護かかりましたとか、まだだとか、そういうのを何回かやっているうちに、自分にも身についてきて、それを信者さんにもやっているみたい。ホウレンソウというんですか、報告・連絡・相談というのが訓練されてくる。なんで報告が必要なのか、『お通し』をする必要があるのか、初めは分からなくて、抵抗を感じる人も多いです。結んでもらって、報告、連絡するということは自分のやっていることに対して、間違いなくやっているのかどうかの確認でもあり、いい知恵をもらえることがある。声をかけたら報告に来る人もいるが、最初は来ない人がほとんどだった。今

写真 5-33　手どりで『韓国佼成』を渡す（2001 年 韓国立正佼成会提供）

写真 5-34　のちの儀旺支部長の金美慶（左）と手どりに歩く（2001 年 韓国立正佼成会提供）

では、教会長さんに報告しただけでも安心するんですね」。

また福順は、「日本の風習では、『昨日はどうもありがとうございました』とか言いますよね。私たちも日本育ちだから、それが身についている。韓国ではお返しという風習もなかった。品物を誰かに届けてもらうでしょ。何も言ってこないので聞いたら、ああ、もらいました、で終わり。ちゃんと届いて、もらってくれたのかなぁと心配する。日本の習慣が佼成会のおかげでいい習慣としてみんなに身に付いた。今では、昨日はありがとうございました、こうやっていただきました、と言うようになった。やっと当番の報告ができたり、誰々さんがこうですとか報告がくる。悪いことは相談に来るでしょ。そのあとどうなったかということを言ってくれる人は一〇人のうち二〜三人かな。人に心配かけたら、相手が心配していることを思わないといけない。連絡ないから心配で、毎日ご供養にそのことを入れていた。ところが、いやぁ、すみません、という感じだった。それと、お通しですね。確認とか、お礼とかはしてほしい。これをしつこいくらい説いてきたんです。だからやっと、たとえ小さなことでも報告してくるようになった。それが感謝に変わってきた。そういうのが身に付くまで、支部のなかで置きっぱなし、忘れっぱなし、だった。伝えるのも肝心なところに伝えなかったりね。途中で終わって手が届かない。ホウレンソウが修行とともに身に付いてきて、その重要さが分かってきた」と語る。

福順は二〇〇二年一二月に教会長に任命され、新たに三支部をつくった。支部組織にしたのは福順一人では人数的にも手が届かなくなってきたからである。地域単位での分け方だが、導きの系統とも重なっていた。支部組織への適応期間は一年間かかった。そこで分かったのは、韓国人は組織に慣れていないということだった。このことは先述のホウレンソウの問題とも関連している。支部を単位に道場当番を行うようになり、一支部が月のうち九日から一〇日間担当するようになった。三人の支部長はその人の気質を踏まえつつ福順が育てた。

韓国佼成会では、導き、手どり、経典読誦、道場当番、法座修行を、みな同じく重視しているが、役の昇級に必要なものは、導きの人数より活動だという。教会での法座修行、道場当番、命日への参加、教会での総供養や追善供養など教会に出てくる活動を重視する。この中でも当番は導師・脇導師などの役割分担とともに、積極的に関与していく場としても重要であり、当番が終わったあとの法座には福順も座る。午後は、福順は個人指導にあたる。信者は総供養や追善供養がある時は戒名室で供養をしたり、外に信者の手どりに出たりする。

韓国人信者の育成

韓国人の信者が佼成会に魅力を感じているのは、第一に、生活実践、第二に、温かいサンガ（仲間がいて寂しくない）、第三に、自己犠牲（自分のことを思ってくれ、相手が自己犠牲してくれる）、第四に、きっちりしている、整理整頓が行き届いている、教会の雰囲気がきれいであることだという。第一から第三の点は、これまで福順がことに力を入れてきたことであった。「支部長を中心に主任が力を合わせて手をとる。すごいですよ。離さない。総合病院の医師が同じ患者さんをみるみたいな感じで。そして同じ体験をもっている人が、自分の体験話を力強く言う。私も昔そうでしたよと。悩みは人ごとではなく、聞いてもらえる」と述べる。それも幹部みんなが最初からそうではなく、何回も訓練されてきて身に付いてきた。韓国佼成会では導きより手どりを重視しているというが、下の人に育っていない人がいる場合は、手どりの繰り返しである。「あの人はどうなっているの?」、「知りません」、「声をかけてあげてよ」といった具合に、福順が支部長や主任を育成し、そして彼らが組長や一般会員の面倒をみる[32]。

「みんな私のサンゲです」というのは分かりにくい。相手を責めるのではなく、出てくる現象はみな自分に因があり、自分自身に原因を求める言説が佼成会にあるが、これはなかなか受けいれられない。こうしたことを納得させていくのは地道な活動がある。たとえば夫が浮気したり、夫に暴力を振るわれて、それでもあなたのサンゲです、みんな自分です、と言われたらびっくりするし、受け入れにくい。こうしたことを納得させることについて福順は次のように語る。

「何回も教会に足を運んでフォローして、やっているうちにハッと自分が気付く時がありますね。同じ体験をもっている人が自分の体験を言う場合もあれば、教学の因縁果報のことも裏付けになる。それといつも相手の立場を考えてみる。自分の考えを相手に押しつけるのではなくて、相手の立場ならどうかなと思いながらお願いするとか、聞くとかすると案外スムーズにいくんです。そういうところがうまくいくというのは、宗教の力しかできないんですね。それは何かというと、自分が勉強しないと相手の立場というところまで心がいかない。それも佼成会の教えで学ばないと。

夫に暴力を振るわれた場合でも、その人がそれをやりたくてやるのではなく、その人が代表で家の因縁を背負ってそうなっているのかもしれない。『結婚した時にどうだったの、はじめから殴られましたか？』、『そうじゃない』とかね。そうやっているうちに、旦那さんの生育歴を聞いたら、親が早く亡くなって寂しい思いをしたとか、愛情をもらっていなかったとかいうことが分かる。ああそれでなのかなと、相手を理解する気持ちが湧いてくる。また、よりによって、そういう旦那とめぐり会うことも因縁だから、ご縁があるのではないかなとか。子どもは自分一人では産めない。旦那は憎くても、そのおかげでかわいい子どもがいる。子どもはありがたい。それをつくってくれた元の主人をいやですというのはどうかな。この因縁が子どもまで降りたらどうしますか。相手の気持ち、相手のよいところを見ましょう。私たちは悪いところばかり、目に入る。良いところは全然ないと言う人も、心の余裕ができると、良いところが見えてくるみたいですね。それは法座修行をしたり、祈願供養をやって、そして人からいろいろ話を聞いているうちに、心に余裕ができたら、主人はお茶碗を洗ってくれたとか、子どもために〇〇を買ってきてくれたとか、前もそうだったんだけれど、以前はそれが感謝するべきこととして見えなかった。それが見えたら、『言葉でありがとうと言えた？』と聞いたら、『全然』って。『自分が好きで買ってきたのに、なんで私がありがとうと言うのですか』、『一言でもありがとうと言ってみたらどうですか』、『はい、がんばります』

写真 5-35　開祖生誕 100 周年世界サンガ結集団参の時の海外会員の集合写真
（2006 年 韓国立正佼成会提供）
うしろに見えるのは本部の大聖堂

写真 5-36　開祖生誕 100 年世界サンガ結集団参お会式パレードでサムルノリを披露
（2006 年 韓国立正佼成会提供）

というようにもっていく。次の日、ありがとうと言えたかどうかを聞く。言ったといったら、『どんな反応だった?』と聞くと、『笑ってた』とか、『なんでありがとうと言うのかとヘンに思われた』とかいう答えが返ってくる。いろいろ現証があるじゃないですか。どう思ったかと言ったら、二度とやるまいと思ったとかね。まずやってみることを勧め、やったあと、どうだった?と聞く」。

妻が佼成会に入って変わったので、夫がお礼に来たこともある。佼成会では「心の勉強（マウムコンブ）」という。相手を変えようとするのではなく、自分を変えようとする心の勉強をし、福順による直接の指導とともに、福順に育成された支部長や主任が問題をもっている会員に寄り添っていくのである。

信者から見た福順

それでは信者には福順の指導や人柄はどうみえるのだろうか。二〇〇四年に行った主任のインタビューからみてみよう。多くは福順をやさしさと厳しさの両方をもっている人とみている。

「教会長さんは、最初は理論で整理してくれ、具体的な例をあげ、それを家庭で使えるように教えてくれる。因縁果報という真理をもとに、実際に人の悩みを聞きながら、その人の立場では実生活で教えを実践していくにはどのようにしたらよいかを具体的に教えてくれる」と述べる。

福順は「自分が体験したことを言う。夫、子ども、姑との関係は、あなたたちよりもっとひどかった。法をやっているうちにできるようになった。やってみて明日また返事をしてください。夫が謝ってきたと言えば、あなただからできた。私は一週間かかった」というように話をもっていく。福順のやり方に対して、ある場合は信者は伝統仏教との違いを踏まえながら、次のように言っている。「最初はなぜあんなことまで人の前で言うのかとおかしかった。けれども教会長さんは家庭で具体的にどうしたらいいのかを教えてくれる」、「すべてが自分だということは納得した」、「教会長さんは、自ら生活の中で実践している。伝統仏教は上のほうから言うが、佼成会は生活実践だ」、「自分が経験してわかる。同じ仏の教えなので、お坊さんも教会長さんも同じだが、お坊さんは生活実践がないから、心の奥底に入らない。お坊さんは物足りない」、「佼成会は信者の体験も教化力もある。実践で人を感化する点が違う。お坊さんは少し物足りない。真実は伝わるので、袈裟を着ていなくても伝わる。お坊さんには距離感がある。教会長さんはお母さんみたい」、「お坊さん、牧師さんの話は良い話だなで終わる。自分のものにはならない。佼成会の教えは自分のものになる。教会長さんはどう実践するかを教えてくれる。生きている法門だ」。

信者は、福順が伝統仏教の僧侶と違って、日常生活の中で自ら生活実践をしていること、他の宗教のように単なるいい話におわらず、具体的な生活実践を教えてくれ、その話を聞くとすぐ動ける点を評価する。こうしたこと以外に、福順は、女性信者たちが家庭をもちながら佼成会の活動ができるように、効率的な家事のやり方、料理の仕方、家の中の整理整頓の仕方も教えている。

韓国佼成会の信者たちは、福順や幸子の指導によって、方便からはじまり、教えの核心をつかむ人も多くなっている。また、非常に真面目に佼成会の教えを実践しているようにみうけられた。

幸子は、福順を「母は人への対し方が平等だった。頑張る人には惜しまず声援を送り、手助けした。今は支部長がフォローするようになっているが、『強い指導』をしたあとは苦しんでいた。情がある人だった。自分がやってこうだったと言ってくれるので信頼できる。自分で実際やってみて勧めてくれるので安心だった」、「パートナーとして任せたら安心、間違いない。人を感情的に包むことは自分ではできないこと。細かいところまで思いやる、これも自分ではできないこと。母は自分を信頼してくれていた。休みはほとんどなかった。佼成会が中心だった」と述べている。

信仰上の転機としての乳がん

ところで、時期は遡るが、福順にとっても、幸子にとっても、信者にとっても信仰上の転機となったものとして、福順が支部長時代の二〇〇〇年に乳がんになったことが挙げられる。福順はこの後、二〇〇二年末に教会長になり、三支部制を敷くが、韓国佼成会にとってこの出来事の影響は大きかった。

福順は二〇〇〇年に日本に行ったときに、佼成病院での健康診断で乳がんが見つかった。一月五日にそれが分かり、二四日に手術をした。手術とその後の放射線治療も合わせて三カ月間入院した。福順自身も、乳がんを信仰上の転機として受けとめている。初めは乳がんが「仏の説法」とはとらえられなかった。しかし、そのおかげで、生死を見つめるようになり、死を近くに感じ、それだからこそ、毎日生きていることがありがたいと思うようになった。信仰に対する強い心が生まれ、布教に対する取り組み方が変わった。乳がんになってから、悩みをもつ信者の気持ちと一体になろう、救っていこうという気持ちが強くなった。乳がんのおかげで「人さま」のことを考えると病気を忘れることも分かった。そして福順ががんになった体験は、がんを患う信者にとっても力になった。幸子が観察するように、乳がんを経験して、福順は韓国で骨をうずめる本当の覚悟ができた。

福順の乳がんは福順にとって信仰上の転機になったが、幹部にとっても、その自立と自己育成を促す契機となった。最初は、「支部長は修行しているのに何故がんになるのか」と信者は動揺した。ついで、福順ががんで死んでしまうのではないか、自分たちがしっかりしなくてはいけない、という気持ちをもたらした。また病気が乳がんだったことで、「あまり今まで頼りすぎて、支部長さんのお乳を吸いすぎたからこうなった。親離れをする時期がきた」というような説法を信者がした。

幸子の場合は、福順の乳がんという病気をとおして、「悩みが成長の種」であり、「悩みを乗り越えたら成長するから、頑

写真 5-37　教会長退任式の時、導師をする福順（2009 年 韓国立正佼成会提供）

写真 5-38　古稀記念の日本旅行での奉雨（右）と福順（左）（2006 年 韓国立正佼成会提供）

張ってね」と信者に言えるようになった。頭だけでなく、実感として悩みをありがたくとらえることができるようになったという。

このがんが転移したものかどうかはわからないが、福順は胆管がんで亡くなることになる。その間の事情を以下で述べよう。

韓国教会設立三〇周年のあとの福順の病気そして逝去

二〇〇九年一二月、長女幸子が教会長に就任した。福順は顧問に退いたが、幸子を助け、釜山支部へ月のうち一〇日行って、釜山での布教を担ったり、四柱推命をみるなど、協力を惜しまなかった。二〇一二年に予定されていた韓国教会設立三〇周年に向けての準備もした。しかし、九月一六日に行われた三〇周年記念式典の後、福順は左膝の痛みに悩まされるようになった。整形外科では膝の水を抜くくらいの治療で、福順は杖をついて歩行するようになった。また、ある時から眠れないと言うようになったので、医者から精神科に行ったらどうかと勧められた。気力がなくなり、あれほど料理が好きだったのに、包丁を持つのもいやになった。教会道場には出て来て、一人がけの椅子にすわり、法座にも出てはいた。「顧問さんどうですか」と尋ねると一言二言答えてはいた。

二〇一四年一月に眠れない、心臓がドキドキすると言うようになった。病院に行くかと幸子が尋ねると、福順は普段ならばいいと言うのに「行きたい」と答えた。総合病院の精神健康医学科に行き、精神安定剤や睡眠薬をもらったが、なかなか合う薬が見つからず、何回も病院に行った。この頃はまだ、信者から方位をみてほしい、九星をみてほしい、と言われた時はみていた。

六月に腰の痛みを訴えるようになった。いつも指圧をしてくれる人を呼ぼうとしたところ、福順は「この痛みは普通の痛みではない」と言ったので、病院に連れて行った。検査の結果、胆管がんが見つかり、しかも脊髄に転移していることが分かった。それが腰痛をもたらしていたのである。史好の妻が看護師だったので尋ねたところ、手術して抗がん剤治療や放射線治療をしても骨にかなり転移しているので苦労をするだろうという意見だったので、それを参考にし、積極的な治療をせずに、そのままにしておくことを家族で決めた。六月からは入退院を繰り返した。

八月二四日には、ＡＣＲＰ（アジア宗教者平和会議）仁川大会に出席するために訪韓中の庭野日鑛会長夫妻が、一時退院で自宅にいた福順を見舞いに来てくれ、福順は、「もったいない」と言っていたという。八月三〇日には庭野光祥次代会長が自宅に見舞いに訪れ、福順は「もっと菩薩行をしたいのに、こうなりました」と語り、光祥は「休みたい人にはもっと菩薩行をしなさいと言うし、菩薩行をしたい人には、ちょっと休みなさいと仏さまは言うんですね」と言って抱きしめてくれた。次第に歩けなくなり、一〇月末に再入院した。しかし、抗がん剤治療や放射線治療をしないという家族の選択があり、病院からは治療ができないならば別の病院に行ってほしいと言われ、聖母病院のホスピス病棟に申し込んだ。通常待機しないと入院できないと言われていたが、間もなく空きがでたとの連絡があり、一二月一八日にホスピスに移った。二〇一五年一月一〇日には川端理健之理事長がホスピスに見舞いに訪れた。なお、入院中は、韓国の病院では付き添いが必要なので、昼は英子が担当し、夜は幸子が泊まった[33]。

福順は二〇一五年二月七日に亡くなった。享年七八歳であった。最後まで頭はしっかりし、周囲にはありがとうと言っていた。三月二七日には四十九日の法要が行われ、日本の本部からは理事長他が参列した。

写真 5-39　福順の葬儀（2015 年 韓国立正佼成会提供）
左から、英子の夫、英子、英子の次男、同長男、幸子、史好の長女、史好、史好の妻、奉雨、史好の妻の叔母、恭秀

写真 5-40　教会道場での四十九日法要（2015 年 筆者撮影）

写真 5-41　李家の墓（2015 年 韓国立正佼成会提供）
福順の逝去により、新しくつくった墓石に「古阜李公家族之墓」とあり、手前には福順の名前と生年没年が刻まれている。

写真 5-42　四十九日の法要のあとの墓参り（2015 年 韓国立正佼成会提供）
左から、史好、奉雨、恭秀の３人の男性が韓国式に墓の前にゴザを敷きお参りする。

おわりに

これまでみてきたように、福順の人生にとって、佼成会とのかかわりが大きな位置を占めている。しかし、福順は、ライフヒストリーの聞き取りの中で、幼稚園の園長からの養女の話を断ったことを人生の分かれ目として受けとめており、また園長による日本の儀式儀礼のしつけがあったからこそ、自分はここまでできたと認識していた。これについて幸子は、母である福順の人生の転機は佼成会に入会したことであると思っていたので、不思議に感じたと述べている。しかし、福順の人生を吟味すると、まさに園長の養女にならなかったことが人生の岐路になっていることが分かる。なぜなら、養女になることを断り、幼稚園を辞め、姉の洋品店で働くようになって間もなく、夫となる奉雨と出会い、それも五カ月もたないうちに結婚した。奉雨との結婚によって、その後、韓国への帰国（夫と子どもは永住帰国）、福順のみ日本の永住権を残しての日韓往還、家族との別離、そして、その問題によって佼成会入会に導かれた。したがって、園長の養女にならなかったことが、人生の岐路であったと回想してもおかしくはない。そして、もう一つ、園長との出会いが、福順の人生にとって重要であり、恩人であったと認識されている点についても言及する必要があろう。福順は、日本式の礼儀作法が身に付いたのは園長のしつけによるものと感謝している。こうしたことは一朝一夕に身につけることはできない。佼成会ではとりわけ儀式儀礼、礼儀作法についてきちんとしている。福順は、日本で佼成会に入会して、そこでの日本人会員との関係も、そして韓国で主任、支部長、教会長になり、日本の本部や上位の役職者とも直接かかわりをもつようになって、どこに出ても恥ずかしくない振る舞いができることで、そのしつけのありがたさを再確認したのではないかと思われる。

園長の養女にならなかったことが、福順を波乱万丈の生涯に導き、結果的には福順の人生にとって大きな果実をもたらした。佼成会への入会、そして、日本で大阪教会が伸びる時期に組長の体験をしたことを基礎に、それに福順の人生体験を加え、韓国という場で、苦労はあっても、生き甲斐のある人生が花開いたともいえよう。

李家の存在は韓国佼成会にとって欠かすことはできず、李家の人々がいなかったら、韓国佼成会はここまで地道かつ着実な歩みをすることはできなかったと思われる。福順と長女幸子が表舞台に立ったとするなら、裏でその活躍を支えたのは、夫の奉雨であり、次女の英子であった。奉雨は一時、韓国佼成会の理事長になったが、福順が教会長になることに決まった時に、一家から教会長と理事長が出てはいけないとの考えでその役を退き、長期間にわたって管理人として実直に務めた。また英子は佼成会の役は組長であるが、長年、李家の経済的部分を支えた。李家の家族は二つの国にまたがって住み、故福順、奉雨、幸子、英子は韓国に、長男史好と次男恭秀は日本に居住している。

史好は、韓国の大学卒業後、兵役義務を終えた一九八八年二月に、李家が守護神を勧請することになり、福順と奉雨とともに日本の本部に行った。その時に講師の話に感銘を受け、また、講師からの勧めもあり、日本語学校に三カ月通った後、教団の幹部養成機関である学林の予科に入学し、その後本科（三年）を卒業し、教団本部の職員になった。海外布教課を皮切りにさまざまな部署で働いている。かつて放棄した日本の永住権は再取得した。史好は年齢的なものもあって、子どもたちの中で母親不在によって一番悲しい思いをした。前述したように高校生の時、母も苦労していると感じて福順を許したが、海外布教課にいた頃、海外の教会長を迎える立場になった時、福順が法座をするのを見て「この人はすごいな」と客観的に思ったという。

恭秀は福順が日韓を行ったり来たりしていた時に日本で生まれ、その後、福順とともに韓国に転居、小学校二年から高校まで韓国の学校で学んだ。恭秀の場合は福順と一緒に永住権の更新をしていたので、元々日本の永住権がある。その後、佼成会の学林に海外修養生として入学し、卒業したあと、東京で佼成会とはかかわりのない仕事についているが、佼成会の会員である。

福順の人生は、自分自身が前向きに開拓していく性格に起因するところもあるだろうが、家族が二つの国に別れて住むという困難な状況の中で、日本で佼成会に入会し、日韓を往復し、日本に家族を呼び寄せることはできないことを認識した時期に佼成会からの依頼もあって、韓国に戻り、幸子とともに韓国佼成会を名実ともに担う人物になったのである。

注

1 韓国の場合、女性は結婚しても姓は変わらない。

2 幸子が福順の妹（叔母）から聞いた情報によると、福順の父は真面目で、紳士、学があったので、まわりの在日コリアンから頼りにされた。母は学はなかったが、頭がよく、暗算もよくでき、記憶力もよかった。服を見る目があり、おしゃれで、ハイカラ、またとても綺麗好きだったという。

3 民団系の学校である。中学校名は福順の履歴書が見つかったことで分かった。韓国系の学校なので、福順が「韓国語はオモニ（お母さん）とアボジ（お父さん）しか分からない」と言うのをどうとらえればよいのかと思い、幸子経由で福順の妹に聞いたところ、学校での使用言語は日本語で、民族教育はなかったとのことである。

4 当時、幼稚園の先生になるのに免許はいらなかったとのことである。福順は、子どもたちに大変人気があったという。

5 日本人が在日コリアンを養女にするということについては、当時の状況では稀なことだったと思われる。このことについても確認したが、園長が福順をよほど気に入ったのではないかと推測される。なお、通名を使っていたことや、在日コリアンの居住地域ではない場所に住んでいたというので、その点も確認したが、園長は福順が在日コリアンということは分かっていただろうとのことだった。

6 奉雨の母は、一九八四年に六五歳で死去した。

7 福順は知っていた言葉はアボジとオモニだけと言っており、韓国語はできなかった。奉雨は小中学校を韓国で過ごしたので、ある程度分かると思うが、元々口が重い人である。

8 その後、韓国は「漢江《ハンガン》の奇跡」と呼ばれるほどの高度経済成長を遂げた。一九七〇年代から重化学工業が本格化していく。

9 幸子によると、福順はビザの切り替え、再入国のハンコをもらいに日本の入管に行っていたという。福順は、「最初は三カ月のビザしかもらえない。三カ月目に韓国に一回来て、また日本に行って、そうやっているうちに、（韓国で起こした）事業が倒産してしまって。六カ月のビザをもらって、こんどは一年ですね」と語る。それに対して幸子は次のように述べている。「六カ月間のビザをもらって入ったけど、六カ月もおらず、韓国がいやで日本に帰ったり、また倒産した事業の借金の残りもあったし、将来のことを考えると韓国でブラブラしているのがもったいなかったみたい、母の立場からすると。そうやってお父さんの衣料工場が倒産してから、仕事もないし、田舎で農業するのもいやで、日本と韓国とを行ったり来たりしていた」。

10 井出論文（二〇〇九）では、「ポッタリチャンサ」という下関―釜山間の航路を使って日韓を往復する荷物の運び屋の事例を扱っているが、福順の場合は飛行機を利用し、また彼らほど職業的で頻繁なものではない。

11 その当時、韓国では田舎にいる女子は都会の工場で働きたいと願っていた。幸子たちは田舎から来たお手伝いさんとは合わなかったという。当時は、日本式のおかずに慣れていたので、食べ物も韓国の田舎式で口に合わず、食器の洗い方、洗濯の仕方も田舎式だった。

12 福順は日本にいる父に家屋土地の購入可否について四柱推命でみてもらったところ、買っておいて損はしないという判断が出た。周囲の人々はソウルに家を買ったので驚いていたという。

13 奉雨は農業の経験はなかった。しかし、経験がなくても、人件費が安い時代だったので、ご飯さえ食べさせれば、あの時代はみな手伝ってくれたという。労働力は豊富にあり、村の人が三〇人集まって田植えをするといった時代であった。なお、奉雨の母の家は地主で、使用人は男三人、女二人いた。

14 英子は李家の経済を支える陰役であった。

15 大阪教会は西日本の拠点という位置づけであった。一九六四年の会員数は二〇〇〇世帯、一九七〇年には一万世帯を達成した。一九七三年一二月には、西日本の布教、研修の拠点と目された関西本部修養道場の地鎮祭が行われ、一九七四年一月着工、一九七六年五月上棟式、一二月に入仏式、一九七七年五月に落慶式を迎えた。地上一〇階地下二階、敷地二六五〇平方メートル（約八〇〇坪）、延べ面積一万七一七二平方メートル（約五二〇〇坪）で、大阪普門館と名づけられた。この大阪普門館の完成を機に、関西地区重点布教開発第一次五カ年計画がスタートした。これは近畿圏の会員倍増を目指したもので、地区法座を軸とする拠点布教を展開する一方、その核となる組長の練成会を開き、布教活動の拡充と人材育成が図られた。特に一九七八年七月には同計画の推進委員会が結成され、より一層の組織的布教が展開された。一九八一年には二万世帯を達成した。教団史編纂委員会一九八四、六六四―六七八頁を参照。

16 韓国の場合、紙に書いたものは巫俗を連想させるので、ネガティブにとらえられる。韓国の伝統仏教では主に坐像であるが仏像が本尊である。

17 福順の父は一九九三年に九二歳で死去したが、福順は父が亡くなってからは弟の家になったので、帰る家がなくなり、次弟に韓国に永住する気持ちが定まったと言う。幸子からみると福順の気持ちが本当に定まったのは、二〇〇〇年に乳がんになった時ではないかと推察している。

18 法人格を取得したいという最も大きな理由として幸子は、法人があれば招聘状なしに、日本と韓国を行き来できることを挙げている。これはソウルオリンピックの開催を境に、翌一九八九年に海外旅行が自由化されたことによって、問題がなくなった。本尊授与によって、信者が主任や組長の役につくことができるようになった。

19 韓国には「宗教法人」はない。

20 幸子に教会長になってくれないかというのをずっと断っていたが、国際伝道本部の本部長に、福順が韓国佼成会理事会からの教会長の辞令ではなく、正式に「会長先生から母に辞令をわたしてくれるならば」と交渉した。会長からの辞令がなくても不便なことはないが、戸籍に載せてもらえない感じで、福順の気持ちとしては「会長先生から辞令をいただきたい」と思っていたことを感じたからである。

21 奉雨は、佼成会に対しては好意的であったが、母がキリスト教プロテスタントの一派である大韓イエス教長老会の篤実な信者だったので、田舎の母の存命中、田舎にいる時には教会の礼拝に出席していた。幸子は奉雨の宗教的立場について次のように語っている。「祖母と母の信仰が違ったので、父は両方に挟まれサンドイッチのようだった。田舎ではキリスト教の教会に行っていたし、ソウルに来ると佼成会に行っていた。父が佼成会の信仰に自ら積極的になったのは、李家が御守護尊神を勧請させていただくために、一九八八年二月に父と母と史好が東京の本部に行ったことがきっかけだ。父と史好は本部に行くのが初めてで、史好は佼成会が気に入り、そのまま学林に入るようになり、父が御守護尊神を受けた」。

22 福順は最後まで日本の永住権は手離さなかった。「韓国人にとっては、(植民地支配の)歴史があるので、日本人を信用できない。韓国人同士なので、それはない。日本から来たということで、はじめは抵抗があっても、日本人とは違う。そこで受け入れてくれたと思う」と福順は述べている。

23 福順は次のように語っている。「信者は『だんだん韓国人になりましたね』と言ってくれるが、今も日本人か韓国人かといったら答えられない。成田に帰ったらほっとする。仁川に来たら仕事で来たようだ」。幸子によると、最後には、日本は窮屈だし、せっかちでみな忙しい、冷たいと言っていたとのことである。けれども幸子は福順のアイデンティティは韓国人ではなく、日本人だと述べている。実際そうであると筆者も感じる。

24　もちろん、通訳として幸子がいる。福順はハングルは韓国で覚えた。また、福順からのこれは何というのかという問いに、幸子は答えた。最初は言葉のアクセントもおかしかった。佼成会の行事での原稿を日本語で書いたものを幸子が訳した場合や、福順が韓国語で書いてきて、文章を見てくれという時もあった。福順は娘の幸子がそばにいて聞けたし、幸子も福順の言葉の間違いを注意した。

25　福順の父は、妻（福順の母）が病弱なので、それはどういうわけかを探るために四柱推命の勉強をした。父のところには人がみてもらいに来ていた。ある韓国の僧と知り合い、複写した本をもらい、それで勉強していた。なお、この本を探したが見つからなかった。福順は父が四柱推命をみる時に手伝いをしていたこともある。四柱推命は体験しないとだめであり、また、父が勉強した縁のカンがあるという。父は福順の四柱推命をみて、「日韓を行ったり来たりでおまえは苦労をしているが、四柱推命をみると五〇歳を越えたら、二つも三つも幸せが来る」と福順が三〇代の時に言った。五〇歳は一九八六年にあたり、福順が支部長になった年であった。

26　一〇〇〇ウォンというのは、佼成会の毎月の会費を意味する。一九九二年からは一〇〇〇ウォンになった。会費は年単位でおさめるが、韓国では会費制度はあまりなじまないようである。佼成会では布施のほうを強調している。

27　たとえば、二〇〇七年八月三日に調査を行っていた時、福順のもとに離婚に関する相談がきた。「別れる前に一回教会長さんに会ってみてから決めたほうがよい」と言われてきた事例である。福順は四柱推命で鑑定し、次のようなやりとりがあった。「この旦那さんは次男ではないですか」、「なぜ分かるんですか」。そして、性格を言ったら合っている。現在の夫は、初婚後離婚し、一七年間一人でいた後、再婚した相手である。鑑定してみると因縁同士が合う。そこで、「幸せになりたいですか」、「なりたい」、「四柱推命をみると六白、離別運が入っている。早く総戒名を祀って修行したほうがよい。そうでないと子どもに離婚の因縁が伝わる」、「本貫（姓氏につく始祖の出生地を示すもの）を聞いてもってきます」といったものであった。

28　日本的要素の変容（文化的異質性の希釈）の問題について、詳しくは二章を参照。

29　韓国の先祖祭祀と佼成会の先祖供養との違い、彼らの違和感の存在とそれに対する対応について、詳しくは二章を参照。

30　佼成会では、日本では入会すると総戒名を祀り込み、そして三代もしくは四代の先祖の戒名を集めるようにいう。先祖供養をすることは戒名を探したりするので先祖の霊を呼び起こすように思われるところもある。

31　追善供養や総供養をするのは、まずは親孝行したいということ、そして出ている現証が先祖の訴えではないかと思う場合がある。

福順は次のように述べる。「子どもによって見せられるということがある。たとえば、子どもが喘息だったら、先祖のなかで喘息で亡くなった人はいますかと聞いたら、先祖を三代探していくと必ず出てくる。ご供養をきちんとさせてもらおうねと言ったら、家で自分でやる人もおれば戒名室で追善供養させてもらいたいと言う場合もある。その人のご供養が足りなかったので追善供養や総供養をやると回復する。先祖と子孫は思い思われで、結果が出る。儒教の祭祀では供えものを派手にするが、戒名室ではなるべく負担にならないようにお膳の供えものも簡素にしてやる」。

32 支部長など主任より上位の役職者に対する指導については、第三章および第四章の事例を参照。

33 幸子は教会が午後三時に終わった後、アパートに行き、父の夕飯をつくり、弁当をつくって病院に行き、福順もそのおかずを食べた。英子にも持ち帰り用の一品を用意した。午後六時三〇分～七時に英子と交代し、午前八時三〇分に英子が来る。幸子は病院で『韓国俠成』の翻訳をした。なお、韓国の病院では付き添い者をつけないといけないことになっている。

むすび

はしがきで述べたように、韓国では日系新宗教では一八教団（修養道徳系三教団を含む）が布教している。信者数では一九六一年から布教を開始した韓国ＳＧＩ（創価学会）[1]が最大で一四九万人、次いで、戦前（一八九三年）からの布教で、二つの教団に分かれ独特な展開をしている天理教[2]が二八万人、日蓮正宗が三万人である。これらのあとに、信者数三〇〇〇から四〇〇〇〇人の佼成会を含む第二グループが位置する。

一　韓国における日本イメージと布教に際しての在日コリアンの役割

李元範は、日系の仏教系教団について、民俗仏教の現世中心主義的救済観と伝統的倫理意識が融合した形態として現れた教理と信者中心の在家仏教という共通点をもっていること、韓国への流入は植民地期の基盤をもつ本門仏立宗を除いて、在日コリアンの帰国活動によって韓国内での日系新宗教の伝播が始まったと指摘している。李は第二次大戦後、韓国社会で日本は排他的な他者であると同時に豊かさの象徴でもあり、特に一九六〇年代と七〇年代の韓国社会において、経済大国日本で生活する在日コリアンという存在は、豊かな生活を渇望する韓国内の親族の間で、成功の象徴であったと述べる。彼らが享有する物質的豊かさだけではなく、精神世界までもが羨望の対象になった。したがって、在日コリアン信者を媒介として韓国内に布教基盤を整え、血縁関係を中心に拡散していったという。こうした在日コリアンの位相は日韓の経済的格差が縮小した一九八〇年代以降には急激に減少したという［李元範二〇一一：七〇―七一頁］。朴承吉も、布教活動面での在日コリアンの媒介的役目の大切さに言及している。しかし、これは一九八八年のソウルオリンピックを境に海外旅行の自由化措置とともに急激にその比重はさがってくると指摘する［朴承吉二〇〇五：一九二］。

朴承吉は他者（日本）に対する韓国人のメンタリティについて、五つに分けている。Ⅰ期（一九四八～一九六〇年）は、日本は「一つになれない近接禁止対象としての他者」であった。Ⅱ期（一九六一～一九七四年）は、「敬い、憧憬と報復の対象という二重性をもつ他者」であり、この時は在日同胞としての在日コリアンは成功的社会化モデルであった。この時に創価学会が急速に教勢を拡張し、倭色宗教の論争がおきた。Ⅲ期（一九七五～一九八八年）は、「韓国的アイデンティティを維持するなかで、受容可能な他者としての日本」で倭色宗教といわれることに対する対応としては社会的活動への積極的な参与によって烙印を回避し、日本との多様な接触ラインを通して多様な受容が行われた。Ⅳ期（一九八九～一九九七年）は「競争と選択的親和性の対象」であり、否定的烙印が衰退した。Ⅴ期（一九九八年～現在）は「自分と異なる他者」として豊かな社会での消費財としての救済財の受容、と位置付けている［朴承吉二〇〇五：一九三］。

日韓関係は、上述のように排他的他者であった時点からの変化はあるが、政治的な面では、歴史教科書問題、首相や閣僚の靖国神社参拝問題、竹島問題、従軍慰安婦問題、徴用工問題などで揺れ動く側面があり、日本からの宗教であるということはなかなか言いにくい部分もある。反面、民間レベルにおいては、海外旅行の完全自由化（一九八九年）、日本の大衆文化の全面開放（二〇〇四年）、短期滞在の日韓両国のビザなし渡航の実現（二〇〇六年）があり、日本においても韓流ブーム（二〇〇四年）が起きるなど、相互の交流が生まれている。

二　各章の要約

それではこうした韓国社会の対日観、在日コリアンの役割にも留意しつつ、各章の内容の概略を述べよう。

第一章「韓国における立正佼成会の展開過程」では、第一節で、調査を開始した二〇〇四年時点での教勢と幹部の性別・年齢構成などの属性、年間行事、毎月の行事、毎日の宗教実践について述べた。韓国佼成会では中枢を担っているのは専業主婦の女性である。この当時は李福順が教会長になり、三支部ができて一年あまりの時で、幹部の年齢は四〇代という活力にあふれた時期であった。第二節以降では、韓国佼成会の展開過程をみていく。一九七八年に東京都在住の在日コリアンによる韓国での拠点設置の依頼を受けて一九七九年に韓国連絡所がソウルに設置され、日本から布教師兼連絡所長が派遣された。釜山、馬山等地方においても在日コリアンルートで布教が行われ、また本部サイドでも「韓国布教の集い」を開き、在日コリアンに布教支援を呼びかけている。在日コリアンが布教の資源としての役割を果たしたが、反日感情に起因する布教現場での困難に加え、日本から派遣された教会長（一九八二年に教会に昇格）のビザ取得にかかわる問題があった。観光ビザで日韓を往復していたが、安定的にビザを取得するために、一九八三年に大韓仏教法華宗の末寺となるという方策をとった。しかしながら、一九八五年には日本からの派遣教会長に対して入国管理法違反で帰国命令が出た。その後、一九八六年以降は韓国人による韓国布教の本部方針のもと、在日コリアン二世の李福順と娘の幸子が中心になっていく。教会長はいなかったが、追い風があり、一九八八年には教会道場ができ、また同年のソウルオリンピックを契機として、一九八九年には海外旅行が完全自由化し、日本との行き来ができるようになり、本部での本尊勧請、本部団参や日本からの講師派遣などが可能になった。法人格取得への願いがあったが、それは難しく、一九九七年に韓国佼成会は任意団体として登録し、翌一九九八年には自主独立団体として日本の本部と姉妹結縁した。そして、李福順・幸子という母娘が試行錯誤しながら、韓国佼成会を担っていく姿が示される。

第二章「韓国立正佼成会にみる日本的要素の持続と変容」では、文化的違和感を減じ、または韓国的に受容できるような工夫をしている様子が述べられる。まず、日本から来た宗教であることで反日感情を刺激しないように、日本的なもの、とりわけ日本による植民地支配のことを思い出せるような要素は極力排除した。また、韓国の宗教文化と違和感のないように、伝統仏教で行っていることを選択的に受容している。佼成会の教えの根幹にかかわるものについては、基本は保持しつつ状況適合的に変容させている。とりわけ難しいのが佼成会式の先祖供養を理解させることである。夫方妻方双方の先祖供養についてはその意義を説き、納得するが、一番難しいのが佼成会の先祖供養の基本である総戒名の自宅への祀りこみで、韓国人は鬼神への恐怖から自宅に祀りこむことをいやがる。これに対しては教会道場の戒名室への安置（総戒名を保管する）というかたちで抵抗感を減じ、戒名室で追善供養や総供養ができるようにしている。これは韓国独特である。その他、韓国人信者からみた伝統仏教と佼成会の違いや佼成会の実践についての違和感の所在についても言及している。

第三章「支部組織の転機と三支部制初代韓国人支部長の信仰受容の諸相」は、第一章が佼成会の韓国布教の当初から二〇〇四年までについて述べているのに対し、それ以降の展開について言及している。特に、二〇〇六年から二〇〇七年まで約一年間をかけての教会道場のリノベーション（大規模増改築）によって、道場に集まる布教や実践から、現場での会員の世話や布教に焦点が移行した。二〇〇三年から李福順教会長のもとで三支部（龍山支部、城北支部、儀旺支部）制が動き始めたが、この出来事をきっかけに支部間の実力の差が明らかになり、また、建築の受注問題もかかわって、龍山支部と城北支部の支部長が辞任することになった。これによって在日コリアンの親族による導きで入会した二人の支部長が退任となり、新しい段階に入った。初代龍山支部長および初代城北支部長については、その信仰受容のあり方と退任に至る経緯、および退任後の顛末についても述べられる。また、唯一支部長を継続し、その後、新たな支部長や総務部長といった教会幹部を生み出した儀旺支部については、支部長の信仰受容に関する個別の体験とともに、伝統仏教との違いや信者の育成の仕方についても言及している。

第四章「韓国人幹部信者の信仰受容と自己形成」では、第一章一節でみた二〇〇四年時点での教勢や幹部の属性と対比して、それから一四年後の二〇一八年の状況について検討する。幹部信者の高齢化や仕事をもつ女性の増加によって、主要な実践の一つである道場当番に支障ができている様子が述べられる。韓国佼成会の組織上の変化では、二〇〇九年に李福順から李幸子に教会長が交代した。三支部の初代支部長のうち儀旺支部長のみ継続していたが、二〇一五年に退任した。ここで三支部の支部長がすべて交代になり、また、李幸子が教会長に就任したことに伴い総務部長が空席になった。儀旺支部から総務部長、城北支部長兼教務部長を出し、儀旺支部長も支部の副支部長が就任したので、龍山支部長を除き、儀旺支部から人材が出ることになった。本章では、二代目の龍山支部長、城北支部長、儀旺支部長、総務部長を事例として、入信過程と自己形成についてライフヒストリーから読み解いた。ことに抱えていた問題状況をいかにして信仰的に意味付け、乗り越えて行ったのかという内面の軌跡を詳述し、日本の宗教であることの納得の仕方、違和感の所在についても言及している。そして、ある意味でフルタイムのボランティアである「お役」を継続させていく要因についても考察した。さらに、教会運営を担う立場からみた韓国佼成会が抱えている問題についても言及されている。

第五章「在日コリアン二世の女性教会長のライフヒストリー」は、韓国佼成会にとって大きな役割を果たした李福順の人生の軌跡であり、布教者・信仰者として自己形成していくありさまが多方面から記述されている。李福順については、第一章〜第四章の中に登場しており、また信者の側から見た福順の人柄や指導のあり方が語られているが、ここでは福順からの聞き取り調査、補足として李幸子（長女）、李史好（長男）からの聞き取り調査、日記、写真等をもとに、その人生を再構築する。李福順は一九三六年に東京で在日二世として生まれ、三歳から大阪府に移った。勤務先の幼稚園の園長（日本人）から養女に望まれるが、それを断った後、一九五七年に在日二世の夫と結婚した。一九六八年に家族で韓国に引き揚げるが、福順は韓国に適応できず、また事業が倒産した借金を負ったこともあって、日韓を往復しながら、家族の生活を支えた。家族を日本に戻したいと念願する中で、一九七三年に大阪で佼成会に入会した。日本では組長の役をした。しかしながら家族を日本に戻すことはかなわず、韓国佼成会の教会長の依頼もあって一九八二年から韓国での居住が主体となった。一九八五年に日本人教会長が帰国し、福順と幸子が韓国佼成会を担うようになった。韓国語の習得には苦労したが、四柱推命を布教の手段として用い、言葉ができるようになれば、福順の人生体験は法座や個人指導に役立ち、多くの人々を惹きつけた。心の中は日本人アイデンティティーをもつ福順が韓国人になろうとする中で、試行錯誤しながら、韓国人の思考様式や行動様式を理解しつつ韓国佼成会を担っていく姿が描かれる。

韓国佼成会の歴史的展開を縦糸に、そこにかかわる人々のライフヒストリーを横糸に、それらが有機的に織りなす姿を見てきた。次に、韓国佼成会が異文化布教の課題にどのように対応しているのかという点を検討しよう。

三　韓国立正佼成会にみる異文化布教の課題

筆者はかつてブラジルにおける日系新宗教運動の課題として、四つの課題群を提出した［渡辺二〇〇一：八—一二］。異文化布教の場合、国内とは異なる課題群を解決しなければならない。第一は拡大課題群で、布教の拡大と信者の量的増加にかかわる。第二は適応課題群で、ホスト社会との葛藤の解決をしながら、いかにして孤立せず、またその中に埋没せず、自らの宗教運動としての独自性を維持しつつ、異文化社会に適応していくかという課題である。第三の定着課題群は、信者の定着・質的充実にかかわる課題で、入会した人々をいかに定着させるかという課題である。第四は組織課題群で、宗教運動自体の展開と定着にかかわり、現地のみならず、日本の本部との良好な関係の確立もここに含まれる。

ブラジルの場合は日系人の存在があり、また韓国とは文化的にも社会構造の点でも異なるので韓国に即して考えてみよう。韓国における拡大課題群として、①地域的拡大、②階層的拡大、③世代的拡大があげられよう。韓国佼成会の場合、会員は百パーセント韓国人である。地域的拡大については、現在はソウルと釜山で、かつては馬山、海際面、安東にも布教拠点があったが、むしろ地域的には縮小した。これは、これらの地域への布教ルートが各々の在日コリアンの故郷であったことと関連する。当該人物が高齢化や死去によって布教に行かなくなると親族関係への布教が主体だったので、おちてしまう傾向があった。釜山に関しては一時停止後、ソウルから毎月教会長や幹部が訪問しており、信者の高齢化は顕著だが、拠点として持続している。②の階層的拡大に関しては、佼成会の場合、当初から中層である。③の世代的拡大については、現在は入会第一世代の人々が担っているが、信仰継承の課題が生じている。

適応課題群としては、①言葉の壁の克服、②祈願・祈祷信仰への対応、③教義・儀礼・実践の異質性の希釈、④伝統仏教との摩擦の回避、⑤社会的認知の獲得、そして韓国独自のものとして、⑥反日感情惹起の回避があげられよう。①言葉の壁については、李幸子という日本語と韓国語の両語のできる人物が、初期から韓国佼成会にかかわっていたことが大きい。日本人教会長がいた時も本部から講師が訪れた時も通訳が可能で、本部との連絡も言葉の祖語はなく、日本で発行された書物や機関誌紙も翻訳して新しい情報を伝え、現地信者に対しても韓国語で教えを説くことができた。また、李福順も苦労の末、韓国語に不自由はなくなった。韓国佼成会の信者はすべて韓国人であり、韓国語による布教が可能になったのは、元在日コリアンの李家の存在は大きいものだといえる。本部に海外修養生制度があり、日本語を学び、教義を学ぶシステムはあるが、スタッフとして雇用することができないため、在家信者の位置づけで有効活用されていない。現在はよいが、今後どのように対応するのかという課題は残されている。②については、韓国の伝統仏教において祈願・祈祷信仰の側面は強い。また韓国にはムーダンというシャーマンへの信仰は両義的ではあるが、根深いものがある。運命鑑定への関心も高い。韓国佼成会では、李福順が問題を抱えてきた人に対して四柱推命をみたあと、二一日間の祈願供養に入ることを勧めるなど方便として用いている。③の異質性の希釈については第二章でみたように、できるだけ違和感のないように変更できるところはし、また、花まつりの提灯や伝統仏教で行っているものを選択的に採用している。また、最も重要であるのは佼成会の教えの中核を占める先祖供養にかかわるもので、総戒名を自宅に安置することへの抵抗から、内実をとって、教会道場の戒名室に安置するという方便を用いている。④伝統仏教との摩擦の回避については、もともと佼成会自体が他宗教に寛容であり、実際幹部であっても伝統仏教の寺に行っている人はおり、それを反対するものではない。伝統仏教が出家仏教であるのに対して佼成会は在家仏教で生活仏教として認識している。⑤社会的認知の獲得については積極的ではなく、韓国佼成会は外に向けての社会的活動はほとんどやっておらず、バザーでの収益金を韓国ユニセフに寄付しているぐらいである。⑥反日感情の惹起の忌避については、③の異質性の希釈とも関係しているが、韓国でとりわけ意識せざるを得ない点である。脇祖の着物の写真を洋服に着せ替えていることにも象徴的だが、植民地時代を想起させるようなことは極力さけている。

定着課題群とは布教によって獲得した信者をいかにして定着させるかという課題である。これには、①韓国人気質の理解、②信者育成システムの形成、③ご利益信仰から心なおしの信仰への深化がある。①韓国人気質については、李福順はホウレンソウ（報告連絡相談）がない、組織活動に慣れていない、時間にルーズ、情熱的、裏表がない等を指摘しており、韓国人側からもきっちりしていることへの違和感が述べられている。そして彼らの気質を理解しつつ、②信者育成システムを形成していっている。ことにきめ細やかな「世話」は特徴的である。小集団活動や個人指導が組み合わさり、さらにより上位の役への就任・昇進があるが、より上位の役職はより信者に対する「世話」が求められる。「世話」はされる側ばかりでなく、する側の育成にも役立っている。③ご利益信仰から心なおしの信仰への深化は、因縁果報の原則により因縁を自覚し、原因を自分の中に見出すことで心なおしに取り組ませている。

組織課題群としては、①母国本部からの支援と関係調整、②広域組織化、③拠点施設の建設、④資格授与システムの整備、⑤現地人の役職への登用がある。韓国佼成会の場合、任意団体となり、日本の本部と姉妹結縁した。したがって、他の外国の拠点とは位置づけは異なる。しかし、①の本部からの支援と関係調整については、日本の本部とは友好関係にある。支援には財・人・情報があるが、韓国佼成会の場合は財的には自立している。人的支援については、韓国への講師派遣、布教支援、そして日本での団参の受け入れ、幹部教育、教会実習の受け入れなどの支援がある。また、機関誌紙、書籍、インターネットを利用しての情報も本部から送られてきている。②広域組織化については、拠点はソウルと釜山しかないので、現時点ではその段階に至っていない。しかし、韓国ではソウルが本部で釜山が支部の関係にある。③拠点施設については、ソウルの教会道場は自前のもので、かつリノベーションした。釜山は賃貸物件である。④資格授与についいては、韓国佼成会で授与できるものと本部を介さなくてはいけないものがある。主任の役につくには、本部勧請本尊を受ける必要があり、また教師資格も本部が授与する。これは聖なるものに関しては本部が聖性の権限を担っていることを示す。ただし教会勧請本尊（額装本尊）は教会から出し、教会幹部の任命は、韓国佼成会自体が担っている。⑤については韓国佼成会の場合、初期に日本人教会長が二名派遣されたが、教会長以下全員が韓国人である。

四　社会の変化と今後の課題

これまで約一五年にわたって韓国佼成会をさまざまな面から観察してきた。また聞き取り調査を通じて信仰の受容の諸相についても検討した。佼成会は韓国の日系新宗教の中では中規模であり、大きく布教を拡大するということではないが、着実な歩みをしている。派手ではなく、手作り感の強い教会である。それがゆえに適正規模があるのではないかという思いもする。また、日本の植民地支配に起因する反日感情の存在は、異文化布教というだけではなく、韓国佼成会にとって苦難の道を歩ませた部分がある[3]。また、それに加えて、少子化、晩婚化、高齢化、女性の就労率の上昇など韓国社会の変化が韓国佼成会に与えている影響が見いだせる。

二〇〇四年に初めて調査に訪問した時に比べて、二〇一八年には教会道場に来ている人が減少していた。これまで八回現地で調査しているが、徐々に減少しているように思えた。また、韓国の社会では二〇〇五年に戸主制が廃止され、二〇〇八年から実行にうつされるようになった。それは、佼成会の双系の先祖を受け入れやすくさせる変化でもある。聞き取りの中でも女性たちにとって自分の実家の先祖を供養できることはうれしいことだと語る人は多かった。

また韓国佼成会は極めて忠実に日本の佼成会のやり方を踏襲している。ある意味で日本の教会よりもきちんとやっているという思いさえいだかせた。またそれであるがゆえに、時代の変化の中で、仕事をもつ女性の増加が韓国佼成会に与えた影響は大きい。

筆者は教団の組織形態と布教形態によって、四つの象限にわけ、ブラジルの日系新宗教運動を分析したことがある［渡辺二〇〇一：六—七］。組織形態は、タテ系統のおやこ型（導きの連鎖による組織）と地域でのヨコの組織である中央集権型で、布教形態の軸として、教師中心参詣型と信者中心万人布教者型を両極とする。教師中心参詣型宗教とは教会への参詣が主要な宗教実践の形態である、活動の中心は教師にある。信者中心万人布教者型宗教とはすべての信者が布教者の役割を担い、布教が救済のための宗教実践として大きな役割を占めるものである。筆者は、立正佼成会は中央集権型—信者中心万人布教者型に位置付けているが、現況では韓国佼成会は天理教や金光教のように教会長（教師）中心ではないが、参詣型宗教になっているように思われる。実情は日本の佼成会も同じである。つまり、道場当番、命日参拝、行事参拝が主要な宗教実践になっている。かつては道場当番のあとも、また道場当番がない時は外に導きや手どりに出ていた。しかし、信者の高齢化、親の介護問題の発生、比較的若手の場合は仕事をもつことが増えたことで、専業主婦をモデルとし、いわば仕事に出る代わりに佼成会で活動する層が減少した。また、子ども夫婦が共働きをすることで、孫の面倒を見る人も出てきた。このような状況で道場当番をどうするかという課題は深刻である[4]。

韓国佼成会は、これまで第三章、第四章であつかった事例に明らかなように、信仰の側面では、心の内面まで変える自己変革をもたらしている。現在、韓国佼成会の中核を担っている教会長、総務部長、三人の支部長は六〇歳前半であるので、まだ時間の猶予はあろうし、また韓国佼成会の場合、日本とは異なり、自分の意志で入会した初代の信者がほとんどで、自分なりの信仰体験をもっている。これは強みである。しかしながら、壮年部（男性）、青年部は行事等で協力はしてくれるものの、必ずしも活発とはいえない。三〇代から五〇代の女性信者をいかに活性化していくか、という課題とともに壮年部、青年部の育成課題を抱えている。彼らが参加していくには、イベントや活動の楽しみの要素を付け加えていくことも必要かもしれない。

本書では、韓国での佼成会の展開過程を縦糸に、布教を担ってきた個人のライフヒストリーを横糸に、反日感情が存在する韓国で、佼成会という日本にルーツのある宗教がどのように布教展開し、また韓国人に受容されているのかを事例を積み重ねることによって考察してきた。韓国佼成会は日本の宗教であるというハンディを背負いながら、韓国に定住した元在日コリアンの李福順と李幸子を中心に、試行錯誤しながら布教を行ってきた。そして本書でみたように中核的幹部信者は、内面を変えるような信仰体験をもち、また生きがいをもって韓国人信者の育成にあたっている。韓国佼成会は佼成会の海外拠点の中では極めて優等生であるが、韓国社会の変化の中で、新たな課題を抱えている。しかしそれがチャレンジになり、次の段階に行くチャンスとなるかは、今後の取り組みにかかっている。

注

1 倭色宗教批判の一番の的は韓国SGI（創価学会）である。韓国SGIについては、李元範二〇〇五、李元範二〇一一、李賢京二〇一一a、朴承吉二〇〇五、朴承吉（南椿模訳）二〇一四等を参照。

佼成会と創価学会は同じ南無妙法蓮華経の題目を唱えるが、異なっている点が多々ある。創価学会の場合は題目を繰り返し唱える唱題がメインであるのに対して、佼成会は経典読誦が主である。創価学会は宿命転換型ポジティブシンキングであるのに対して、佼成会の場合は自己の内面を見つめることを経由しての視点の転換であり、「まず人さま」である。小集団活動の創価学会の座談会は解決した出来事の体験談の発表の場であるのに対して、佼成会の法座は問題状況を出し、その受け止め方を吟味する場である。創価学会は社会活動、文化活動が盛んだが、佼成会ではほとんどない。布教に関して、創価学会は日本の本部の積極的戦略があるが、佼成会は本部が方向づけ、戦略を練っているとはあまり思えない。

2 天理教は大韓天理教と天理教韓国教団の二つに分裂している。自主教団を志向するグループと日本の教会本部との関係を重視するグループがあり、摩擦は生じていたが、一九八五年八月一四日に掲載された朝鮮日報の倭色宗教批判記事に触発され、韓国政府は天理教に対して儀礼や祭具に関する資料を要請した。政府の是正命令を受けた結果、大韓天理教は社のかんろだいの形態を変更した［陳宗炫、二〇一六：一九三―一九四］。韓国における天理教については、陳宗炫二〇一三、陳宗炫二〇一五、李賢京二〇一一b、も参照のこと。

3 台湾の佼成会についても筆者は調査を行ったが、韓国と台湾では植民地支配のあり方も異なり、佼成会（を含む日系新宗教）に来ている人には、かつて台湾で日本語教育を受け、日本をなつかしむ人々であった。高齢者の場合は日本語も通じ、日本語が話したくて集まっている側面があり、日本的なものにも抵抗はなく、事情が異なっている。

4　日本においても仕事をもつ主任の増加は深刻な問題になっている。渡辺二〇一六を参照のこと。

あとがき

韓国立正佼成会を初めて訪れたのは二〇〇四年二月のことである。筆者は一九八八年から一〇年以上にわたってブラジルの日系新宗教の研究をしており、二〇〇一年に『ブラジル日系新宗教の展開――異文化布教の課題と実践』（東信堂）としてまとめた。二〇〇二年三月の立正佼成会の海外教会長会議の際、海外布教研究会があり、この本をもとにブラジルでの日系新宗教について講義した。この時に出会ったのが、韓国立正佼成会で当時総務部長をしていた李幸子さんだった。その時に話す機会があり、韓国で立正佼成会がどのように展開しているのかについて関心をもった。それから二年たって日系新宗教の調査に韓国を訪れた。その時は立正佼成会の他にもいくつかの日系新宗教を尋ねたが、この後、韓国立正佼成会に焦点をあてることになったのである。

韓国立正佼成会の教会道場に足を踏み入れた時に、天井に花まつりの提灯が一面にあったことに韓国らしさを感じて興味がひかれたが、反面その雰囲気は極めて日本的だと感じた。また、信者が全員韓国人だったことは驚きであった。そして、李幸子さんはもとより、当時教会長だった李福順さんと出会い、韓国立正佼成会のことを知りたいと思うようになった。これまでの自分の調査のやり方を顧みると、ブラジルにおいても日本においても戦略的に調査対象を決めるというよりも、人との出会いの中で対象を決める傾向があった。また修士論文で立正佼成会の茨城教会を対象としたこと、そして、ブラジルやアメリカでも立正佼成会に調査に訪れていたことで親しみがあったこともあるだろう。

韓国での現地調査は、二〇〇四年二月、二〇〇四年九月、二〇〇七年八月、二〇〇八年七月、二〇〇九年一月、二〇一四年二月、二〇一五年三月、二〇一八年六月の八回にわたって行った。現地での調査以外にも李幸子さんが来日の折は必ず聞き取り調査をし、また、電話とファクスで、のちにはｅメールも用いて、頻繁に連絡をとっていた。

調査を始めるにあたっては、韓国人の反日感情の所在を理解する必要があると思い、日本統治時代に独立運動家などが収監された施設である西大門刑務所跡にある歴史館、天安の独立記念館を訪問した。また、立正佼成会ではどのように韓国的様式を取り入れているのか知るために博物館も訪れた。伝統仏教の曹渓宗の寺は、日本の仏教と異なり、僧は出家で、グレーの僧衣を着ており、そこで五体投地して祈る人々がおり、位牌が納められている部屋があった。仏具屋では真鍮の仏具が売られていた。また、ムーダン（韓国のシャーマン）や四柱推命で鑑定する哲学館にも行き、実際に占ってもらった。プロテスタント・ペンテコステ派のヨイドにある純福音教会という大規模教会のミサにも参加してみた。その様子は熱狂的なもので、日本のキリスト教のイメージとは全く異なっていた。また、墓や火葬場も訪れた。韓国での土葬から火葬への変化、ロッカー式納骨堂など、韓国社会における変化を実感した。これらには筆者のリクエストに応じて李幸子さんが同行してくださったので、韓国と日本との文化的差異や変わりつつある韓国の状況について説明してもらうこともでき、その後の視点や分析にも役立った。実際に見ることによって韓国立正佼成会がどのように韓国的要素を取り入れているのか、逆に言えば、韓国人がどのような点に違和感をもつのかについて考察するのに役に立った。

また、初期にはこのような見学も行ったが、あとは聞き取り調査につぐ聞き取り調査だった。調査において言葉の壁がある場合、どのような通訳を得ることができるかによって聞き取りの情報量が変わってくる。李幸子さんに主に通訳をしていただいたが、その通訳は、要約ではなく、また自分の意見を付け加えることなく、筆者の言うように通訳してくれ、また被調査者の回答もそのまま通訳してくれた。その卓越した通訳に感謝したい。また、韓国立正佼成会の展開過程についての論文をまとめた際には、こちらが要求する以上の資料を探し出してくれた。筆者の調査のやり方を理解してくださった李幸子さんとの出会いがなければこの本はできなかったと思う。

初めて韓国立正佼成会を訪れた二〇〇四年は、三支部制が実行に移されて一年経過した時で、生き生きと活動していた時であった。また、当時は四〇代の人が多く、年齢的にも活力にあふれていた。そしてその後二〇〇六年から二〇〇七年にかけて教会道場のリノベーションがあったが、組織上の転換点となり、三人のうち二人の支部長が交代することになり、ここで近い親族に在日コリアンがいてそのルートで入会した人が退くことになり、幹部の入れ替えが行われた。一五年にわたる調査であったので、その推移を観察もできた。とはいえ、訪問するたびに見覚えのある顔触れがみられるので、信者が定着していることが伺えた。換言するならば、幹部は年月の経過とともに年をとっていくということでもある。また、韓国の社会状況の変化の中で専業主婦が減少していくことで、重要な実践とされる道場当番に大きな影響を与えていた。これまでのやり方はなかなか貫徹しにくくなっているとも感じた。さまざまな変化を見ることができたことは調査が長期間にわたって行われたことのメリットであったと思われる。

また、韓国立正佼成会にとって重要な出来事に、その展開に多大な貢献をした李福順さんが二〇一五年二月に七八歳で逝去されたことがある。三代目の教会長で、かつ初めての韓国人教会長でもあった。韓国立正佼成会では、李福順さんが「情」であるならば、李幸子さんは教学など「知」の部分を担当するという、各々の特徴に基づく役割分担がみられた。親子の二人三脚だった。福順さんの法座は説得力のあるものだった。また、四柱推命の鑑定は韓国での布教の推進力になった。筆者は福順さんの訃報に接し、そのライフヒストリーを残しておく必要があるのではないかと痛切に思った。三月二七日に教会道場で営まれた四十九日の法要に参列し、墓参りもさせていただいたが、その思いは強くなっていった。

福順さんが亡くなるまでに脱稿していたのは、展開過程の論文（第一章の元論文）、現地化にかかわる論文（第二章の元論文）、初代三支部長の信仰受容の諸相にかかわる論文（第三章の元論文）であって、各論文の強調点や視点が異なり、その中に福順さんのことについては、一部は出てくるものの福順さんの人生の軌跡にはほとんど触れていなかった。しかし、在日コリアン二世の福順さんがさまざまな逡巡がありながらも韓国に定着し、試行錯誤しながら、韓国佼成会を担っていくプロセスは個人史からみた韓国立正佼成会の歩みでもあると思った。また個人史としても貴重なものであると思われた。生前には、お渡しできなかったが、一周忌に間に合うように仕上げることができた。

この研究に関して一番重要なインフォーマントは、韓国立正佼成会とともに歩んできた李幸子さんである。これまでの展開の歴史や起きた出来事、実態、日本と韓国との違い、韓国人のものの考え方など、さまざまな点をご教示いただいた。そして、個人の記憶や考え方というばかりでなく、それを証明するような記録や書類で客観的に跡付けようとしてくださった。本書では重要な貢献をした李幸子さん自身については前面に出てきていない。これが次の課題でもあろう。

韓国立正佼成会での聞き取り調査では、心の内面にかかわることについても語ってくださったこと、そしてそれを実名で公表することを許可してくださった皆さんに感謝申し上げたい。

二〇〇四年に幹部会員三四名に、二〇〇七年に六八名に対してかなり詳細なアンケート調査を実施した。個別事例の中では参照したものの、それを活かせていないことは心残りである。やはり、その時に論文として残しておくべきだったと反省している。また、今回事例として取り上げた以外に、数人の主任の方々に綿密なインタビューをしたが、それも掲載できなかった。こうした心残りなことはあるが、これはまた別の機会にゆずりたい。

韓国立正佼成会の調査では様々な方にお世話になった。ここでお名前をあげて謝意を表したい。前教会長の李福順さん（故人）、教会長（前総務部長）の李幸子さん、初代龍山支部長の盧承元さん、初代城北支部長の朴鍾林さん、初代儀旺支部長の金美慶さん、総務部長の黄慶子さん、龍山支部長の呉丁淑さん、儀旺支部長の姜埰仁さん、教務部長兼城北支部長の成淑姫さん、城北支部副支部長の李英順さん、龍山支部主任の林美貞さん、龍山支部主任の林秀貞さん、城北支部主任の韓英姫さん、儀旺支部主任の洪起錦さん、儀旺支部主任の金透衣さん、そのほか主任・組長の皆さん。龍山支部組長の平恩雅さんにはパソコン関係でのやりとりにご協力いただいた。また、教会道場の管理担当で、裏方で気を配ってくださった李奉雨さんにも感謝申し上げる。

日本在住者では以下の方々にお世話になった。立正佼成会国際伝道部スタッフの金恩美さんは、二〇一八年六月の調査で通訳を担当してくださり、資料収集にもご協力いただいた。国際伝道部次長の竹谷直樹さんには資料の件でお世話になった。中央学術研究所所長の川本貢一さんには、教義・儀礼等についてご教示いただいた。中央学術研究所のスタッフ（当時。現東京教区東京東教務員）の李史好さんには母親である李福順さんのことについてご教示いただいた。また、馬山布教の崔順基さんについては、下館教会長の荒章雄さんが崔さんの次男の河田好司・侑子夫妻に聞き取りを行い、その情報を提供してくださった。

本書の作成にあたっては、明治学院大学非常勤講師の矢作征男さんにご助力いただいた。紀要に発表した論文のスキャンと、そして何より年表の入力に携わっていただき、記載の統一性、不備な点の指摘など、大変細かくチェックしていただいた。年表は基礎になるものであるので正確を期すという合意のもとで、矢作さんの指摘をもとに、李幸子さんとの膨大なやりとりをし、より緻密なものが作成できた。矢作さんの綿密な作業に感謝するものである。

また、出版事情の厳しい中で、『ブラジル日系新宗教の展開』と同じ東信堂から、韓国布教にかかわる本書を出すことができるようになったのはありがたいことである。お引き受けいただいた東信堂社長の下田勝司さんに感謝申し上げる次第である。

本書に収録された旧稿の初出は以下のとおりである。

第一章　「韓国における立正佼成会の展開過程――日本宗教であることの困難と在日韓国人による現地韓国人布教」、『明

治学院大学　社会学・社会福祉学研究』一一九号、二〇〇五年二月、三五―一〇〇頁。
第二章　「韓国立正佼成会にみる日本的要素の持続と変容――現地化への取り組み」、『明治学院大学　社会学・社会福祉学研究』一三三号、二〇一〇年三月、八三―一二八頁。
第三章「韓国立正佼成会の支部組織の転機と韓国人支部長の信仰受容の諸相――教会の増改築が与えた影響に着目して」、『明治学院大学　社会学・社会福祉学研究』一四四号、二〇一五年二月、八三―一三九頁。
第四章　書下ろし
第五章　「韓国立正佼成会における在日コリアン二世の女性教会長の生活史」、『明治学院大学　社会学・社会福祉学研究』一四六号、二〇一六年三月、一一三―一九九頁。
むすび　書下ろし

韓国立正佼成会の調査にさいしては、「日系宗教の異文化布教に関する社会学的研究」（二〇〇八年度明治学院大学社会学部付属研究所プロジェクト）、「日本の宗教教団における国際布教の研究」（中央学術研究所からの受託研究、二〇〇八～二〇〇九年）、科学研究費補助金（基盤研究C）「日本宗教の異文化布教に関する社会学的研究」（二〇一二～二〇一五年度）、「日系新宗教の海外布教」（二〇一七年度明治学院大学社会学部付属研究所プロジェクト）から助成金を受けている。
また、本書の出版に際しては、二〇一八年度明治学院大学学術振興基金補助金による出版助成を受けた。

二〇一九年二月

渡辺雅子

参考文献

朝倉敏夫、一九八九a、「韓国の祖先祭祀と社会組織」、渡邊欣雄編『祖先祭祀』凱風社、四一―六四頁。

朝倉敏夫、一九八九b、「韓国の位牌祭祀」、渡邊欣雄編『祖先祭祀』凱風社、一二一―一四三頁。

浅見雅一・安延苑(アン・ジョンオン)、二〇一二、『韓国とキリスト教――いかにして国家的宗教になりえたか』中央公論社。

李元範(イ・ウォンボム)、二〇一一、「韓国における日系新宗教」、李元範・櫻井義秀編『越境する日韓宗教文化』北海道大学出版会、五五―八四頁。

李元範(イ・ウォンボム)ほか、二〇〇五、「韓日宗教の相互受容実態に関する調査――韓国に進出している日本新宗教の実態」(テーマセッション2)、『宗教と社会』一一号、一八五―二〇四頁。

李元範(イ・ウォンボム)・櫻井義秀編、二〇一一、『越境する日韓宗教文化――韓国の日系新宗教　日本の韓流キリスト教』北海道大学出版会。

李元範(イ・ウォンボム)・南椿模(ナム・チョンモ)、二〇〇六、「韓国における日本系宗教信者の意識と態度変容に関する調査――韓国既成宗教信者との比較分析」、『宗教と社会』第一二号、二一七―二三〇頁。

李東鈺(イ・ドンオク)、二〇一二、「韓国における家族変化と女性の独身現象」、『アジア遊学152　東アジアの結婚と女性――文学・歴史・宗教』勉誠出版、二〇四―二一五頁。

李賢京(イ・ヒョンギョン)、二〇一一a、「韓国における創価学会の展開」、李元範・櫻井義秀編『越境する日韓宗教文化』北海道大学出版会、八五―一一〇頁。

李賢京(イ・ヒョンギョン)、二〇一一b、「韓国天理教三世信者の信仰継承」、李元範・櫻井義秀編『越境する日韓宗教文化』北海道大学出版会、一一一―一三九頁。

李幸子(イ・ヘンジャ)、一九九二、「法の灯は、いま世界へ　青年部で法華経研修会がスタート」、『佼成』一九九二年一月号、六六―六七頁。

李幸子(イ・ヘンジャ)、二〇一二、「本質的な救いの実現を」、*SHANZAI*、Vol.81, 二〇一二年六月号、立正佼成会国際伝道部(web.)、六―八頁。

飯田剛史、二〇〇〇、「宗教的伝統とキリスト教の発展――韓日比較の視点より」、小林孝行編『変貌する現代韓国社会』世界思想社、一四一―一六二頁。

飯田剛史、二〇〇二、『在日コリアンの宗教と祭り―民族と宗教の社会学』世界思想社。

井出弘毅、二〇〇九、「ポタリチャンサ――日韓境域を生きる越境行商人」『白山人類学』一二号、五三―六六頁。

伊藤亜人、一九八三、「儒礼祭祀の社会的脈絡」、江淵一公・伊藤亜人編『象徴と儀礼――文化人類学的考察』九州大学出版会、四一五―四四二頁。

伊藤亜人、一九九六、『韓国（暮らしがわかるアジア読本）』河出書房新社。

伊藤亜人編、一九八五、『もっと知りたい韓国』弘文堂。

伊藤亜人ほか監修、二〇一四、『新版　韓国朝鮮を知る事典』平凡社。

岩井洋、二〇一二、「韓国における日系新宗教の展開――世界救世教を中心として」、中牧弘允・スミス、ウエンディ編『グローバル化するアジア系宗教――経営とマーケティング』東方出版、一二四―一三七頁。

呉丁淑（オ・ジョンスック）、二〇一四、「布施したことを忘れて、目の前の人に心をつくす」、『やくしん』二〇一四年六月号、五四―五五頁。

大泉啓一郎、二〇一七、「老いていくアジアのなかの韓国」、金成垣・大泉啓一郎・松江暁子『アジアにおける高齢者の生活保障――持続可能な福祉社会を求めて』明石書店、二一―四〇。

小倉紀蔵、二〇一二、『心で知る、韓国』岩波書店。

岡克彦、二〇一七、『「家族」という韓国の装置――血縁社会の法的なメカニズムとその変化』三省堂。

川上新二、一九九八、「韓国の巫俗儀礼において祀られる祖先」、駒沢大学『宗教学論集』二〇号、八一―九六頁。

川上新二、二〇〇五、「韓国における仏教と祖先崇拝に関する一考察」、駒沢大学『文化』二三号、四三―六四頁。

姜埰仁（カン・チェイン）二〇一七、「〝自分が変わり、人生が変わる教え〟という自信をもって布教していきたい」、『やくしん』二〇一七年一一月号、一七頁。

韓国史事典編纂会・金容権（キム・ヨングオン）、二〇〇六、『朝鮮韓国近現代史事典　第2版』日本評論社。

金成垣（キム・ソンウオン）、二〇一七、「高齢者の生活保障にみる韓国的特質」、金成垣・大泉啓一郎・松江暁子『アジアにおける高齢者の生活保障――持続可能な福祉社会を求めて』明石書店、四一―七二頁。

金美栄（キム・ミヨン）、二〇〇八、「韓国人と祖先祭祀――儒教式祖先祭祀の社会性と宗教性――」、韓国宗教民俗研究会編『韓国の宗教と祖先祭祀』岩田書院、五五―六九頁。

金容権（キム・ヨングオン）編、二〇〇二、『早わかり韓国を知る事典』東海大学出版会。

金熒泰（キム・ヨンテ）、一九八五、『韓国仏教史』禅文化研究所。

金栄勲（キム・ヨンフン）（金順姫訳）、二〇一〇、『韓国人の作法』集英社。

木宮正史、二〇一二、『国際政治のなかの韓国現代史』山川出版社
木村幹、二〇〇八、『韓国現代史――大統領たちの栄光と蹉跌』中央公論社。

教団史編纂委員会編、一九八四、『立正佼成会史　第五巻』佼成出版社。

小林和美・洪上旭（ホン・サング）、二〇〇七、「韓国の高齢者」、落合恵美子・山根真理・宮坂靖子編『アジアの家族とジェンダー』勁草書房、七〇―八七頁。

在日韓人歴史資料館編、二〇〇八、『写真で見る在日コリアンの１００年』明石書店。

佐々木典子、二〇〇〇、「現代家族の変動」、小林孝行編『変貌する現代韓国社会』世界思想社、二五―四三頁。

ジャネリ、Ｒ．・任敦姫（イム・ドンヒ）、一九九三、『祖先祭祀と韓国社会』第一書房。

曺恩（ジョ・ウン）、一九八八、「産業化と新家父長制――女性の適応と葛藤」、韓国社会学会編『現代韓国社会学――韓国社会、どこへ向かっているのか』新泉社、一八二―二〇〇頁。

徐仲錫（ソ・ジュンソク）、二〇〇八、『韓国現代史60年』明石書店。

徐正敏（ソ・ヂョンミン）、「国際化する韓国宗教――キリスト教を中心に」、中牧弘允・スミス、ウエンディ編『グローバル化するアジア系宗教――経営とマーケティング』東方出版、一一〇―一二三頁
成淑姫（ソン・スックヒ）、二〇一八、「明るく、優しく、温かく、人さまのご縁となって」、*Living the Lotus*, Vol.149, 立正佼成会国際伝道部（web.）、四―六頁。

崔吉城（チェ・キルソン）、一九八〇、『朝鮮の祭りと巫俗』第一書房。

崔吉城（チェ・キルソン）、一九八四、『韓国のシャーマニズム――社会人類学的考察』弘文堂。

崔吉城（チェ・キルソン）、一九九二、『韓国の祖先崇拝』御茶の水書房。

崔吉城（チェ・キルソン）、一九九七、「韓国の儒教と巫俗における喪と死穢」、孝本貢・八木透編『家族と死者祭祀』、早稲田大学出版部、一六一―一八八頁。

崔吉城（チェ　キルソン）、二〇〇四、「韓国における祖先崇拝の歴史と現状――男児選好の問題を中心に」、池上良正ほか編『岩波講座

宗教　第六巻　絆』岩波書店、一八七―二一三頁。

鄭大均（チョンテギュン）、二〇〇三、『韓国のナショナリズム』岩波書店。

陳宗炫（チン・ジョンヒョン）、二〇一三、「韓国の天理教における入信の過程とその分析――主に月刊機関誌の記事を中心として」、『東北宗教学』第八・九号、東北大学宗教学研究室、五九―七七頁。

陳宗炫（チン・ジョンヒョン）、二〇一五、「戦後の韓国における日系新宗教の展開――天理教の現地化をめぐって」、『韓国学のフロンティア』第一号、早稲田大学韓国学研究所、四二―五九頁。

陳宗炫（チン・ジョンヒョン）、二〇一六、「韓国における天理教の展開――戦後の葛藤と変容をめぐって」、『次世代人文社會研究』一二号、韓日次世代學術FORUM、一八一―一九七頁。

寺田喜朗、二〇〇九、『旧植民地における日系新宗教の受容――台湾生長の家のモノグラフ――』ハーベスト社。

盧吉明（ノ・キルミョン）、一九八八、「七〇年代韓国の宗教の成長とこれからの展望」、韓国社会学会編『現代韓国社会学――韓国社会、どこへ向かっているのか』新泉社、八九―一一四頁。

朴京淑（パク・キョンスック）・山根真理、二〇〇七、「韓国女性のライフコースと仕事・家族役割の意味」、落合恵美子・山根真理・宮坂靖子編『アジアの家族とジェンダー』勁草書房、五一―六九頁。

朴承吉（パク・スンギル）、二〇〇五、「報告2　韓国における日本新宗教の受容とその特性」（テーマセッション2　韓日宗教の相互受容実態に関する調査――韓国に進出している日本新宗教の実態）、『宗教と社会』第一一号、一八九―一九三頁。

朴承吉（パク・スンギル）、二〇一四、「創価学会の海外組織――韓国SGIの急伸要因」、西山茂編『近現代の法華運動と在家教団』春秋社、三六五―三八五頁。

林史樹、二〇〇七、『韓国がわかる60の風景』明石書店。

韓永愚（ハン・ヨンウ）、二〇〇三、『韓国社会の歴史』明石書店。

樋口淳、二〇〇七、「韓国の霊魂観と悪霊のゆくえ」、『アジア遊学　特集　日中韓の霊魂観の違い』一〇一号、一一四―一二一頁。

秀村研二、一九九五、「韓国キリスト教の現在とその理解」、『社会人類学年報』Vol.21, 七九―一〇〇頁。

秀村研二、二〇〇三、「フィールドとしてのキリスト教・教会」、韓国・朝鮮文化研究会、『韓国朝鮮野文化と社会』第二号、風響社、二九―四五頁。

黄慶子（ファン・ギョンヂャ）、二〇一二、「尊いみ教えに出会い初めて知った幸せのどまんなか」、*SHANZAI*, Vol.84, 立正佼成会国際伝道部（web.）六―七頁。

渕上恭子、二〇〇二、「韓国仏教の〈水子供養〉――民衆仏教の生命論と仏典理解――」『宗教研究』三三三号、一八一―二〇七頁。

玄美兒（ヒョン・ミア）、二〇〇三、「韓国の女性政策にみる『賢母良妻』規範」、『家族社会学研究』15（1）、一七―二六頁。

古田博司・小倉紀蔵、二〇〇二、『韓国学のすべて』新書館。

裵海善（ペ・ヘション）、二〇一五、『韓国の少子化と女性雇用――高齢化・男女格差社会に対応する人口・労働政策』明石書店。

真鍋祐子、二〇〇七、「霊魂の行方を求める社会」、『アジア遊学　特集　日中韓の霊魂観の違い』一〇一号、一〇二―一一二頁。

文京洙（ムン・ギョンス）、二〇一五、『新・韓国現代史』岩波新書
躍進編集部、一九八二、「世界で活躍する佼成会員（二）　韓国の人々にお釈迦さまの教えを伝えるパイプ役になって――韓国立正佼成会　李幸子さん」、『躍進』一九八二年八月号、四八―五一頁。

山地久美子、二〇〇三、「新社会運動としての戸主制廃止運動――現代韓国における男児選好と民法改正運動」、韓国・朝鮮文化研究会『韓国朝鮮の文化と社会』第2号、風響社、一四三―一八一頁。

山根真理・洪上旭（ホン・サング）、二〇〇七、「韓国の母性と育児援助ネットワーク――日本との比較視点から」、落合恵美子・山根真理・宮坂靖子編『アジアの家族とジェンダー』勁草書房、三三―五〇頁。

吉川貴恵、二〇一五、「韓国における戸主制度廃止と家族法改正――女性運動の観点をふまえて――」『立命館法政論集』第一三号、一一二―一四九頁。

立正佼成会、一九八三、『信仰生活入門――佼成会員の基本信行』立正佼成会。

立正佼成会、一九九七、『新しい会員のために――素敵生活のために』立正佼成会。

立正佼成会教務部、二〇〇四、『仏教の要諦』佼成出版社。

渡辺雅子、二〇〇一、『ブラジル日系新宗教の展開――異文化布教の課題と実践』東信堂。

渡辺雅子、二〇〇二「日系新宗教の異文化布教――ブラジル崇教真光の場合」、『明治学院論叢　社会学・社会福祉学研究』一一一号、二九―六八頁。

渡辺雅子、二〇〇五、「韓国における立正佼成会の展開過程――日本宗教であることの困難と在日韓国人による現地韓国人布教」、『明治学院大学社会学・社会福祉学研究』一一九号、三五―一〇〇頁。

渡辺雅子、二〇〇八、「元在日韓国人の母娘、ペアで韓国布教展開　韓国立正佼成会の李福順さんと娘幸子さん」、『中外日報』（女性のペー

ジ、信仰に生きる女性たち　第2回)二〇〇八年二月一九日号、六頁。
渡辺雅子、二〇一〇、「韓国立正佼成会にみる日本的要素の持続と変容――現地化への取り組み」『明治学院大学　社会学・社会福祉学研究』一三三号、八三―一二八頁。

渡辺雅子、二〇一五、「韓国立正佼成会の支部組織の転機と韓国人支部長の信仰受容の諸相――教会の増改築が与えた影響に着目して」、『明治学院大学　社会学・社会福祉学研究』一四四号、八三―一三九頁。

渡辺雅子、二〇一六、「立正佼成会における女性の位置と女性幹部会員のジレンマ――とくに仕事をもつ主任に焦点をあてて」、『中央学術研究所紀要』第四五号、六二―九七頁。

立正佼成会海外布教課、1986、『海外布教拠点の将来構想』
韓国立正佼成会初代教会長、滝口文男氏作成の韓国布教記録
「海外教会活動報告書（韓国立正佼成会）」（本部に提出した毎月の報告書）
李史好氏より送付の韓国立正佼成会年表（2003 年まで）
韓国立正佼成会にあるさまざまな記録

(4) 韓国社会の出来事については、以下の書籍等を参考にした。

韓永愚（吉田光男訳）、2003、『韓国社会の歴史』明石書店
韓国史事典編纂会・金容権、2006、『朝鮮韓国近現代史事典　第 2 版』日本評論社
木宮正史、2012、『国際政治のなかの韓国現代史』山川出版社
文京洙、2015、『新・韓国現代史』岩波新書

	＊　釜山布教支援 10 回（李幸子）。 ＊　1 月～ 12 月　教会勧請本尊、3 家。	
2018	3 月　国際伝道部長齋藤高市、次長広瀬幾世、新任の挨拶に訪韓。体験説法、大法座、研修を実施。 3 月　家庭教育講座開催（講師：東京家庭教育研究所中西孝枝、佐々裕美）。 3 月　李幸子、全国教会長研修にインターネットで参加。 4 月　李幸子、東アジア教会長 web 法座に参加（韓国、台北、台南の各教会長及び国際伝道部長が参加）。 4 月　ソウル及び釜山の住所表示変更のため住所が新しく変わり宅地因縁の式名を変更。 8 月　国際伝道部長齋藤高市、スタッフ金恩美、布教支援に来訪。大法座、幹部研修、講話。 8 月　青年部練成会開催（講師：国際伝道部スタッフ金恩美）。 9 月　国連世界平和の日・韓国大会 10 周年の韓国訪問団 16 名（団長：佼成学園顧問酒井教雄、立正佼成会会員の大学生）、訪問参拝。同行した佼成学園法人本部常務理事橋本恵市、参拝。李史好随行。 9 月　立正佼成会アジア青年平和使節団 35 名（団長：清水智久）、訪問参拝。韓国教会青年部員 11 名と交流。 11 月　李幸子、海外教会長会議・教団幹部指導会出席。 12 月　教会幹部任命状授与式（教会スタッフ 1 名、青年部長李貞珉、青年部スタッフ 1 名）。準教師認定証授与式（2 名）。 12 月　佼成学園顧問酒井教雄、韓国立正佼成会教会訪問。講話。水子合同慰霊祭参列。 ＊　釜山布教支援 12 回（李幸子）。	10 月　韓国最高裁にて、日本企業に元徴用工への賠償を命じる判決が確定。 11 月　韓国政府、従軍慰安婦の支援団体「和解・癒やし財団」（慰安婦財団）の解散を発表。

【注】

（1）1980 ～ 1985 年の釜山布教、馬山布教、海際面布教、安東布教の丸文字の回数は、教会長滝口文男が当該地域に布教に行った回数を表す。

（2）立正佼成会の教区体制の表記（教区、教会等）に関する事項。
1991 年から 2008 年までは日本全国を地域でまとめる「教区」に分け、各教区のもとにいくつかの「教会」が所属する「教区―教会」という体制であった。2009 年から教区と教会の間に新たに中間組織として「ブロック」を設け、教区も再編された。2012 年からは教区がさらに再編され、「ブロック」は「支教区」と名称変更された。

- 1991 ～ 1999 年　13 教区―全 239 教会
- 2000 ～ 2008 年　19 教区―全 239 教会
- 2009 ～ 2011 年　7 教区―26 ブロック―全 238 教会
（2010 年 11 月 30 日　までは全 239 教会）
- 2012 年～ 2018 年現在　5 教区―26 支教区―全 238 教会

（3）布教史年表は下記のものをもとに筆者が作成した。
韓国立正佼成会教会長（前総務部長）李幸子氏からの聞き取り及び李幸子氏作成年表（2004 年以降）
韓国立正佼成会前教会長李福順氏の日記、礼状、記録（李幸子氏による整理）
『佼成新聞』『佼成』『躍進』からの関連記事
立正佼成会海外布教課、1984、『海外布教の基本的なあり方』

1月　教会幹部任命状授与式（釜山支部室長1名・ソウル組長1名、班長2名）。
2月　青年部員2名、済州島にて開催SEAL（東アジア次世代リーダーシップ）プログラムに参加。
2月　本部国際伝道部、会員教育Ⅰ（第1回BASICセミナー）開催（担当：国際伝道部スタッフ又來秀光、矢島希和子）。
3月　李幸子、本部で開催された2017年次第1回評議委員会出席。
3月　庭野日鑛『心の眼を開く』翻訳・校閲開始。
3月　李幸子、本部で開催された幹部指導会にインターネットで参加。
4月　本部国際伝道部、会員教育Ⅰ（第2回BASICセミナー）開催（担当：国際伝道部スタッフ矢島希和子、小柳和央）。
5月　本部国際伝道部、会員教育Ⅰ（第3回BASICセミナー）開催（担当：国際伝道部スタッフ矢島希和子、小柳和央）。セミナー修了証授与、13名。
5月　家庭教育講座開催（講師：東京家庭教育研究所佐藤一枝、常盤由枝）。
6月　李幸子、本部で開催された2017年次第2回評議委員会出席。
6月　李幸子、千葉支教区茂原教会前教会長岡田光通（元海外布教課長）による依頼で、招請講話。
6月　毎月朔日参りの道場当番を壮年部が担当することに決定（2018年4月まで）。
7月　中央学術研究所次長川本貢市及び室長藤田浩一郎、李史好、訪問。講話。
8月　青年部練成会開催（担当：本部青年ネットワークグループ金恩美）。
9月　第20次韓中日仏教者友好交流会議韓国大会、21名参加。
10月　韓国立正佼成会発足35周年記念式。本部習学部長中村記子による講話。
10月　佼成新聞メディア企画部記者、訪問。青年部員金恩娥を取材。
10月　発足35周年本部記念団参（35名参加）。練馬教会で交流。
11月　教務部長兼城北支部長成淑姫、「一日の布薩の日」に本部大聖堂で説法。
11月　李幸子、本部で開催された2017年次第3回評議委員会出席、海外教会長会議・教団幹部指導会出席。
11月　『やくしん』に韓国立正佼成会教会と儀旺支部長姜埰仁の記事が掲載。
12月　セウォル号位牌を宝前からさげる。
12月　佼成学園顧問酒井教雄、佼成学園女子校と韓国の女子校のハンドボール交流試合に同行の際、韓国立正佼成会教会訪問。講話。

	11月　安勝熙（朴鍾林の娘）、本部職員として採用される。 12月　儀旺支部長金美慶退任式。同日、副支部長の姜埰仁に支部長任命状授与式。 12月　李幸子、高知教会（教会長阿部記代子）を訪問参拝。 ＊　釜山布教支援4回（李幸子、黄慶子、成淑姫）。 ＊　1月～12月　教会勧請本尊、2家授与。	
2016	1月　李幸子、立正佼成会の評議員会副議長となる。辞令交付式参加。 2月　参務菊池宏枝、布教助成のため訪問。朔日参りでの講話、幹部指導会。 2月　東京東支教区大学生16名（団長：平塚桂子）、訪問参拝。 3月　教会幹部任命状授与式（壮年部長1名、主任1名）。準教師認定証授与式（1名）。 3月　李幸子、2016年次第1回評議員会出席。 4月　家庭教育講座開催（講師：東京家庭教育研究所所長矢部和子、鈴木玲子）。 4月　庭野日鑛会長、円仏教100周年記念式参列のため来韓。円仏教の張應哲宗法師と面会（李幸子通訳）。会長夫妻・次女佑佳子、韓国立正佼成会教会へ立ち寄り法話。 5月　第4回世界サンガ結集参拝（会員74名参加、うち23名が初訪日し本部参拝）。 6月　北関東支教区韓日平和使節団12名（団長：内田耕市）、訪問参拝、交流。西大門刑務所にて韓日合同慰霊供養。 6月　李幸子、2016年次第2回評議員会出席。 8月　本部光澍学生（朝倉由佳子）の教会実習受け入れ。 8月　西九州支教区唐津教会35名（団長：沖宗謙至）、訪問参拝、交流。 8月　練馬教会教会長田瓜希依他幹部6名、平成28年次国際伝道支援プログラムで韓国立正佼成会教会へ布教支援に来訪。儀礼、儀式作法及び教理の研修。 9月　静岡支教区13名（団長：山北雅通）、訪問参拝。 10月　東京西支教区中野教会会員8名、訪問参拝、法座。 10月　第35回教師授与式、5名出席。 11月　李幸子、教団幹部指導会出席。 11月　サハリン拠点、幹部5名教会実習受け入れ。 12月　壮年部員の集い。 12月　李幸子、本部からのインターネット配信によるweb法話研鑽会に参加（以降毎月1回）。 ＊　釜山布教支援7回（李幸子、黄慶子、姜埰仁、成淑姫）。 ＊　1月～12月　教会勧請本尊、1家授与。	
2017	1月　国際伝道部次長中野泰秀、訪問。説法、幹部指導（支部長、副支部長、部長）。	

	8月　庭野日鑛会長夫妻、韓国立正佼成会教会訪問（第8回ACRP仁川大会参加のため訪韓）。講話。李福順の見舞い。 8月　次代会長庭野光祥（第8回ACRP仁川大会参加のため訪韓）、李福順の見舞い。 9月　静岡支教区日韓宗教文化交流団21名（団長：頼冨浩一）、訪問参拝、交流法座。西大門刑務所にて韓日合同慰霊供養。 9月　幹部・スタッフ52名、東アジア布教責任者韓国リーダー練成会参加。台北、台南、韓国、香港、モンゴル、サハリンの布教責任者が集合。 10月　教会幹部任命状授与式（主任1名、組長5名、班長2名）。 10月　秋のレクリエーション（ミニ運動会）。 11月　南九州支教区熊本教会41名（団長：柴垣多加志）、訪問参拝、交流、西大門刑務所にて韓日合同慰霊供養。 11月　李幸子、教団幹部指導会・国際布教責任者会議出席。 11月　韓中日仏教者友好交流会議韓国大会へ20名参加。 11月　金恩美、学林49期卒林式。 12月　李福順、カトリック聖母病院ホスピス病棟に転院。 12月　バザー。 ＊　釜山布教支援8回（李幸子、黄慶子、成淑姫、李英順）。 ＊　1月～12月　教会勧請本尊、6家授与。	
2015	1月　理事長川端健之、講話、幹部指導会。ホスピス病棟の李福順の見舞い。 2月　李福順、逝去。葬儀・告別式。 3月　参務菊池宏枝、布教助成のため訪問。講話、李幸子と懇談。 3月　李福順四十九日法要。理事長川端健之他教団幹部参列、墓参。 3月　庭野光祥『開祖さまに倣いて』韓国語版発行（日本版2008年発行）。 6月　ネパール義援金募集バザー開催（4月ネパール大地震被害支援）。 7月　国際伝道本部長水谷庄宏、布教助成のため訪問。幹部教育。 7月　李幸子、本部での「宗教の対話・対話の宗教」へ参加。その際依頼して本部教育グループ講師からの学習。 9月　準教師認定証授与式（3名） 10月　参務菊池宏枝、布教助成のため訪問。講話、幹部教育大法座。 10月　秋のレクリエーション。 11月　李幸子、教団幹部指導会・国際布教責任者会議出席。	8月　戦後70年の安倍談話発表。

	＊ 1月～12月 教会勧請本尊、4家授与。	
2013	1月 家庭教育講座開催（講師：東京家庭教育研究所佐藤カヨ）。 3月 一山地域法座開始（黄慶子宅、2013年6月まで）。 5月 青年本部長泉田和市郎、次長峯坂光重、訪問参拝、説法。 5月 青年部練成会開催（担当：青年本部教務員黒沼宏泰、教務員小池みえ）。 6月 北陸支教区金沢教会幹部16名（団長：阿部記代子）、布教支援に来訪。 7月 国際伝道本部長水谷庄宏、布教助成のため訪問。 8月 韓国の円光大学と交流のため訪韓した青年本部次長峯坂光重、学林光澍大学科生、学校法人佼成学園・芳澍女学院情報国際専門学校生9名受け入れ。韓国立正佼成会青年部と交流。 9月 李幸子、成淑姫、東アジア布教責任者台湾リーダー練成会参加。台北、台南、韓国、香港、モンゴル、サハリン、上海の布教責任者が集合。 9月 金恩美、教師資格授与。 10月 秋のレクリエーション（ミニ運動会）。 10月 日本の『佼成』連載「サンガ紀行」取材のため佼成出版社訪問。 10月 理事長渡邊恭位、釜山で釜山支部幹部9名と夕食会。李幸子、黄慶子同行。 11月 『法華経の新しい解釈』を教材として法華経の研修。 11月 李幸子、海外教会長会議・教団幹部指導会・国際布教責任者会議出席。 12月 バザー。 ＊ 釜山布教支援4回（李幸子、黄慶子）。	4月 大型旅客船セウォル号が全羅南道珍島沖で沈没。高校生など312人が死亡。朴槿恵大統領の対処が非難される。 12月 安倍首相、靖国神社参拝。
2014	1月 儀旺支部が道場当番担当をAチームとBチームの2つに分割。 1月 李福順、うつ病になり2週間に一度通院。 3月 大聖堂建立50周年記念サンガ代表結集参拝に幹部5名が参加。前城北支部長朴鍾林、本部にて功労賞を受ける（韓国立正佼成会で初めて）。 3月 呉丁淑、『やくしん』連載「海の向こうのサンガたち」のインタビュー受ける。 4月 国際伝道本部次長竹谷直樹、布教助成のため訪問。 4月 「セウォル号」慰霊供養。位牌を宝前に安置（2017年まで）。 5月 本部勧請本尊・再勧請、1家授与。 6月 教会幹部任命状授与式（相談役員盧承元）。 6月 李福順、腰痛のため病院に行ったところ検査の結果胆管がんが脊椎に転移していることが判明。3回入退院を繰り返す。 7月 李幸子、日本全国教会長指導会に参加（青梅）。	1月 慶尚北道知事が竹島に上陸し、声明を発表。

	8月　青年部、六地蔵寺宿坊に泊まり込み修行。 9月　韓日交流会。日本全国大学生塾生9名（団長：黒澤将雄）、訪問参拝、交流、法座。 9月　北海道ブロック韓国平和使節団23名（団長：佐原透修）、訪問参拝、交流。 9月　李幸子、教団幹部指導会出席。 9月　本部勧請本尊、4家授与。 10月　西九州ブロック韓国使節団23名（団長：小林佑至）、訪問参拝、交流。 10月　議政府地域法座（城北支部主任金龍順宅）。毎月第4月曜日に開催（2013年5月まで） 11月　国際伝道本部長鈴木孝太郎、布教助成のため訪問。 11月　李幸子、海外教会長会議・教団幹部指導会出席。 12月　準教師認定証授与式（10名）。 12月　組長の集い。 12月　教会幹部任命状授与式（組長8名、班長12名）。 ＊　釜山布教支援9回（李福順、黄慶子、金恩美）。 ＊　1月～12月　教会勧請本尊、13家授与。	
2012	1月　青年本部『Ladies』10～12号、韓国語版発行（日本語版10号1999年、11号2000年、12号2001年発行）。 2月　国際伝道本部長水谷庄宏、布教助成のため訪問。ソウル幹部指導、釜山幹部指導。 2月　李幸子、第36回インド仏跡巡礼参加。 3月　李幸子、3月4日開祖命日に大聖堂で体験説法をする。 4月　金恩美、学林49期本科生として入林式。李幸子参列。 5月　国際伝道本部長水谷庄宏、布教助成のため訪問。 5月　中央学術研究所眞田芳憲他5名、訪問参拝。 6月　教会幹部任命状授与式（主任7名）。 6月　第26回教師資格授与、9名。 7月　次代会長庭野光祥、韓国立正佼成会教会訪問。記念式典開催。 7月　静岡支教区日韓宗教文化交流団20名（団長：中澤孝之）、訪問参拝、交流。 9月　韓国立正佼成会教会発足30周年記念式典。教務局長沼田雄司、講話。円仏教文化社会部長金大禅、祝辞。教務局長沼田、釜山支部へ訪問参拝。 9月　30周年記念式典直後、李福順、左膝痛に悩まされる。 11月　李幸子、教団幹部指導会・国際布教責任者会議出席。 11月　バザー。 12月　家庭教育講座開催（講師：東京家庭教育研究所佐藤カヨ）。 ＊　釜山布教支援6回（李福順、黄慶子、成淑姫、金琴順）。	8月　李明博大統領　独島（竹島）上陸。

	7月　第2期本部リーダー教育に11名参加（通訳：李幸子）。修了証授与者は以下の通り。黄慶子（総務部長）、呉丁淑（龍山支部長）、鄭美愛（同副支部長）、成淑姫（城北支部支部長）、李英順（同副支部長）、金美慶（儀旺支部支部長）姜垜仁（同副支部長）、金平玉（龍山支部天安地域主任）、崔英原（壮年部長）、辛種根（儀旺支部壮年部長）。なお、韓国の場合、第1期本部リーダー教育（10日間）は、3回に分けて韓国で実施。第2期は教会実習と菅沼訪問は除き、本部で教育のみを受講。 8月　家庭教育講座開催（講師：東京家庭教育研究所長丸山貴代、他スタッフ1名）。 8月　北関東ブロック群馬太田教会26名（団長：西利晃）、訪問参拝。 8月　中央学術研究所眞田芳憲、訪問参拝。 9月　北海道ブロック韓国平和使節団30名（団長：三橋洋子）、訪問参拝。 9月　バザー。 10月　東北・福島ブロック韓国平和使節団26名（団長：馬場可隆）、韓日交流の練成会実施（1泊2日）。 10月　西九州ブロック韓国平和使節団28名（団長：小林延光）、韓日交流。 10月　李幸子、日本出張。教会長任用1年次教育のため。 11月　木更津教会韓国平和使節団39名（団長：有路誠市郎）、訪問参拝。 11月　李幸子、海外教会長会議・教団幹部指導会出席。 11月　バザー。 11月　金恩美、李承熙、本部青年幹部会議参加。 ＊　釜山支部布教支援6回（李福順、李幸子、黄慶子）。 ＊　1月～12月　教会勧請本尊、22家授与。	
2011	2月　天安地域法座を初めて行う（毎月1回、2012年12月まで。儀旺支部組長金秀順宅）。 3月　国際伝道本部長鈴木孝太郎、布教助成のため訪問。講話、幹部指導。 3月　東日本大震災犠牲者慰霊・早期復興祈願供養始まる。教会に募金箱設置。 4月　東日本大震災犠牲者戒名を宝前に安置。 4月　馬山法座所金鐘甲宅で追善供養。 4月　東日本大震災祈願供養は四十九日で韓国立正佼成会教会は終了。各家庭での供養は百箇日まで継続。 5月　李幸子、日本出張。教会長任用2年次教育。 5月　釜山支部青年部員1名、教会実習。 6月　バザー。 6月　李幸子、本部全国幹部指導会参加。 7月　李幸子、台湾出張。慈済基金会訪問、台北教会訪問参拝。 7月　静岡ブロック日韓宗教文化交流団9名（団長：福田昌弘）、訪問参拝、青年交流。西大門刑務所にて韓日合同慰霊供養。	12月　韓国挺身隊問題対策協議会（NGO）がソウルの日本大使館前に少女像を設置。 12月　李明博大統領、日韓首脳会談で、慰安婦問題への対処を求める。

	9月　愛知ブロック名古屋西教会14名（団長：山北雅通）、訪問参拝、交流。 9月　国際伝道本部次長萩原透公、佼成看護専門学校長神保好男、国際伝道本部スタッフ1名、韓国立正佼成会教会訪問参拝。 10月　福岡教会韓国平和使節団16名（団長:中釜司）、訪問参拝、交流。 10月　静岡ブロック18名（団長：田邊起子）、訪問参拝、交流。西大門刑務所にて韓日合同慰霊供養。 10月　第12回韓中日仏教者友好交流会議日本大会。李幸子、通訳のため参加。 10月　西九州ブロック35名（団長：千葉桂子）、訪問参拝、交流。 10月　第2回リーダー教育。国際伝道本部長鈴木孝太郎、次長萩原透公、スタッフ2名、布教助成及びリーダー教育のため訪問。国際伝道本部長鈴木孝太郎が李福順の教会長退任を発表。 11月　静岡ブロック沼津教会幹部14名（団長：荒木基之）、訪問参拝、交流。 11月　教会長李福順は退任式のため、李幸子総務部長は教会長任命状授与式のため、日本出張。 11月　青年部長裵貞媛、女子部員金恩美、世界青年部長大会・青年幹部大会に参加。 12月　本部勧請本尊、11家授与。 12月　韓国立正佼成会教会教会長退任式（李福順）・就任式（李幸子）。退任・就任式に国際伝道本部長鈴木孝太郎、スタッフ山尾和正、訪問。 12月　理事長渡邊恭位、韓国立正佼成会教会訪問（モンゴルの帰途）。幹部指導、講話。 ＊　釜山支部布教支援4回（李福順、李幸子）。 ＊　1月～12月　教会勧請本尊、35家授与。	
2010	1月　教会幹部任命状授与式（総務部長黄慶子、教務部長成淑姫、儀旺支部長姜埰仁）。 3月　第3回リーダー教育（講師：本村和則）。国際伝道本部スタッフ2名随行 4月　三岐ブロック岐阜教会韓国平和学習会26名（団長：久保田光英）、訪問参拝。 5月　国際伝道本部長鈴木孝太郎、スタッフ山尾和正、布教助成及びリーダー教育のため訪問。定期理事会に出席。 5月　バザー。 5月　初めてインターネットでソウルでの式典動画を釜山へ送る。 6月　李幸子、成淑姫、KCRP会議参加。 6月　李幸子、日本出張。教会長任用1年次教育。 6月　李幸子、第2回全国教会長指導会にインターネットで参加。 7月　静岡ブロック韓日宗教文化交流団14名（団長：志村安男）、訪問、交流。韓国立正佼成会で宿泊。西大門刑務所にて韓日合同慰霊供養。	11月　ソウルでG20サミット開催。

	9月　李福順、李幸子、日本出張。李福順、国際伝道本部長鈴木孝太郎と舞鶴教会訪問。李幸子、次長萩原透公と来年次計画会議。 10月　家庭教育講座開催（講師：東京家庭教育研究所所長丸山貴代、黒田育世）。 10月　バザー。 11月　韓日交流会。青年本部全国大学生塾24名（団長：馬籠孝至）、訪問参拝。 11月　李福順、李幸子、海外教会長会議・教団幹部指導会出席。 11月　名古屋西教会16名（団長：山北雅通）、訪問参拝。西大門刑務所にて韓日合同慰霊供養。 12月　オクラホマ教会クリスティン・ラドソー（のちのオクラホマ教会長）、訪問参拝。教会実習。 12月　李幸子、金沢教会で実習。 12月　教会幹部任命状授与式（釜山支部室長・ソウル組長1名、班長2名）。（青年部長他3名）。朴顕哲青年部長退任、新任は裵貞媛。 12月　立正佼成会教務部教育課『マンガ　根本仏教』韓国語版発行（日本語版1998年発行）。 12月　立正佼成会教務部教育課『マンガ　法華三部経』上巻・下巻、韓国語版発行（日本語版1995年発行）。 ＊　釜山支部布教支援9回（李福順、李幸子、成淑姫、及び舞鶴教会総務部長三原良予）。	
2009	2月　国際伝道部長鈴木孝太郎、スタッフ笹川匡史、布教助成のため訪問。 2月　青年部育成研究会。青年本部次長馬籠孝至、訪問。 2月　日曜参拝日始める。 3月　教会幹部任命状授与式（壮年部長1名）。 3月　青年女子部練成会開催（講師：青年本部宮澤一江）。 4月　教会幹部任命状授与式（支部壮年部長1名）。 5月　バザー。 6月　龍山支部盧承元支部長退任。呉丁淑に支部長任命状授与。 6月　台東教会発足50周年記念として韓国立正佼成会教会とインターネットによる交流会。 6月　立正佼成会『ようこそ立正佼成会　新しい会員のために』韓国語版発行（日本語版1995年発行）。 7月　国際伝道本部長とインターネット法座。 8月　第1回リーダー教育。教会幹部14名、研修を受ける。本部から相談役員久保木常純、儀式行事グループ次長千葉和男、国際伝道本部次長萩原透公、国際伝道本部スタッフ2名、来訪。 8月　青年本部全国学生塾16名（団長：馬籠高志）、訪問、交流。西大門刑務所にて韓日合同慰霊供養。 9月　青年部、海印寺にTemple Stay（9名参加）。	

2008	2月　李幸子、日本出張。 2月　静岡教区で韓日青年交流のこれまでと将来に関する会議（李幸子及び円仏教外務部長金大禅が招待）。本部にて今後の韓日交流についての会議。 2月　バザー。 2月　国際伝道本部長鈴木孝太郎、次長萩原透公、布教助成のため訪問。理事会参加。円仏教本部訪問。 3月　李福順、日本出張。 3月　会長庭野日鑛、創立70周年記念式典にて全会員へ本尊及び法号勧請を発表。額装本尊（教会勧請本尊）を勧請することに決まる。（※ 以後従来の本尊勧請を本部勧請本尊、総戒名にかわる額装本尊を教会勧請本尊と記載） 3月　青年本部『Ladies』7～9号、韓国語版発行（日本語版7号1997年、8～9号1999年発行）。 3月　レディース教育のため青年本部から次長大友祥江、講師田瓜希依訪問。教材『Ladies』No.2～No.9。 4月　佼成文化協会長河野公利、他2名、訪問。 4月　李幸子、日本出張。教会勧請本尊に関わる仏具とサリーの服購入のため。 4月　宝前払浄祈願供養（宝前補修工事終了後）。 5月　バザー。 5月　北海道教区札幌教会壮年部18名、訪問参拝。 5月　青年部員21名、グローバルユースミーティングにインターネットで参加。 6月　青年部、1泊団結大会。 6月　李福順、李幸子、舞鶴教会総務部長の在日コリアン三原良予と今後の釜山布教支援について相談。 7月　静岡教区韓日宗教文化交流団（団長：荒木基之）、訪問参拝。西大門刑務所にて韓日合同慰霊供養。 7月　青少年本部参拝。小学生・中学生23名参加。 7月　北関東ブロック前橋教会23名（団長：沖宗謙至）、訪問参拝、交流。 8月　李幸子、成淑姫、韓中日宗教文化セミナー参加。 8月　青年部員9名、グローバルユースミーティングにインターネットで参加。 9月　教会幹部任命状授与式（城北支部支部長成淑姫、龍山支部副支部長呉丁淑、儀旺支部副支部長黄慶子、他全22名）。 9月　北海道教区及び北九州教区60名（団長：番場康友）、訪問参拝、交流。 9月　李福順、李幸子、招待説法（札幌教会教会長山田匡男による依頼）。 9月　東北教区韓国平和使節団22名（団長：天海千陽）、訪問参拝、交流。10家に分かれホームステイ。教会周辺を清掃。	7月　日本政府、学習指導要領の解説書に、竹島を明記。韓国政府は反発し、国務総理が竹島に上陸。

	8月　青年本部長松本貢一、WCRPスタッフ、訪問参拝。 8月　青年本部全国大学生塾海外研修交流（団長：松本貢一）。 8月　四日市教会「韓国平和学習会」9名（団長：田中啓之）訪問参拝、交流。西大門刑務所にて韓日合同慰霊供養。 9月　北海道教区40名及び門司教会16名（団長：加藤則行・緒方一雅）、韓国立正佼成会教会訪問参拝、交流。 9月　東北教区平和使節団（団長：柴垣多加志）、訪問参拝、交流。西大門刑務所にて韓日合同慰霊供養。 10月　奥羽教区八戸教会韓国平和使節団（団長：大久保好唯）、訪問参拝。 10月　主任幹部教育。本部教育グループより講師岩本江津子、教材『待ってました主任さん』、釜山支部幹部4名参加。 10月　第17回教師授与式へ6名参加、北教会で実習。 10月　李幸子とアメリカ留学中の青年部員李宰源、ハワイ教会コナ支部で開催されたグローバルユースミーティングに参加。インターネット練成会に韓国立正佼成会教会の青年11名、韓国で参加。 10月　ソウルで開催されたJCRP（日本宗教者平和会議）とKCRP（韓国宗教者平和会議）の合同会議に李幸子通訳で参加。 11月　教務局長沼田雄司、国際伝道本部スタッフ李史好、布教助成のため訪問。幹部指導、大法座。 11月　神奈川教区横浜教会36名（団長：鈴木基予）、訪問参拝、交流。西大門刑務所にて韓日合同慰霊供養。 11月　李福順、李幸子、海外教会長会議・教団幹部指導会出席。 11月　李福順、海外教会長会議参加の際に庭野日鑛会長より教会長の辞令授かる（これまでは韓国立正佼成会理事長からの辞令）。 11月　青年部員16名、本部青年幹部大会参加。 12月　韓国立正佼成会教会道場増改築建設後、補修工事の総仕上げ。 12月　新宿教会増田晴代、「マヤ夫人の生涯」講演。 12月　東京佼成ウインドオーケストラ役員益子典久、古澤彰一、井出健、韓国公演調整会議のため訪問参拝。李史好随行。 12月　韓日宗教交流に対する視察のため、本部から外務部長川端健之、青年本部長松本貢一、青年本部スタッフ島村雅俊、外務部スタッフ栗田身智世、国際伝道本部スタッフ李史好、訪問参拝。 ＊　釜山支部布教支援6回（李福順、李幸子、金淑子、洪起錦、黄慶子）	

	10月　世界サンガ開祖生誕100周年記念団参。ソウル、釜山、馬山合計153名参加。 11月　李福順、海外教会長会議・教団幹部指導会及び本部にて儀式グループ・国際伝道本部による韓国立正佼成会教会道場増改築落慶式に関する儀礼儀式会議に出席。 11月　韓国立正佼成会教会道場上棟式。 12月　国際伝道グループ次長川本貢市、布教助成のため訪問。幹部会議、大法座。 ＊　釜山支部布教支援9回(李福順、李幸子、成淑姫、黄慶子、他幹部)。	
2007	1月　李幸子、日本出張。韓国立正佼成会教会道場増改築担当の建設会社役員と本部施設見学。韓国立正佼成会教会道場増改築会議(本部総務局長橋本恵市、総務部次長田中一精、国際伝道本部スタッフ李史好)。 1月　城北支部長朴鍾林が支部長をおり平会員となる。 2月　韓国立正佼成会教会道場増改築、建物竣工許可がおりる。 2月　新任の国際伝道本部長鈴木孝太郎、訪問。釜山支部道場にも訪問参拝。 2月　建物引っ越し(臨時道場の仏様・荷物等)。 3月　教会実習のため学林生の受け入れ。 3月　韓国立正佼成会教会道場増改築落成式の準備のため、本部から儀式行事グループ、国際伝道本部スタッフ水藻克年が来訪。 3月　学林海外修養生金恩美、2年間の勉強を終えて帰国。 3月　金色に塗り替えた教会本尊が日本から到着。 3月　青年本部『青年教育体系第1課程学習』韓国語版発行(日本語版2012年発行)。 4月　入仏落慶式(山野井克典理事長)360名、外賓(韓国内宗教係)20名、釜山・馬山33名参加。 4月　庭野日敬『法華経の新しい解釈』韓国語訳改訂版発行。 5月　李福順、佼成出版インタビューを受ける(7月『躍進』掲載のため)。 6月　教会幹部任命状授与式(30名)。 6月　主任幹部教育。本部教育グループより講師岩本江津子、教材『待ってました主任さん』、ソウル、釜山の30名参加。 6月　李福順、日本出張。 7月　青年本部(島村雅俊他)、訪問参拝、調整会議。安重根記念館、西大門刑務所、円仏教ソウル教区訪問。 7月　東京教区婦人部23名(団長：鬼熊延枝)、訪問参拝、交流。 7月　静岡教区韓日宗教文化交流団22名(団長：外山浩伸)、訪問参拝、交流。	4月　日本の海上保安庁の竹島周辺の海洋調査をめぐり、日韓間に軋轢。

	＊ 釜山支部布教支援 9 回（李福順、李幸子、金美慶、安勝熙）。	
2006	1 月　韓国立正佼成会教会道場増改築会議（増改築に向けて）。国際伝道グループ次長川本貢市、スタッフ萩原透公参加。布教助成のためソウル、釜山支部を訪問。定期理事会参加。 2 月　臨時道場に移転（江邊ビルラ 106 号、約 15 坪、1LDK）。 2 月　韓日交流東京教区大学生 14 名、訪問参拝。 2 月　立正佼成会教務部『待ってました主任さん』韓国語版発行（日本語版 2005 年発行）。 3 月　韓国立正佼成会教会道場増改築払浄祈願供養。 3 月　教務部長沼田雄司、総務部次長田中一精、訪問。 3 月　愛知県高校生の翼 54 名（団長：阿部記代子）、訪問参拝、交流。 3 月　10 月の一乗祭お会式行進練習はじまる（サムルノリ）。 3 月　神奈川教区湘南教会 6 名、訪問参拝。 4 月　宝前の本尊遷座式（日本へ送る）。 4 月　本部儀式グループ稲本光一郎、増改築工事後、新たにまつる金の仏像を戒名室に仮安置。 5 月　李福順、本部にて開催の教会長会議出席。 5 月　工事のため、教会の什器を倉庫に保管 6 月　青年部練成会（東北アジアインターネット練成会）。参加国、韓国、日本、サハリン、モンゴル。 6 月　総務部長橋本恵市、総務部次長田中一精、国際伝道グループ李史好、建設関係で訪問。 6 月　臨時道場（江邊ビルラ 106 号）で布教活動開始。現場で布教・手取りしたことを用紙に書き提出。昼食に弁当を持ってくることにした。 7 月　韓国立正佼成会教会道場増改築着工式。 7 月　千葉ブロック 16 名（団長：長沼克宗）、臨時道場参拝。 7 月　静岡ブロック 9 名（団長：馬籠孝至）、臨時道場参拝。 8 月　グローバルユースミーティング。韓国立正佼成会教会道場増改築中のため、ソウルのユースホステルを借りて、青年部によるインターネットを使用した世界青年会議を実施。 9 月　本部伝道メディア次長野崎泰弘、訪問。 9 月　庭野日鑛会長夫妻、故姜元龍牧師追悼墓参。 9 月　東北教区韓国平和使節団（団長：西岡義範）、訪問。円仏教城東教堂発足 5 周年記念式出席、西大門刑務所にて韓日合同慰霊供養。 9 月　儀式行事グループ次長伊藤雅由、訪問。 9 月　道場工事のため円仏教城東教堂を借りて本部団参事前会議及び研修を実施（70 名参加）。 10 月　北海道教区韓国平和使節団 32 名（団長：小林克州）、訪問。	3 月　日韓両国間で、観光等による短期滞在の場合 90 日間のビザ免除。

6月　岡崎教会平和使節団20名、訪問参拝、交流(壮年部一般)。
6月　岡崎教会青年部20名(団長：有路誠市郎)、訪問参拝、交流。
6月　第1回アジア拠点法人理事会が本部にて開催(理事長李春吉、李幸子参加)。
6月　佼成雅楽10名、訪問参拝。
6月　前布教相談役員川本欣央、布教助成のためソウル、釜山支部を訪問。
6月　埼玉教区浦和教会支部長他12名(団長：宍戸正勝)、訪問参拝。
7月　東北教区韓国平和使節団40名(団長：加藤剛史)、訪問参拝、交流。韓日合同慰霊祭(安重根記念館の前で)。
7月　教会幹部任命状授与式(27名)。
7月　李幸子、水戸教会で教会実習(現場実習)。
7月　静岡教区日韓宗教文化交流団(団長：有路欣央)、訪問参拝、交流。
7月　本尊勧請2家。
7月　甲信教区松戸教会青年部(団長：山本宣亮)、訪問参拝。1泊2日練成会(韓日青年部練成会)を実施。
8月　立正佼成会教務部『信仰新生』(庭野日鑛会長の全国布教学習教材)韓国語版発行(日本語版2004年発行)。
8月　教育グループ講師沖宗謙至、訪韓。幹部練成会(ソウル、釜山幹部)にて『信仰新生』『仏教の要諦』を教材として使用。
8月　韓国の文書翻訳関係で青年部長朴顕哲、梨花女子大学教授崔俊植、日本出張。
9月　群馬県韓国平和使節団39名(団長：黒川和則)、訪問参拝、交流。
9月　李幸子、日本出張。
10月　愛知教区安城教会27名(団長：伊藤尚代)、訪問参拝、交流。
10月　北海道教区第1回立正佼成会韓国平和使節団39名(団長：山田匡男)、訪問参拝、交流。
10月　東京教区太田教会韓国平和学習会25名(団長：植原伸江)、訪問参拝、交流。
10月　韓中日仏教者友好交流会議韓国大会(釜山梵魚寺にて。釜山信者17名参加)。
10月　理事長酒井教雄、釜山支部訪問参拝。講話。李幸子通訳。
11月　李幸子、日本出張。
11月　臨時理事会(韓国立正佼成会道場増改築の件)。
11月　多摩教区青年部25名、訪問参拝、交流。
11月　李福順、海外教会長会議・教団幹部指導会出席。
12月　李幸子、日本出張。
12月　国際伝道グループ李史好、儀式グループ稲本光一郎、韓国立正佼成会教会の本尊塗り替えのための日本への運送のことで来韓。

6月　日韓首脳会談(ソウル)。大半が歴史問題の議論。盧大統領、靖国神社参拝再考、新追悼施設建設要請。

日韓国交正常化40周年記念の日韓友情年として、記念イベント700件開催。

日本の愛知万博に合わせ、3月から半年間短期ビザ免除。2006年2月まで延長。

NHK総合で「宮廷女官チャングムの誓い」が放送(2005年10月～2006年11月)。

	9月　北陸教区青年部（団長：相澤宏至）、訪問参拝、交流。 9月　HRCP（広島宗教協力平和センター、団長：平井孝昌）、訪問参拝。 9月　多摩教区韓国平和使節団（団長：加藤佳昭）、訪問参拝、交流。 10月　家庭教育講座開催（講師：青年本部大友祥江、二平貴代）。 10月　秋のレクリエーション（バス3台） 11月　松戸教会支部長下総艶子、文書部長出島三和子、布教支援に来訪。 11月　李福順、海外教会長会議・教団幹部指導会出席。 12月　本尊勧請3家（ソウル2家、釜山1家）。 ＊　釜山布教支援11回（李福順、李幸子、金美慶）。	
2005	1月　安城教会長他4名、訪問参拝。 1月　東西大学李元範教授他6名、訪問（韓国立正佼成会教会会員に質問紙調査57名）。 1月　本部理事名畑彰久、国際伝道グループ次長川本貢市、布教助成のためソウル、釜山支部を訪問。 1月　定期理事会。 2月　国際伝道本部スタッフ李史好、訪問（韓国立正佼成会教会道場増改築の件）。 2月　WCRP青年本部松本貢一青年部長他12名訪問参拝、交流。 2月　李福順、日本出張（本部会議）。 3月　家庭教育講座開催（講師：親学会副会長増田晴代）。 3月　本部にて第1回翻訳会議（李幸子、朴顕哲、成淑姫参加）。 3月　金恩美（文書部長成淑姫の長女）、海外修養生として学林に入学。 3月　岐阜県高校生の翼28名（団長：小川晃史）、訪問参拝、交流。 3月　海外修養生帰国（李貞珉）。 4月　東アジア練成会（日本、モンゴル、香港、シンガポール、台湾、サハリン、韓国）が韓国立正佼成会教会にて開催。本部より教務部長長谷川裕史、国際伝道本部次長川本貢市、参加。この時韓国立正佼成会教会道場の増改築の話が出る。 4月　家庭教育講座開催（ソウル、釜山支部で講義。講師：青年本部大林佐江子）。 4月　青年本部『Ladies』5～6号、韓国語版発行（日本語版1997年発行）。 5月　庭野平和財団理事長庭野欽司郎、訪問参拝。講話（ソウル、釜山支部）。李史好随行。 5月　千葉教区佐倉教会青年部22名（団長：結城利之）、訪問参拝、交流。 6月　東京教区婦人部30名（団長：藤田悦子）、訪問参拝、交流。	3月　戸主制の廃止を柱にした民法改正案が国会通過（2008年1月から実施）。 3月　島根県議会「竹島の日」制定。韓国は反発 3月　盧大統領、3.1記念式典で、日本の歴史問題への取り組みに賠償を含む「真摯な努力」要求の演説。 4月　韓国の藩外相、竹島は日本領とする教科書記述の削除要求。町村外相は拒否。 6月　韓国慶尚北道、島根県の「竹島の日」に対抗し、島根県と断交。10月を「独島の月」とする条例制定。

	6月　支部長・拠点者教育（東京）に4名参加（支部長3名、総務部長李幸子）。 7月　釜山支部幹部（主任3名）、ソウルで招請教育。 7月　静岡教区20名、訪問参拝、交流。 8月　岐阜県青年韓国平和学習会18名（団長：鳥海成浩）、訪問参拝、交流。 9月　松戸教会支部長出沢その子、支部長北村一子、布教支援に来訪。 9月　家庭教育講座開催（講師：青年本部二平貴代、井手上和代）。 11月　教会幹部任命状授与式（組長及び主任27名）。 11月　李福順、教団幹部指導会出席。 11月　本尊勧請10家（ソウル）。 12月　海外布教グループ次長川本貢市、布教助成のためソウル、釜山を訪問。釜山には李福順、李幸子、支部長3名同行。定期理事会参加。 *　釜山布教支援20回（李福順、李幸子、金美慶、黄慶子、その他主任）。	
2004	1月　寒修行中、日本から気功の講師亀海里枝を招き、気功を体験。 2月　教会で餅つき、ユッノリ（伝統的ゲーム）をする。 3月　本部より儀式グループ次長伊藤雅由、訪問。李史好随行。ソウル、釜山、馬山の幹部と儀礼儀式の心構えを勉強。 4月　庭野日鑛『心田を耕す』韓国語版発行（日本語版1998年）。 4月　青年本部『Ladies』1～2号、韓国語版発行（日本語版1997年発行）。 4月　家庭教育講座開催（講師：青年本部二平貴代）。 5月　佼成出版記者、韓国立正佼成会教会信者を取材。 5月　李福順、日本出張。 6月　海外支部長・拠点者教育（東京）に5名に参加（総務部長李幸子、支部長3名、青年部長朴顕哲）。 6月　李幸子、モンゴル支部入仏式に参列。 6月　李福順、日本出張。 6月　本部伝道メディア、韓国立正佼成会の青年の取材のため来韓（のちに青年本部発行の中高生向けの本『すこぶーる』に掲載）。 7月　青年本部『Ladies』3～4号、韓国語版発行（日本語版1997年発行）。 7月　本部の婦人部リーダー教育（レディースダルマ）に3名参加（ソウル2名、釜山1名）。 7月　日本の青年本部主催行事・菅沼こども村に小学生5名、中学生ダルマワールドに中学生4名初参加、李幸子は通訳として随行。 7月　李福順、日本出張。 7月　静岡教区、訪問参拝、交流。 8月　釜山支部主任孫蘭倍、教会実習（泊まり込み）。 8月　東北教区韓国平和使節団42名（団長：坪内成恭）、訪問参拝、交流。	1月　日本の大衆文化全面開放。 4月「冬のソナタ」NHK総合テレビで放映。日本で韓流ブーム起きる。 4月　韓国高速鉄道KTX開業。

	7月　部長5名（李幸子、盧承元、金美慶、李恵貞、朴顕哲）、広島教会から日韓交流のための招聘を受けて広島教会を訪問。 7月　8年間会員だった文書部長が瞑想の団体に入信し、本尊家6軒、一般会員2名を引き抜く。 7月　静岡教区日韓宗教文化交流団（団長：岩間百代）、訪問参拝、交流。 7月　芳澍女学院情報国際専門学校生一行（団長：東野かつよ）、訪問参拝、交流。 8月　小学生のつどい。 8月　中部教区20名、訪問参拝、交流。 8月　大阪泉州教会40名（団長：有路誠市郎）、訪問参拝、交流。 9月　李幸子、日本出張（本部職員の試験受験のため）。 9月　多摩教区韓国平和使節団（団長：志村高男）訪問参拝・交流 10月　韓国立正佼成会教会発足20周年記念式典。教団理事時務部長篠崎友伸、出席。 10月　立正佼成会教務部『「経典」に学ぶ　釈尊のいぶき』韓国語版発行（日本語版2001年発行）。 11月　本尊勧請6家（ソウル3家、釜山3家）。 11月　李幸子、日本出張（教団幹部指導会）。 12月15日　支部長李福順、教会長に任命。 12月28日　教会幹部任命状授与式（総務部長李幸子、龍山支部長盧承元、城北支部長朴鍾林、儀旺支部長金美慶、文書部長成淑姫、婦人部長李恵郷）。この時、「事務長」は「総務部長」に名称変更となり、事務長であった李幸子は総務部長となる。 12月　李幸子、本部職員となり給与が支払われるようになる。 ＊　釜山布教支援20回（李福順、李幸子、金美慶、朴鍾林他）。	
2003	1月　ソウルに龍山支部（支部長盧承元）、城北支部（支部長朴鍾林）、儀旺支部（支部長金美慶）の3支部で新たにスタートする。 1月　教会幹部任命状授与式（組長及び班長28名、3支部制となり新たに任命）。 2月　東京教区大学生リーダー23名（団長：植原伸江）、訪問参拝、交流。 3月　法華三部経勉強会を初めて実施（3月1日～31日）。 4月　家庭教育講座開催（講師：青年本部二平貴代、井手上和代）。 4月　李貞珉（儀旺支部長金美慶の娘）、海外修養生として学林に入学。 5月　本部での教師授与式に1名出席。 5月　李福順、日本出張（教会長教育）。	2月　盧武鉉、大統領に就任。 11月　韓国からの修学旅行で訪日の際のビザ免除で合意。

2001	1月　海外布教課スタッフ山本宣亮、布教助成のためソウル・釜山を訪問。 2月　釜山道場開所式。本部より教務部長長谷川裕史、出席。約100名(うちソウルから52名)参加。長谷川裕史、ソウルで講話。 2月　小学生練成会開催。 3月　李幸子、日本出張。 3月　中津川教会高校生一行(団長：山北雅通)、訪問参拝、交流。 4月　海外布教課長長谷川泰弘、布教助成のため訪問。幹部練成会及び定期理事会参加。 4月　廉晟振、海外修養生として学林に入学。 5月　釜山にて教理練成会(講師：海外布教課スタッフ山本宣亮)。 6月　家庭教育講座開始(本部から講師平山かよこ派遣、年2回)。 6月　李福順、日本出張。 7月　グローバル・ユース・ギャザリング(東京)に青年20名参加。 7月　静岡教区36名(団長：岩壁宏至)、訪問参拝、交流。 8月　中高生練成会開催。 8月　山口県青年44名(団長：吉田浩子)、訪問参拝、交流。 8月　ソウル、釜山青年部練成会開催(講師：海外布教課長スタッフ山本宣亮)。 9月　多摩教区33名(団長：川村時司)、訪問参拝、交流。 10月　一乗結集大会(東京)にソウル35名参加(入寂会、お会式団参)。 11月　庭野日敬『仏教のいのち法華経』韓国語版発行(日本語版1969年発行)。 11月　李幸子、日本出張。本尊勧請の通訳。 11月　李福順、教団幹部指導会出席。 12月　本尊勧請16家(ソウル11家、釜山5家)。 *　釜山布教支援9回(李福順、李幸子、他幹部)。	1月　韓国の中央官庁として「女性部」発足。 2月　韓国政府、日本の歴史教科書に懸念表明。 8月　小泉首相の靖国神社参拝。韓国政府、日本に遺憾の意を表明。 12月　天皇が、桓武天皇の生母が百済の武寧王の子孫であることへ言及し、韓国とのゆかりを感じているとの発言。
2002	1月　ソウル、釜山練成会開催。釜山幹部8名参加。 2月　北陸教区大学生18名(団長：梅津礼司)、訪問参拝、交流。 3月　李幸子、日本出張。 3月　前教会長滝口文男、訪問参拝(ソウル、釜山)。 4月　RKK北陸、韓国青年の翼(団長：関修久)訪問参拝・交流 4月　海外布教課仲原一嘉、儀式課稲本光一郎、釜山道場入仏式の事前調査、準備のため訪問。 5月26日　釜山支部道場入仏式。庭野日鑛会長が出席。 6月　李幸子、第6回ACRP(アジア宗教者平和会議)出席のためインドネシアに出張。	5-6月　日韓ワールドカップ開催。

	7月　大学・社会人練成会開催。 7月　組長・班長練成会開催。 8月　静岡県韓国青年の翼45名（団長：中嶋啓仁）、訪問参拝、交流。天安の独立記念館で韓日合同慰霊供養。 10月4日　庭野日敬開祖逝去。韓国立正佼成会教会にて開祖通読供養（10月6日〜12日）、開祖葬儀・告別式（10月13日）を実施。 11月　『韓国佼成』月刊号として再刊行（〜2019年現在）。 11月　教会幹部任命状授与式（教務部長盧承元、布教部長金美慶、文書部長李恵貞、主任8名、組長10名、班長12名）。 12月　本尊勧請（6家、ソウル）。 ・前練馬教会長宇野雅子、講師として4回派遣。ソウル及び釜山（呉愛鳳宅、金孟南宅）。 ＊　釜山布教支援2回（李幸子）。	
2000	1月　李福順、東京の佼成病院で乳がんの手術。3カ月入院。 1月　中高生練成会開催（32名）。 2月　特別顧問長沼基之、訪問。講話。 2月　小学生練成会開催（32名）。 3月　李幸子、日本出張。 5月　多摩教区平和使節団32名（団長：山田匡男）、訪問参拝、交流。 6月　海外布教課長長谷川泰弘、スタッフ山本宣亮、布教助成のためソウル、釜山を訪問。定期理事会参加。 7月　幹部練成会開催（講師：山本宣亮）。 8月　静岡教区34名（団長：植原伸江）、訪問参拝、交流。安重根記念館にて慰霊供養。 8月　山口県高校生42名（団長：古谷佳子）、訪問参拝、交流。 9月　海外布教課長長谷川泰弘、スタッフ山本宣亮、布教助成のためソウル、釜山を訪問。 9月　李福順、日本出張。 10月　法華三部経読誦修行（10月1日〜31日、朝礼時に三部経を読誦）。 11月　釜山支部の建物を賃貸契約。海外布教課長長谷川泰弘、立ち会いに来韓。 12月　釜山新道場工事。李幸子、工事現場を視察（4回）。 ・宇野雅子、2年間、年に3回（3月、6月、9月）、講師として派遣。 ・釜山支部の「お役」をすべて白紙に戻し、呉愛鳳・金孟南両派閥がどちらも入るという条件で、釜山道場をソウル支部の会計の中から借り上げ。	6月　南北首脳会談。

1996	2月　韓国の有志によって設立された任意団体として、宗教団体登録を申請。当時、出入国管理法による外国人団体として登録をしていないという理由で龍山区の警察署から捜査を受けている状況だった。結局8月に、出入国管理法違反で罰金を支払った。この後、本部からの送金がなくなる。李福順の給与支払い終了。 4月　李恭秀（李福順の次男）、文恵暎、海外修養生として学林に入学。 8月　庭野日敬『法華経の新しい解釈』韓国語版発行（日本語版1961年発行）。 8月　現地語布教リーダー教育（東京）に8名参加。 9月26日～10月4日　李幸子、中野教会で修行。 11月2日～11月17日　李幸子、中野教会で修行。 12月18日～12月28日　李幸子、中野教会で修行。	5月　ワールドカップ杯韓日共同開催決定。 12月　日本で「新しい歴史教科書をつくる会」結成。
1997	3月　李福順、海外支部長・拠点責任者教育（東京）に参加。 4月　韓国立正佼成会理事会設立。理事長李奉雨。定期理事会、年2回実施を決める。 5月　在家仏教韓国立正佼成会として書類提出。任意団体として登録。自主独立団体・在家仏教韓国立正佼成会となる。 7月　本尊勧請（13家、ソウル）。 8月　静岡教区青年の翼、訪問参拝、交流。安重根記念館にて韓日合同慰霊供養。	11月　為替危機、韓国政府、IMFへの緊急融資要請。
1998	7月　本尊勧請7家（ソウル6家、釜山1家）。 7月　守護神勧請（ソウル3家）。 9月　大韓仏教法華宗より脱退。 10月　海外お会式団参。ソウル22名参加。 12月11日　自主独立団体・在家仏教韓国立正佼成会、日本の立正佼成会との姉妹結縁（於ソウル）。李奉雨理事長と酒井教雄・立正佼成会理事長が出席。	2月　金大中、大統領に就任。 10月　金大中大統領訪日。日韓首脳会談（過去の歴史を克服し、未来志向の日韓関係を発展させることで合意）。 10月　日本の大衆文化輸入を開放。
1999	1月　小学生練成会開催。 3月　青年幹部教育（東京）に6名参加。 3月　中津川教会高校生一行（団長：山北雅通）、訪問参拝、交流。 3月　李幸子、日本出張（教会長会議）。 4月　朴宣河、金相希、海外修養生として学林に入学。 4月　主任・組長・班長練成会開催。ソウル、釜山、馬山合計28名参加。 7月　海外支部長・拠点責任者会議にソウル2名（李福順、沈淑日）、釜山2名（呉愛鳳、金孟南）が参加。 7月　中高生練成会開催。	

1993	4月　庭野日鑛会長、巡教(会長就任後の「親戚まわり」)。ソウル支部道場と釜山支部道場で「親戚の集い」を開催。 4月　学林本科生増田貴正を教会実習にて受け入れ。 4月　朴顕哲、青年部長に就任。 7月　ソウル・釜山青年部練成会(釜山にて)。 9月　中川貴史、教会長に就任(福岡県田川教会の教会長と兼任)。 10月　壮年部発足。 10月　アジアサンガ結集団参。ソウル、釜山、馬山合計22名参加。 11月　『韓国佼成』季刊号として発刊(～1995年)。 ・金孟南、ビルの一室を法座所として借り上げ、金派の信者の布施により自前で本尊の仏像を作成。金宅より法座所を移転。 ・1992年から数回にわたり、法人設立申請。当時文化体育部は、憲法上宗教の自由が保証されているので、任意団体としても活動が可能であるとの理由で申請を差し戻した。 ・海外布教課長岡田光通、布教助成のためソウル、釜山を4回訪問。	2月　金泳三、大統領に就任(1961年の軍事革命以後33年ぶりの民間人出身)。 8月　河野談話(河野洋平内閣官房長官、慰安婦の強制性を認め謝罪)。 11月　細川護熙首相訪韓。植民地支配を謝罪。
1994	4月　海外修養生制度開始。第一期生として、朴顕哲(のちの青年部長)、安勝熙(朴鍾林の娘)、学林(本部の人材育成機関)に入学。 7月　本尊勧請(1家、釜山)。 12月　中川貴史、教会長退任(法人格が取得できなかったため)。 12月　林鍾石、釜山支部道場を売却。	
1995	4月　第二回世界僧伽結集団参。ソウル28名、釜山16名、合計44名参加。 6月　海外法人責任者会議。ソウルから事務長李幸子、釜山から事務長洪秀雄が参加。 9月　現地語布教リーダー養成教育。ソウル3名、釜山4名、馬山1名が参加。当時、釜山は二派に分裂していたので、呉派から2名、金派から2名の計4名が参加となる。 ・釜山で分裂状況が激しいため、布教を停止。	8月　村山富市首相談話(植民地支配と侵略により多大な被害を与えたことへの謝罪)。 11月　元慰安婦に対する償いの事業等の目的に、日本政府がアジア女性基金設立。 11月　盧泰愚元大統領、不正資金容疑で逮捕。 12月　全斗煥元大統領、「反乱首魁」等の容疑で逮捕。

	4月　韓日フレンドシップツアー一行、訪問参拝、交流。会員宅でホームステイ。 5月　本尊勧請(6家、釜山)。 5月5日　青年部発足。本部海外布教課出射優行、韓国担当となり、青年部に力を入れる(練成をする)。 10月　釜山地区35名(団長：呉愛鳳)、本部団参(お会式団参)。 10月～11月　李幸子、東京で幹部研修を受ける。 11月　金美慶(のちの初代儀旺支部長)入会。 ・海外布教課、岡田光通、出射優行、布教助成のため訪問。	
1991	6月　李福順、呉愛鳳、アジア拠点責任者会議(東京)に出席。 6月　李福順、本部大聖堂で行われた虚空蔵菩薩命日式典で体験説法。 7月　高校生1名(李恭秀)、韓国から初めて青年部主催の青梅練成に参加。 8月　李幸子、青梅練成(高校生リーダー)に参加。 8月　アジア地域幹部招聘教育(本部)。ソウル2名、釜山2名、馬山1名が参加。 8月　壮年の集い開催。 10月　世界僧伽結集団参。ソウル36名、釜山50名、馬山14名合計100名が参加。 11月15日　庭野日鑛、会長に就任。法燈継承式で李幸子と李史好が献灯献花をする。 ・教務部長中山忠彦、岡田光通、出射優行、布教助成のためソウル・釜山を訪問。	9月　南北の同時国連加盟。 12月　元慰安婦ら、日本政府に謝罪と補償を求め、東京地裁に提訴。
1992	3月　青年男子リーダー李明秀、「立正佼成会創立54周年記念式」に出席。本部大聖堂で説法。 4月　李幸子、アメリカ・ロサンゼルスでの幹部研修会に参加。 5月　釜山の呉愛鳳の夫、姜泰日死去。 5月　李福順、呉愛鳳、アジア拠点長会議に参加。 8月　本尊勧請(4家、ソウル)。 8月　第一回韓国青年団参。韓日青年平和使節団31名(団長：李幸子)を本部及び静岡教区が受け入れ。 9月　法人取得の目的で再度登録申請。 10月　韓国立正佼成会教会発足10周年記念式典。本部役員斉藤安彦出席。 11月　釜山法座所が釜山支部になる。呉愛鳳が総主任から支部長に昇格。佐藤恭世と呉との関係が悪化。 12月　釜山、金孟南宅に法座所開設。金孟南は佐藤恭世と組んで布教開始。釜山は呉愛鳳派と金・佐藤派に分裂。 ・海外布教課長岡田光通、布教助成のためソウル、釜山を3回訪問。 ・会費が1ヵ月100ウォンから1000ウォンとなる。	1月　宮沢喜一首相訪韓、慰安婦問題で謝罪。

1988	2月　釜山の呉愛鳳、本尊勧請（現地韓国人では初めて）。 2月　李福順、守護神勧請（現地韓国人では初めて）。 4月　李史好（李福順の息子）、学林予科入林式。 4月　本尊、韓国立正佼成会に到着。本尊遷座式。海外布教課岡田光通、儀式課千葉和男、入仏落慶式打ち合わせのため訪問。 4月　釜山法座所の15名、立正佼成会創立50周年記念団参に参加。 5月29日　韓国立正佼成会のソウル新道場（ソウル特別市龍山区漢南洞423）入仏落慶式（地下1階、地上3階）。庭野日鑛（次代会長）臨席。大韓仏教法華宗総務院長、来賓として参席 5月29～6月2日　アジア拠点責任者会議が韓国立正佼成会のソウル道場にて開催。バンコク、香港、台湾などから参加。 10月　韓国平和使節団、訪問参拝、交流。 10月　海外布教課長林總太郎、岡田光通、出射優行、布教助成のため訪問。 ・釜山、馬山地区に日本国内幹部が布教助成で延14回派遣。	9月　ソウルオリンピック開催。 国際的地位の上昇、国民に誇りと自信。
1989	2月　本部団参開始。 2月　本尊勧請（3家、ソウル）。 3月　ソウルの10名、第1回本部団参（創立記念団参）。海外旅行自由化となり、韓国から日本へ親族の招聘状なしに渡航可能となった。 3月　李福順、アジア拠点責任者会議（東京）に出席。 3月　李史好、学林本科26期入林式。本部職員として採用される。 4月　釜山地区9名、本部団参。大聖堂参拝、思親閣参拝など。 8月　教会幹部任命状授与式（主任4名、組長12名、班長19名）。 8月　アジア高校生の翼、訪問参拝、交流。会員宅でホームステイ。 11月　釜山地区、本部団参（お会式団参）。 ・釜山、馬山地区に日本国内幹部が布教助成で延7回派遣。 ・幹部育成のため、本部教育課員がソウル、馬山に7回出張。 ・石渡岩男、法華経の講義の研修1989年の1年間、3ヵ月に1回、講師として派遣。 ・諸星佐枝子、法華経の講義の研修1989～1991年、年に3～4回、講師として派遣。 ・海外布教課長林總太郎、岡田光通、出射優行、布教助成のため訪問。	海外旅行の自由化。
1990	1月　釜山の呉愛鳳、主任から総主任に昇格。 3月　ソウルの10名（団長：李幸子）、本部団参（創立記念団参）。	

	2月27～3月5日　李幸子、代表で第一回本部招聘教育に参加。 3月　申点廉に土地購入金を支払い。 4月　教会道場用地を在家仏教韓国立正佼成会名義で登記。 6月　釜山新法座所完成（佐藤恭世・林鍾石姉弟寄贈）。大本尊安置式。本部より海外布教区長竹村欣三来韓。釜山道場本尊入仏式。 6月　第3回ACRP（アジア宗教者平和会議）ソウル大会開催。庭野日敬と庭野日鑛、来韓。庭野日鑛、ソウル及び釜山を巡教。教会建設予定地を見学。 6月　李福順、ACRPで来韓中の庭野日鑛より直々に支部長を任命される。この時より嘱託として本部から給与が出るようになる。 6月13日～7月12日　滝口文男、国会議員で日韓友好議員連盟会長の安井謙に頼み、ACRPソウル大会に出席との理由で、新聞記者用のビザを取得。1ヵ月滞在。信者に別れを告げる。 10月　大韓仏教法華宗主催の南北統一速成祈願ならびに護国英霊慰霊放生法会に韓国立正佼成会から40名参加。 11月　水子合同供養を初めて実施。 11月　馬山法座所、崔萬祚宅より金鍾甲宅に移転。入仏式を実施。	9月　藤原正行文部大臣による韓国併合に関する不適切発言に対して韓国政府が抗議。日本政府は藤原文部大臣の罷免と中曽根首相の靖国神社参拝取りやめによって事態の沈静化をはかる。 アジア大会、ソウルで開催（9月20日～10月5日）。 民主化運動の拡大。学生運動の過激化。 抗議のために焼身自殺・投身自殺者が出る。
1987	1月　初めて韓国語三部経で寒中読通修行を行う。 2月　李福順・幸子、釜山、馬山出張。 2月　ソウルの新道場建築許可がおりる。 3月　李福順・幸子、釜山出張。佐藤恭世から小倉教会の幹部沈恩淑（通名：西山悦代）と丁南順（通名：星山栄子）へと布教員交代。交代式実施。 3月　本部教会施設課長鈴木、建築会議のため訪問。 4月　韓国立正佼成会のソウル新道場地鎮祭。 4月　韓国立正佼成会のソウル新道場起工式。 4月　李福順・幸子、釜山、馬山出張。 5月　李福順・幸子、釜山、馬山出張（2回）。 5月　小倉教会の沈恩淑と丁南順が釜山布教。 5月　呉（孫）栄子・崔順基、馬山布教。 5月　洪（加藤）夫妻、海際面布教。 6月　釜山支部1周年記念式。ソウルからバス1台で参加。本部理事（足立教会長）小林伸江も参加。 6月　韓国立正佼成会のソウル新道場に在家仏教韓国立正佼成会の看板をかける。 6月　李福順・幸子、釜山出張。 7月　洪（加藤）夫妻と李幸子、海際面布教。 9月　韓国立正佼成会のソウル新道場上棟式（信者30名参加）。 9月　李福順・幸子、釜山出張。 10月　韓国平和使節団36名、訪問参拝、交流。 12月　韓国立正佼成会のソウル新道場に移転。	1月　ソウル大学学生朴鍾哲、警察の拷問により死亡。 6月　全国民的な民主化運動。デモの拡大。 6月29日「6.29民主化宣言」により、大統領直選制に改憲。 12月　16年ぶりに大統領直接選挙実施。盧泰愚が大統領に選出。

	4月20日　滝口文男、ビザ申請のために帰国。 6月20日　滝口文男、韓国に入国。6ヵ月のビザは、韓国伝統仏教の研修という内容で、入国管理局と折衝。 6月　第3回ACRP（アジア宗教者平和会議）準備会議のため、長沼理事長一行来韓。幹部に対して指導会開催。 7月　韓国立正佼成会が単独登録可能であるかを弁護士と相談。 7月　今後の布教のあり方を教会運営会議で検討。 8月　李福順、初めて祈願供養。三部経読誦の導師をする。 8月　海際面法座所完成。開所式を実施（水戸教会洪の実家）。 9月8日～22日　滝口文男、日本帰国。海外布教区と今後の韓国布教について打ち合わせを行う。 9月　滝口文男、韓国入国時、金浦空港の入管で調査される。 9月　大韓仏教法華宗の僧侶5名、招請により日本の立正佼成会本部を訪問。 10月　釜山法座所地鎮祭。在日韓国人林鍾石が他所に土地購入、工事開始。 10月　大韓仏教法華宗の南北統一祈願供養ならびに戦没者慰霊法要に韓国立正佼成会の信者がバス1台で参加。平和基金より寄付し感謝状をもらう。 11月　立正佼成会単独法人格、ならびに教会長滝口文男の滞留ビザ取得の件について弁護士に調査依頼。 11月1日　西部警察が調査に入る。 11月8日　入国管理法違反（滞留資格外活動）で滝口文男が逮捕される。罰金30万ウォンを請求され、支払う。 12月　大韓仏教法華宗との僧伽結縁3周年記念式典に、日本の本部より常務理事内田昌孝ら出席。 12月　滞留資格ビザの件で専門の弁護士と相談。 12月20日　滝口文男、入管の帰国命令により日本に帰国。 ＊　滝口文男、釜山布教㊷～㊽。 ＊　滝口文男、馬山布教㉕～㉘。 ＊　滝口文男、海際面布教⑩～⑫。	学生デモ、及びキリスト教信者の組合活動の激化に伴って、思想の取締りが強化される。 8月14日　朝鮮日報に倭色（「日本的」の意）宗教批判記事「倭人韓国民族の魂を食らう」が掲載される。 8月15日　中曽根康弘首相、戦後初の靖国神社公式参拝。
1986	1月　滝口文男、観光ビザを申請するが却下される。要注意人物としてブラックリストにのっていることが分かる。 2月　今後の韓国布教について本部で検討。滝口文男に対する観光ビザの発給が困難であるため、現地人による現地布教という基本方針にもとづき、現地の布教を推進することを決定。本部より海外布教課の林總太郎が来韓、韓国の布教責任者、運営委員長等10名を決定、今後の韓国布教に関する対策を検討。	6月　歴史教科書問題。「日本を守る国民会議」編の高校日本史教科書の検定通達に対する韓国メディアの抗議。

	＊　滝口文男、釜山布教⑱〜㉕（5月、花まつり供養開始）。 ＊　滝口文男、馬山布教⑮〜⑲（5月、花まつり供養開始）。 ＊　滝口文男、海際面布教①（李福順・洪夫妻と）〜④。 ＊　滝口文男、安東布教②。	
1984	滝口文男、日韓を5回往復（1年の研修生ビザ）。 1月　滝口文男、修行道場の建設を本部に対して要請（ほぼ毎月この要請が、本部あての活動報告書に記載されている）。 2月　李福順、滝口文男より主任の辞令を受ける。 2月　新しい会員のためのパンフレット（写真入り）1000部作成。 3月　韓国立正佼成会教会5周年。 5月　釜山の法座所建設（在日韓国人、林鍾石、洪鍾義建設寄贈）のため、法華宗に依頼し、釜山佼成寺として登録証を得ることの了承を得る。 6月　大韓仏教法華宗主催の第2回南北統一速成祈願並殉国先烈慰霊大法要に本部より35名、ソウルの信者代表39名、計74名が参拝。 7月　本部より教会道場土地購入調査のため、経理課長近嵐良二と教務部教会課長酒井教雄が来韓。 8月　釜山法座所地鎮祭（佐藤恭世の弟の林鍾石の寄付）。 9月　釜山法座所建築工事に対して住民が苦情。 9月　李幸子、入神の資格拝受。 9月　ソウルの水害に、新聞社を通じて平和基金の中から見舞金を支出。 9月　佐藤恭世、観光ビザで40回近く入国し布教していることに関して、査証違反で調査される。 10月〜11月釜山法座所建築工事に対する住民のデモにより、工事は中止。 10月26日　滝口文男、研修生ビザの延長申請。滞在目的違反で入管による調査。12月29日に6ヵ月延長許可。 ・日本国内幹部、布教助成で延13回訪韓。釜山地区（佐藤恭世5回）、馬山地区（呉栄子・崔順基4回）、海際面（洪鍾義4回）。 ＊　滝口文男、釜山布教㉖〜㊶。 ＊　滝口文男、馬山布教⑳〜㉔。 ＊　滝口文男、海際面布教⑤〜⑨。	9月　全斗煥、韓国大統領として初めて日本を公式訪問。韓日議員連盟結成。 5月　政治家と在野勢力が連合して「民主化推進協議会」を結成。
1985	滝口文男、日韓を4回往復（6ヵ月の研修生ビザ）。 3月15日　出入国管理事務所審査課より2名が、調査のため訪問。その時はちょうど命日だった。滝口文男は16日に出頭し、調書をとられる。19日には滞留資格外活動に対する警告書を渡され、滞留期限である4月21日までに出国するように言われる。	4月　大学生の全国組織「全国学生連合」（全学連）結成。

	7月　安東布教開始（呉栄子と崔順基とともに）。 12月　釜山法座所が金根俊宅より、呉愛鳳宅に移転。 12月　韓国連絡所が教会に昇格。滝口文男は教会長に任命される。李幸子は滝口の任命により事務長に就任。 ・ソウルで申点廉（通名：中村和代、品川教会所属）、布教開始。 ・佐藤恭世、母の供養のため釜山に道場の寄付を申し出る。 ・脅迫者が現れたため、法人登録及び教会長滝口文男の長期ビザ取得や布教可能なビザ内容への変更について検討を始める。 ＊　滝口文男、釜山布教⑤～⑰（⑬・⑯佐藤恭世と一緒に来韓）。 ＊　滝口文男、馬山布教⑥～⑭。 ＊　滝口文男、安東布教①。	
1983	滝口文男、日韓を8回往復（30日の観光ビザ、10月より1年の研修生ビザ）。 2月　北九州教区で「韓国布教の集い」（於福岡教会）が開かれ、在日韓国人など約60名が参加。 5月　朴鍾林（のちの初代城北支部長）入会。大阪教会の義父（舅）の導き。 5月26日　大韓仏教法華宗佼成寺として寺院登録。教会長滝口文男は「住持」の資格を得る。 6月1日～25日　李幸子、招聘教育として、大阪教会で1ヵ月泊まり込み修行。 6月　海際面布教開始。水戸教会所属の在日韓国人洪鍾義（通名：加藤正吉）が故郷の海際面布教を申し出る（導き30世帯）。 10月6日　大韓仏教法華宗と日本の立正佼成会が僧伽結縁を結ぶ。結縁式に、本部より理事長長沼基之らが出席。 10月　滝口文男、大韓仏教法華宗研修生の1年ビザ取得。 11月　韓日宗教者学術会議に、庭野日敬会長（当時）出席。韓国（ソウル、釜山、馬山）の会員53名に、ソウルプラザホテルで法話。会員の集い開催。庭野日敬から李幸子は「布教は楽しいよ」と声をかけられる。 12月　沈淑日（のちの戒名室長）入会。小倉教会の妹の導き。母の沈の紹介で盧承元（のちの初代龍山支部長）入会。 12月　滝口文男、有元アパートに引越（これまではホテル住まい）。 ・年末助け合い運動として、平和基金（本部からの基金）から、米、練炭、布団衣類、靴下、カバンなど、老人ホーム、孤児院、少年院などに寄贈。 ・日本国内幹部（佐藤恭世、呉栄子・崔順基）が11回、訪韓。釜山地区、馬山地区の布教助成。	日本の教科書問題を契機として国民感情が悪化したが、これを鎮めるため、韓国政府は独立記念館建設を決定。1983年起工、1986年完成。

	2月25日　入仏落慶式（大本尊遷座式）。立正佼成会韓国連絡所開所式。開所式には、本部より布教本部長山下勝弘、国際課長宮坂光次朗出席。63名参加。滝口文男、連絡所長に就任。事務員は李幸子、管理人は姜承熙。滝口文男は15日の観光ビザのため、ホテル住まいをしながら、日韓を往復。	12月　全斗煥らによるクーデター。放送局・新聞社・通信社などを統制下におく。
1980	滝口文男、日韓を11回往復（15日の観光ビザ）。 10月　馬山布教開始。在日韓国人の呉（孫）栄子（大田教会主任）、崔順基（下館教会会員）は、本部国際課に故郷の馬山での布教の手伝いを申し出る。 11月　在家仏教韓国立正佼成会と名称変更（連絡所という名称が誤解を与えるため）。 ・釜山在住の金根俊、姉（品川教会会員）の遺骨をとりに来日。その時、立正佼成会本部の大聖堂を訪問。	5月　民主化大行進を唱える大規模な学生デモ。 5月　戒厳令、政治活動を停止させる。 5月　光州で大規模な学生デモ。新軍部による武力弾圧。 政治家の活動の規制。言論機関の統廃合。
1981	滝口文男、日韓を12回往復（15日の観光ビザ、8月より30日間の観光ビザとなる）。 3月　立正佼成会を紹介する韓国語パンフレットと新しい韓国語版『経典』を発行。 3月　創立3周年記念式典。 5月　佐藤幸男・恭世（葛飾教会主任）、故郷の晋州訪問時に、韓国立正佼成会を訪問。その際、滝口文男は、釜山の金根俊宅の訪問を依頼。 8月　滝口文男、佐藤恭世とともに、釜山布教。のちに釜山支部支部長となる呉愛鳳が入会。 12月　釜山連絡所開設（金根俊宅）。 12月　馬山連絡所開設（崔萬祚宅）。 ・佐藤恭世に釜山布教を依頼。 ・呉（孫）栄子と崔順基に馬山布教を依頼。 *　滝口文男、釜山布教①～④。 *　滝口文男、馬山布教②～⑤。	
1982	滝口文男、日韓を10回往復（30日の観光ビザ）。 1月　李福順（石原福子名義で）、日本で立正佼成会の教師補の資格を得る。 2月　李福順、滝口文男の依頼により韓国に戻る。 4月　滝口文男の依頼により、立正佼成会本部から佐藤恭世に釜山布教助成開始。 4月　滝口文男の依頼により、立正佼成会本部から呉（孫）栄子と崔順基に馬山布教助成開始。 6月　李福順、入神の資格を得る（「京子」という選名拝受）。 7月　「韓国布教の集い」が東京の本部事務庁舎で開催。国際室員、在日韓国人会員ら50名が出席。在日韓国人に韓国での布教支援を呼びかける。	6月　日本の歴史教科書に韓国侵略を正当化する叙述があらわれたことにより、国民感情が悪化。 8月　教科書問題で韓国抗議。

韓国立正佼成会布教史年表

年	出来事	韓国社会・日韓関係
1965		6月　日韓基本条約調印。国交正常化。
1968	8月　大阪在住の在日コリアンの李一家（奉雨32歳、福順33歳、幸子11歳、英子9歳、史好5歳）帰国（ソウルに居住）。奉雨と子ども3人は日本の永住権放棄。	
1969	李奉雨の事業倒産。李一家は奉雨の父の生家のある全羅北道に移転。福順は日本で働き、仕送りをする。	
1970	李幸子と英子、学校の関系でソウルに出る。	
1973	9月　李福順、妹の導きにより、立正佼成会に入会（大阪教会所属）。	
1974	李奉雨と史好、全羅北道からソウルに出る。この後一家はソウルに居住。	8月　光復節記念式典で、朝鮮総連系在日コリアン・文世光が朴正熙大統領を狙撃。
1977	李幸子、高校卒業後訪日。2ヵ月間滞在（11月30日～78年1月28日）。立正佼成会（大阪教会）に感銘を受ける。	
1978	李福順、立正佼成会大阪教会の組長になる。 松山賀一（韓国名：姜信極、東京都文京区在住の在日コリアンの貿易商、妻は当時組長、文京教会所属）、渡韓をくりかえしながら、韓国で会社関係者を導く。立正佼成会本部へソウルに拠点設置を依頼・申し出。 8月　大韓民国立正佼成会設立準備委員会、会長姜信極名で韓国文化公報部に立正佼成会設立の申請書を提出。代表役員は孫震根。 10月　李幸子、友人宅からの帰りに立正佼成会の看板を見かける。 12月　ソウル特別市西大門区延喜洞に事務所（のちの連絡所）開設。12月15日付佼成新聞で、本部国際課は、韓国に信者を有する全国各教会に対して、信者の状態を報告してほしいと要請する。 12月　一時帰国した李福順と幸子が、事務所を訪問。幸子、事務所での手伝い開始。 12月　『経典』の韓国語訳完成（東国大学教授による翻訳）。	
1979	滝口文男（昌弘）、日韓を6回往復（15日の観光ビザ）。 1月　宗教活動開始申告としての登録申請書類差し戻し。	10月　朴正熙大統領暗殺。

27, 60

カ行

姜承熙（カン・スンヒ）……13
姜埰仁（カン・チェイン）……146, 154, 157, 191-205, 218
金美慶（キム・ミギョン）……43, 114, 130-146, 154, 175, 178, 181, 194, 197, 208-209, 213
金孟南（キム・メンナム）……40, 42

サ行

佐藤恭世……19-22, 27-28, 39-40, 61
沈恩淑（シム・ウンスック、通名：西山悦代）……39, 123
沈淑日（シム・スックイル）……22, 123
申点廉（シン・チョンヨム、通名：中村和代）……22, 27, 31, 65
成淑姫（ソン・スックヒ）……122, 138, 147, 154, 157, 172-191, 218

タ行

滝口文男……13, 23-29, 59, 162, 250-254
崔順基（チェ・スンギ）……18-19, 60
丁南順（チョン・ナムスン、通名：星山栄子）……39

ナ行

中川貴史……34, 63, 255
長沼基之……26
庭野光祥……i, 52, 285
庭野日鑛…31, 33, 36, 42, 52, 184, 254-258
庭野日敬……i, 26, 52
盧承元（ノ・スンウオン）…22, 43, 123-130, 147-148, 157, 166

ハ行

朴承吉（パク・スンギル）……iii, 296
朴鍾林（パク・チョンイム）……22, 43, 115-122, 147-148, 185
朴顕哲（パク・ヒョンチュル）……52
黄慶子（ファン・ギョンヂャ）……137-138, 147, 154, 157, 205-218
洪鍾義（ホン・ヂョンウイ、通名：加藤正一）……22, 27, 61

マ行

松原利予……50, 64-65
松山賀一（韓国名　姜信極）……13, 58

チェサ（祭祀）……78, 84
チバン（紙榜）……79
徴用工問題……296
追善供養……86, 89-90, 99, 178, 215, 269
通貨危機……192
手どり……101, 124, 139, 143-144, 273
手どり日誌……114
伝統仏教……76, 93, 95-96, 102, 127, 133-134, 196, 208, 269, 281
天理教……iv, 295
道場当番……10, 102, 110, 142, 169, 201

ナ行

日蓮正宗……iv, 295
日韓合同慰霊供養……56
日本から来た宗教……168, 196, 215, 218
日本性の稀釈……68
入国管理法違反……29, 37, 297
入試祈願……208
入神……117, 252
任意団体……38

ハ行

花まつり……9, 73
花まつりの提灯……9, 73, 120, 144, 215
反日感情……23, 68, 105, 237, 249-250, 266
韓流ブーム……55, 296-7
ビザなし渡航……296
釜山（プサン）……4, 17, 19-23
釜山支部……6, 33, 36, 38-43, 157, 284
釜山法座所……20
仏供膳……73
仏性礼拝……65, 95
海際面（ヘジェミョン）……4, 18, 22
海際面法座所……22
法座……12, 53, 93, 95, 103, 135, 139, 143-144, 163, 169, 178-179, 194, 202, 209, 212-213, 248, 262, 270, 278
方便……119, 264
本貫……77, 85
本尊……31, 32, 70
本部勧請本尊……82
本部団参……33, 255

マ行

馬山（マサン）……4, 17-18
馬山連絡所……6, 18
水子供養……9, 58
導き……16, 18, 22
三つの実践……166, 178, 183, 196
民法改正……84
ムーダン……79-80, 98, 115, 120, 123, 174, 178, 269
命日……69, 101

ヤ行

靖国神社参拝……54, 296

ラ行

龍山支部……43, 123
歴史教科書問題……296

ワ行

倭色宗教……29, 296

人名索引

ア行

李元範（イ・ウォンボム）……iii, 295
李恭秀（イ・コンス）……247, 289
李史好（イ・サホ）……33, 52, 231, 289
李幸子（イ・ヘンジャ）…13, 16, 33, 48-52, 147-148, 154, 157, 165, 181, 184, 195, 208, 231, 233, 248, 261, 284, 289
李福順（イ・ボックスン）……16, 30-31, 33, 42-43, 45-48, 53, 117, 132, 134, 138, 141, 147-148, 154, 157, 162-163, 165, 173-174, 179, 181, 183, 186, 192, 207-209, 212-213, 222-294
李奉雨（イ・ボンウ）……16, 27, 227, 230-231, 257, 259, 289
李英子（イ・ヨンジャ）……231, 242, 289
林鍾石（イム・ヂョンソック）……20, 39
呉愛鳳（オ・エボン）……20, 31, 33, 39, 42, 255
呉丁淑（オ・ヂョンスック）……147, 154, 157, 161-172, 218
呉（孫）栄子（オ・ヨンジャ）……18-19, 22,

索引

事項索引

アルファベット

ＡＣＲＰ（アジア宗教者平和会議）‥30-31, 254, 285
ＳＧＩ（創価学会インタナショナル）……37
ＷＣＲＰ（世界宗教者平和会議）……26

ア行

安東（アンドン）……4, 17, 19
慰安婦問題……54
因縁……182
因縁果報‥53, 119, 127, 134, 163, 175, 278
後ろ姿……96
盂蘭盆会……73
永住権……231
大阪教会……16-17, 243, 246
大阪普門館……247
おたすき……93, 205, 207
お通し……276

カ行

海外修養生……34
海外旅行の自由化……31, 49, 254, 296-297
戒名……86
戒名室……10, 80, 82, 86, 89-90, 105, 124, 267, 269
戒名室長……124
戒名申請図表……85
額装本尊（教会勧請本尊）……78, 113
過去帳……86, 99
韓国ＳＧＩ（創価学会）……iv, 295
『韓国佼成』……10, 34, 38, 52, 184
韓国布教の集い……18, 59
韓日宗教者学術会議……26
儀旺支部……43, 130-131
祈願供養……12, 95, 117, 165, 193, 248, 278
鬼神……79-80, 82, 98, 124
基本信行……136
教学……53
教科書問題……24, 54
化他行……136
現代仏教……269
個人指導……53
五体投地……93, 133, 208

サ行

在家仏教……76-77, 269
在日コリアン……54, 115, 222, 295-297
在日コリアン二世……222, 227, 261
在日コリアンルート……17, 23, 155
サンガ……124, 133, 136, 270, 273, 277
四諦の法門……143
四柱推命……48, 53, 119, 157, 174, 217, 264, 284
自灯明法灯明……175, 212
支部法座……12
釈尊降誕会……73
従軍慰安婦問題……296
守護神……70, 117, 123-124, 130, 255
純福音教会……115
城北支部……43, 115, 117
生活実践……96, 281
生活仏教……127, 143, 269
青年部……33
世界サンガ結集団参……33, 35
先祖供養……77, 82, 115, 124, 131, 139, 168, 196, 215, 266-267
総戒名……77, 80, 82, 85, 90, 98, 105, 117, 123-124, 162, 173, 178, 193, 205, 219, 266-267
創価学会……62, 296
総供養……86, 90, 99, 173, 269
曹渓宗……83, 94, 106, 127, 208
双系的先祖……77
族譜……85

タ行

大韓仏教法華宗……24, 26, 29, 250, 297
大法座……270
竹島問題……54, 296

著者紹介

渡辺 雅子（わたなべ　まさこ）

1950 年　東京都生まれ
1973 年　早稲田大学第一文学部卒業
1975 年　東京教育大学大学院文学研究科修士課程修了
1978 年　東京都立大学大学院社会科学研究科博士課程単位取得満期退学

現在　明治学院大学社会学部教授
博士（文学）
専門は宗教社会学、ライフヒストリー研究、移民研究

著書（単著）
『ブラジル日系新宗教の展開――異文化布教の課題と実践』（東信堂、2001 年）
『現代日本新宗教論――入信過程と自己形成の視点から』（御茶の水書房、2007 年）
『満洲分村移民の昭和史――残留者なしの引揚げ　大分県大鶴開拓団』（彩流社、2011 年）
著書（単編著）
『共同研究　出稼ぎ日系ブラジル人　上　論文篇　就労と生活』（明石書店、1995 年）
『共同研究　出稼ぎ日系ブラジル人　下　資料篇　体験と意識』（明石書店、1995 年）

韓国立正佼成会の布教と受容

2019 年 3 月 30 日　初版第 1 刷発行　〔検印省略〕

＊定価はカバーに表示してあります。

著　者　渡辺雅子　　発行者　下田勝司　　印刷・製本　中央精版印刷

東京都文京区向丘 1-20-6　郵便振替 00110-6-37828
〒 113-0023　TEL 03-3818-5521（代）　FAX 03-3818-5514
発行所 株式会社 東信堂
Published by TOSHINDO PUBLISHING CO.,LTD.
1-20-6, Mukougaoka, Bunkyo-ku, Tokyo, 113-0023, Japan
E-Mail: tk203444@fsinet.or.jp　http://www.toshindo-pub.com

ISBN978-4-7989-1552-4　C3036　

東信堂

- 韓国立正佼成会の布教と受容　渡辺雅子　三七〇〇円
- ブラジル日系新宗教の展開—異文化布教の課題と実践　渡辺雅子　七八〇〇円
- 日本の社会参加仏教—法音寺と立正佼成会の社会活動と社会倫理　ランジャナ・ムコパディヤーヤ　四七六二円
- 現代タイにおける仏教運動—タンマガーイ式瞑想とタイ社会の変容　矢野秀武　五六〇〇円
- サンヴァラ系密教の諸相—行者・聖地・身体・時間・死生　杉木恒彦　五八〇〇円

- 北欧サーミの復権と現状【先住民族の社会学1】—ノルウェー・スウェーデン・フィンランドを対象にして　小内透編著　三九〇〇円
- 現代アイヌの生活と地域住民【先住民族の社会学2】—札幌市・むかわ町・新ひだか町・伊達市・白糠町を対象にして　小内透編著　三九〇〇円
- 白老における「アイヌ民族」の変容—イオマンテにみる神官機能の系譜　西谷内博美　二八〇〇円
- 開発援助の介入論—インドの河川浄化政策に見る国境と文化を越える困難　西谷内博美　四六〇〇円
- 資源問題の正義—コンゴの紛争資源問題と消費者の責任　華井和代　三九〇〇円
- 海外日本人社会とメディア・ネットワーク—パリ日本人社会を事例として　吉原直樹・今野裕昭・松本行真 編著　四六〇〇円
- 移動の時代を生きる—人・権力・コミュニティ　大西仁・吉原直樹 監修　三二〇〇円
- 国際社会学の射程—日韓の事例と多文化主義再考　国際社会学ブックレット1　西原和久・芝真里 編訳　一二〇〇円
- 国際移動と移民政策—社会学をめぐるグローバル・ダイアログ　国際社会学ブックレット2　有田伸・山本かほり・西原和久 編著　一〇〇〇円
- トランスナショナリズムと社会のイノベーション—越境する国際社会学とコスモポリタン的志向　国際社会学ブックレット3　西原和久　一三〇〇円
- グローバル化と社会運動—半周辺マレーシアにおける反システム運動　山田信行　二八〇〇円
- 世界システムの新世紀—グローバル化とマレーシア　山田信行　三六〇〇円

〒113-0023　東京都文京区向丘1-20-6　TEL 03-3818-5521　FAX03-3818-5514　振替 00110-6-37828
Email tk203444@fsinet.or.jp　URL:http://www.toshindo-pub.com/

※定価：表示価格（本体）＋税